suhrkamp taschenbuch 4716

Nina MacLaughlin

DER DUFT VON KIEFERNHOLZ

Vom unglaublichen Glück, etwas mit den eigenen Händen zu schaffen

Aus dem amerikanischen Englisch
von Kirsten Riesselmann

SUHRKAMP

Die Originalausgabe erschien 2015 unter dem Titel
Hammerhead. The Making of a Carpenter bei
W. W. Norton & Company, Inc., New York.

Erste Auflage 2016
suhrkamp taschenbuch 4716
Deutsche Erstausgabe
© Suhrkamp Verlag Berlin 2016
© Nina MacLaughlin 2015
Suhrkamp Taschenbuch Verlag
Druck: CPI – Ebner & Spiegel, Ulm
Umschlaggestaltung: ZERO Werbeagentur
Umschlagabbildung: FinePic®, München
Printed in Germany
ISBN 978-3-518-46716-9

Für Mary

INHALT

DER DUFT VON KIEFERNHOLZ

PROLOG

Wie entscheiden wir, was richtig ist für unser Leben? Diese Frage, die ein enger Freund mir einmal stellte, klingt oft wie ein Echo in meinem Kopf. Welche Form soll unser Leben annehmen, und – sollten wir überhaupt das Glück haben, das herauszufinden – was unternehmen wir, um unser Leben genau so zu gestalten? In den *Metamorphosen* von Ovid sind die Götter diejenigen, die über den Wandel herrschen (und ihn vorantreiben), »sie geben und nehmen Gestalten«. Menschen werden in Eulen, Bären, Pferde, Molche, Steine, Vögel und Bäume verwandelt. Aber wie wird man auch ohne Götter, die einen an die Hand nehmen und ihren Verwandlungszauber wirken, zu etwas anderem als dem, was man ist?

Eigentlich bin ich Journalistin. Mittlerweile arbeite ich als Schreinerin. Wie eine Küchenrenovierung vollzog sich auch meine Verwandlung zunächst mit großen, krachenden Schlägen und hat sich jetzt, kurz vor ihrer Vollendung, etwas verlangsamt. Auf dem College habe ich Englische und Klassische Philologie studiert und mich mit abstrakten Dingen wie antiker Geschichte und Literaturtheorie beschäftigt. Danach kam ein Job als Journalistin und damit der fortgesetzte Umgang mit Dingen, die man nicht anfassen kann: mit dem Internet, der Welt des rein Geistigen und dem Geschichtenerzählen mit Worten. Die Welt um mich herum, also die materielle

Wirklichkeit mitsamt ihren Fußböden und Schränken, Tischen, Veranden und Bücherregalen, war zwar so real für mich, dass ich darauf klopfte oder dagegen trat, aber mehr als eine bloße, vom Leuchten des Computerbildschirms überstrahlte Nebensächlichkeit war sie nicht. Nach fast zehn Jahren Arbeit am Bildschirm allerdings sehnte ich mich danach, mich mit handfesten Dingen zu befassen, eine Arbeit zu machen, bei der hinten etwas haptisch Greifbares herauskommt. Mich interessierte es irgendwann mehr, einen Schreibtisch zu bauen, als an einem zu sitzen.

In den *Metamorphosen* verwandeln die Götter Sterbliche aus zwei Gründen: um sie zu bestrafen oder um sie zu retten. Mein Wechsel vom Journalismus zur Schreinerei war weder Strafe noch Rettung, sondern eine unerwartete Wendung, eine willkommene Re-Formierung. Unter Anleitung meiner Chefin Mary, die Schreinerin ist und unerwartet zu meiner Mentorin wurde, bekam ich Zugang zur Welt der Dinge. Wieder und wieder habe ich dabei zugesehen, wie aus einer Sache eine andere wird – aus einem Samen ein Baum, aus einem Baum ein Brett und aus einem Brett ein Bücherregal. Beim Menschen verläuft eine solche Transformation weniger merklich, gestaltet sich in der Ausführung vielleicht auch etwas schwieriger. Schließlich können wir unseren Gewohnheiten nicht mit einer Säge zu Leibe rücken. Aber schon bei Ovid steht: »Keine Erscheinung behält die Gestalt: die Verwandlerin aller Dinge, Natur, schafft stets aus den alten erneuerte Formen.« Dieses Buch ist eine Geschichte – eine recht einfache Geschichte – darüber, wie die Dinge sich ändern können. Es ist eine Geschichte der Verwandlung – wie eigentlich jede Geschichte.

Kapitel 1

BANDMASS

Über den Abstand zwischen hier und dort

Vom Gehweg neben dem Memorial Drive, da, wo man von Cambridge kommend auf den Charles River stößt und die Massachusetts-Avenue-Bridge beginnt, hat man einen Blick, der knapp einen Kilometer weit reicht. Nach Süden hin erhebt sich die Skyline von Boston über dem Storrow Drive. Näher zum Fluss hin stehen deutlich niedrigere Klinkergebäude, erst dahinter wachsen Glas und Stahl in den Himmel. Richtung Westen, weiter flussaufwärts, leuchtet das Citgo-Schild über dem Kenmore Square. Während der Baseball-Saison, falls gerade ein Heimspiel der Red Sox im Gange ist, strahlen die Flutlichter im Stadion Fenway Park taghell. Der Fluss biegt und windet sich dann aus Boston hinaus, an dreiundzwanzig kleineren Städten vorbei, vorbei an Gehsteigen und Uferwegen, und weitet sich schließlich zur kiefer- und ahornbestandenen Küste. An seichten Stellen stehen große Blaureiher auf Stelzenbeinen, Schildkröten mit warmen Panzern sonnen sich auf Felsen und Stämmen. Auf knapp 130 Kilometern schlängelt sich der Fluss von seinem Ursprung im Echo Lake, in der Nähe von Hopkinton, durch den Osten von Massachusetts. Östlich der Mass-Ave-Bridge, wieder mehr Richtung Innenstadt, tanzen und schaukeln Segelboote auf dem Wasser. Ruderer trainieren im Achter, tauchen mit dumpfem Klatschen ihre Dollen ein und gleiten unter der Brücke hindurch. Die Red Line überquert anderthalb Kilometer flussabwärts die Longfellow Bridge. Dahinter hebt sich die an weißen, wie Vogelflügelknochen anmutenden Kabelsträngen aufgehängte neue Zakim Bridge über den Fluss. Dann erreicht der Charles River den Hafen, Süßwasser vermengt sich mit Salzwasser, der Fluss verändert sich und mündet schließlich in den Atlantik.

Sieben Jahre lang habe ich diese Brücke zu Fuß überquert: einmal morgens, mit der Sonne zur Linken, und einmal abends, wenn der Sonnenuntergang den Himmel manchmal rot färbte. Die Brücke war Teil des fünf Kilometer langen Wegs, den ich täglich zwischen meiner Wohnung in Cambridge und der Bostoner Zeitungsredaktion, in der ich arbeitete, zurückgelegt habe. Auf dem Nachhauseweg zogen sich – abhängig von Wetter, Jahreszeit und der Frage, ob ich noch eine dringende Deadline einzuhalten gehabt hatte oder nicht – flussaufwärts entweder pinkfarbene Streifen quer über den Himmel, oder es war kalt und großstadtdunkel, was die vor mir auf der Straße blinkenden und strahlenden Lichter, die Straßenlaternen, die Scheinwerfer und die wie Kohlen glühenden Rücklichter der Autos, zu einem wahren Spektakel werden ließ. Der Fluss glitzerte, dahinter erhob sich Cambridge, als Stadt allerdings untersetzter und bodennaher als Boston. Manchmal schien der Mond. Manchmal funkelten ein paar Sterne. Auf der Brücke wehte immer ein kräftigerer Wind. Touristen baten mich, sie zusammen mit Fluss und Skyline zu fotografieren. Ich wich Joggern aus und sprang vor Radfahrern zur Seite, die sich offenbar vor der Fahrradspur fürchteten. Meistens war ich allein unterwegs. Gelegentlich war ich auch betrunken, ein paar Mal weinte ich dabei, und einmal wurde ich von jemandem, den ich nicht besonders gut leiden konnte, geküsst. Für meinen Kopf war diese Brückenquerung wie eine Fährüberfahrt – erst hin zu Schreibtisch und anstrengender Geräuschkulisse, zu Tastatur-Getippsel, Mausklicken, Interviews und Ideen für Geschichten, und am Abend wieder weg vom Schreibtisch, hin zu Ruhe, Zu-hause oder einer Bar, hin zum Nicht-reden- und Nicht-denken-Müssen, zum Nicht-schlau-Sein- und Nicht-klicken-Müssen. Oh ja, ich habe diese Brücke ins Herz geschlossen, und zwar in ihrer ganzen Länge. Mit ihren 2164,8 Fuß – das sind 659,82 Meter oder 364,4 Smoot – ist sie die längste Brücke, die den Charles River überspannt.

Oliver Smoot war 1958 noch nicht lange Mitglied der Stu-dentenverbindung Lambda Chi Alpha am MIT, als er eines spä-ten Abends von seinen Verbindungsbrüdern über die gesam-te Länge der Brücke, von Boston bis nach Cambridge, immer wieder kopfüber gewendet wurde. Man kam auf die offizielle Brückenlänge von 364,4 Smoot, plus / minus ein Ohr. Seit die-sem legendären Messvorgang malen die Jungs von Lambda Chi Alpha auf dem Brückengehweg zwei Mal jährlich die Markie-rungen neu, die immer den Abstand von zehn Smoot anzeigen. (Die einzige Ausnahme stellt die Smoot-Marke 69 dar, unter der bis zum heutigen Tag noch zusätzlich »Himmel« stand.) Als die Brücke 1980 renoviert wurde, wurden die Gehwegplatten in Smoot-Länge hergestellt – und eben nicht in der Standardgröße von sechs Fuß. Oliver Smoots Beitrag zur Welt der Vermessung reichte noch weit über seine Verbindungstage hinaus. Eine Ge-denktafel am Fuß der Brücke erinnert an den 50. Jahrestag des Smoot sowie daran, dass Ollie später dann noch Leiter sowohl des American National Standards Institute als auch der Inter-nationalen Organisation für Normung wurde.

Im Winter lief ich mit vom Wind gerötetem Gesicht, im Som-mer mit am Rücken klebendem Shirt über die Brücke und setzte mich dann an meinen Schreibtisch bei einer Zeitung, bei der ich direkt nach dem College einen Job ergattert hatte. Ganz zu An-fang war ich fürs Kulturprogramm zuständig, und das bedeutete, Woche für Woche jedes Konzert, jeden Contra Dance, jede Kunstausstellung und jede Comedy-Show, jeden Poetry Slam und jeden Filmbeginn in der Stadt in eine riesige Datenbank einzugeben. Dann schrieb ich über billige salvadorianische Restaurants, interviewte David Copperfield, verfasste ein Porträt über ein Kunstporno-Kollektiv, besprach Dokumentarfilme, berichtete von einer Konferenz über Jungfräulichkeit und schrieb über Bücher, Autoren und die Literaturszene in Boston. Irgendwann wurde ich zur Chefin vom Dienst des Online-Auftritts befördert. Und das bedeutete: Ich hatte mich darum zu kümmern, dass jede Geschichte zum richtigen Zeitpunkt an der richtigen Stelle erschien. Es bedeutete, viel herumzuklicken.

Lange Zeit machte mir das richtig Spaß. Ich liebte den Rhythmus dieser Arbeit, die Spitzen und die Flauten, die Energie eines Großraumbüros voller Menschen – meistenteils Männer – kurz vor Redaktionsschluss. Das ganze frenetische Getippe, die vielen Meinungen und das schwachsinnige Gequatsche, die freien Autoren am Telefon mit ihren Quellen, die Konzentration, die Abgabetermine und die Veröffentlichung – die Arbeit in der Redaktion hatte eine ganz eigene Dynamik. Und ich war stolz, dazuzugehören. Was für eine glückliche Fügung es war, jeden Tag an diesen Ort gehen zu können, wo man umgeben war von klugen Besessenen, die alle etwas zu sagen hatten und die zusammenarbeiteten, um dieses Blatt zu machen, das eine Geschichte hatte und eng mit dem Stadtgeschehen verwoben war, das sich der langen Form und einem investigativen, problemorientierten Journalismus verpflichtet fühlte und die stärksten Kunstkritiker in ganz Boston hatte.

Was für schräge Gestalten da um mich herum am Schreibtisch saßen, was für eine Ansammlung von Schlauköpfen. Da war der scharfsinnige Kettenraucher mit dem aus der Hose hängenden Hemd und dem gefährlichen Charme, der, bevor er Journalist wurde, als Umzugshelfer gearbeitet hatte. Da war die Kollegin, die mit ihrer journalistischen Arbeit die Welt verbessern wollte und mit der Konzentration und dem Feuereifer einer Besessenen an ihrem Schreibtisch saß und Ungerechtigkeiten offenlegte – bis man sie in eine Kneipe mitnahm, wo sie dann davon erzählte, wie sie früher The Grateful Dead hinterhergetingelt war. Der Chefredakteur war ein Griesgram erster Güte, ein großherziger Zyniker und Mitbegründer der Zeitung, der aber immer noch an ihre Schlagkraft und Notwendigkeit glaubte. Der Kunstredakteur mit dem enzyklopädischen Gedächtnis und der unerreichbar hohen Messlatte hatte Wutanfälle, bei denen er Bücher auf den Boden neben seinem Schreibtisch schleuderte. Und die Reporterin aus dem hartgesottenen Vorort Brockton schrieb eine wöchentliche Kolumne über die merkwürdigsten Figuren der Stadt, was mir seinerzeit wie der vielleicht coolste Job der Welt vorkam. In meiner Vorstellung übertraf sie mich um Längen. Als sie mir vor nicht allzu langer Zeit mal wieder über den Weg lief, stellte ich fest, dass wir gleich groß sind. Ich war extrem schockiert und fragte mich kurz, ob sie sich eventuell eine Krankheit zugezogen habe, bei der man schrumpft. Derart überragt und eingeschüchtert fühlte ich mich von diesen Menschen.

Trotzdem konnte ich mein Glück kaum fassen. Jedes Mal, wenn ich *Und was machst du so?* gefragt wurde, antwortete ich voller Stolz. Ich hatte genau das erreicht, was ich wollte. Aber irgendwann war es das dann nicht mehr.

Was erst noch die *Leser* waren, wurden irgendwann die *User*. Die Zahlen im Printbereich waren rückläufig, und es lag in der Verantwortung der Online-Redakteure, dem gesamten Blatt »Jugendlichkeit« und »Relevanz« einzuimpfen, um die Werbeeinnahmen konstant und die Zeitung überhaupt noch am Markt zu halten. Die inzwischen altbekannte Geschichte eben.

Das ganze Geklicke fing an, mir auf die Stimmung zu drücken. In jeder Arbeit liegt etwas Stumpfsinniges, eine »Gewalt, die sowohl dem Geist wie auch dem Körper angetan wird«, wie Studs Terkel es in *Working* formulierte. Die Aufgaben wiederholen sich, Leerlauf entsteht, Augenblicke, in denen man sich wünscht, im Schwimmbad zu sein. Momente, wie sie sogar bei Jobs, die man richtig gern macht, die zu haben man sich geehrt fühlt oder zu denen man sich berufen fühlt, unvermeidlich sind. Zum Problem werden sie dann, wenn sie sich häufen und zu einem Berg anwachsen, wenn diese Momente der Sinnleere an der Seele zu nagen beginnen, einem in die Gehirnwindungen kriechen und derart laut ins Ohr brüllen, dass man sie einfach nicht länger ignorieren kann. Und diese stumpfen Momente bringen einen geradewegs zu den harten Fragen, nämlich denjenigen, die im weitesten Sinne um Vergänglichkeit und Sterben kreisen.

Nach all den Jahren, in denen ich den Großteil meiner wachen Stunden Buttons klickend vor einem Computerbildschirm verbracht hatte, bemerkte ich, dass ich zu einer kloßartigen Masse auf einem Stuhl geworden war, nur noch rein physisch anwesend, mit einer Seele, die langsam so weich und gammelig war wie ein alter Salzcracker. Mit jedem Tag wurde es schlimmer – es war wie mit einem T-Shirt, das sich früher mal bequem und gewohnt angefühlt und einem so gut gestanden hat, das dann aber irgendwie anfängt, zu eng zu werden, das am Hals zwickt und über den Schultern spannt. Die Rillen meines Gehirns schienen langsam abgenutzt und eingeebnet zu werden, wie eine schleichende Verdummung, die einen mit der Zeit immer träger werden lässt. Es fiel mir zunehmend schwerer, mich an der Atmosphäre im Büro zu erfreuen oder einen Sinn in dem ganzen Unterfangen zu sehen. Die Kollegen, die ich am besten leiden konnte, fanden einer nach dem anderen woanders neue Jobs.

Der Bildschirm übt eine beklemmende Macht aus, und ich werde von den Filmchen und Bildchen, den News und dem Lärmen des Internet genauso in Versuchung geführt wie alle anderen auch. Ich schreibe lieber eine E-Mail, als dass ich zum Telefon greife. Ich habe Bekannte, mit denen ich ausschließlich online befreundet bin, und ich bin dankbar für diese Kontakte. Aber ich kann mir keinen anderen Ort vorstellen, an dem man so viel konsumiert und dabei so wenig verarbeitet. In dieser Hinsicht kann nichts und niemand dem Internet das Wasser reichen. Ich bin skeptisch gegenüber seinem Sirenengesang, seinen Verlockungen und meiner Unfähigkeit, seine Rufe zu überhören. Das Internet ist wie ein Kaninchenbau: Man taumelt durch Raum und Zeit, und das Wunderland ist immer nur einen Klick weit weg.

Mein Kopf funktionierte nicht mehr richtig. An drei von fünf Arbeitstagen war ich übel verkatert. Monate verbrachte ich mit der Maus in der schlaffen, feuchten Hand und nur einem Gedanken im bloßliegenden, zerrütteten Kopf: *Ich muss hier raus.* Aber ich hatte immerhin meinen vertrauten Tagesablauf und meine Krankenversicherung. Und irgendwie fühlte ich mich der Zeitung auch verpflichtet. So blieb ich und scrollte und klickte, scrollte und klickte. Außerdem: Was sollte ich schon anderes machen? Was könnte ich überhaupt machen? Der dreiköpfige Hund aus Trägheit, Angst und Faulheit, der einen davon abhält, sich aus Situationen zu befreien, die ihr Haltbarkeitsdatum längst überschritten haben, knurrte mich monatelang an, so wie Zerberus, der die Seelen das Totenreich zwar betreten lässt, ihnen aber nicht erlaubt, es auch wieder zu verlassen.

Der kritische Punkt war schließlich erreicht, als ich eine weitere Online-Liste zusammenstellte. Als ironische Antwort auf die *Maxim*-Hotlist der 100 schönsten Frauen veröffentlichten wir ein Ranking der *100 Unsexiest Men*. Einen Platz auf dieser Liste bekam nicht, wer äußerlich abstoßend war, sondern wer einen minderwertigen Charakter hatte und sich durch schlechtes Verhalten und allgemeine Unbeliebtheit auszeichnete, also diverse im Licht der Öffentlichkeit stehenden Mistkerle: skandalumwitterte Politiker, frauenfeindliche Sportler, rassistische Universitätsprofessoren. Als wir diese Liste das erste Mal brachten, war sie so beliebt, dass unsere Website abstürzte. Entsprechend wurde sie zu einem regelmäßigen *Muss*. Als wir uns sie zum ersten Mal ausdachten und hochluden, war das eher aus Spaß gewesen – nichts, womit man sich wahnsinnig schmücken konnte, aber auch nichts, was einem peinlich sein musste. Aber als mir diese Aufgabe bereits das dritte Mal bevorstand, merkte ich, dass mir jegliche Lust dazu fehlte. Mehr als das: Am Schreibtisch zu sitzen und die Nummerierung der Fotos und Bildunterschriften abzugleichen ließ mich geradezu verzweifeln. Diese Arbeit war mehr als stumpfsinnig, und mein Hirn schrie förmlich: *Irgendwann musst du sterben, und auf diese Art deine Tage zu verbringen ist leer und hohl!*

Während dieser absolut unsexy Tage hing ich zusammengesackt vor meinem Computer und konnte an nichts anderes mehr denken als ans Kündigen. Ich sehnte mich nach etwas, das nichts mit Bildschirmen und der Echokammer Internet zu tun hatte. Ich wollte etwas machen, das näher dran war an der Wirklichkeit. Aber was genau sollte das sein? Schließlich ist unser Online-Leben nicht weniger stark in der Realität verankert als Pfannkuchen backen, zur Müllkippe fahren oder ein Glas Wein verschütten. Trotzdem fühlte ich mich an meinem Schreibtisch weit weg von einem Anker, von einer erdenden Kraft oder überhaupt irgendeiner Art von Zufriedenheit. Auf eine noch sehr unkonkrete Weise wünschte ich mir, mein Gehirn in meine Hände zu stecken. Diese Impulse waren allerdings noch nichts weiter als Fragezeichen, schattenhafte Bedürfnisse, Luftschlösser. Schließlich wünschte ich mir auch, als Eisschnellläuferin an den Olympischen Spielen teilzunehmen – was allerdings so nicht eintreten sollte.

Seit meinem zwanzigsten Geburtstag hatte ich fast zehn Jahre bei der Zeitung gearbeitet. Kurz vor meinem dreißigsten stehend, hatte ich nicht einfach nur meinen Online-Job gründlich satt. Alles in meinem Kopf drehte sich plötzlich um Umbruch, um den Gedanken, mein Leben grundlegend zu verändern. Ich verbrachte Monate in diesem Zustand: genervt, zutiefst gelangweilt und ständig dabei, genügend Mumm dafür aufzubringen, einen großen Schritt zu tun.

Auf meinem Weg zur Arbeit überquerte ich an einem klaren, milden Septembermorgen wieder mal die Massachusetts-Avenue-Bridge. Die undeutlich zu erkennenden, verblichenen Smoot-Marken unter meinen Füßen maßen mir die Strecke vor. Während ich einübte, was ich an jenem Tag zu meinem Chef sagen wollte, schaute ich auf den Fluss hinunter. Entschlossen, aber vor allen Dingen ängstlich und mit der Hoffnung der Verzweifelten kam ich auf der Bostoner Flussseite an. Sobald ich in der Redaktion war, kündigte ich.

Es war nicht nur der Job, der ein Ende fand: Ich zog auch aus meiner Wohnung aus, trennte mich von meinem Freund und verließ die Stadt für eine gewisse Zeit. Vorschlaghammer, *Wumms!*, Staub, fertig, aus.

Meine Tage waren unausgefüllt, jeder Tag war eine einzige große Leere. Aus der Angst – nie wieder eine Arbeit zu finden, eine sehr schlechte Entscheidung getroffen zu haben, entgleist zu sein, ohne jede Chance, jemals wieder auf einen anderen Zug aufspringen zu können – wurde Bedauern, dieses üble Gefühl, dass sich die Zeit nur in eine Richtung bewegt und dass man das, was man getan hat, nicht mehr rückgängig machen kann.

Halbherzige Bemühungen um einen neuen Job und kaum eingefahrene Alltagsroutinen halfen eher wenig. An einem tränenreichen Morgen Anfang des Frühjahrs, als ich mich wie jeden Tag durch die Jobangebote auf Craigslist klickte und in den Sparten »Text/Redaktion« und »Kunst/Medien/Design« wieder nur auf die ewig gleichen paar Stellen stieß, ging ich noch auf den Menüpunkt »Etc.«. Zwischen Einträgen, in denen nach HundesitterInnen, Leihmüttern (brachte bis zu 40 000 Dollar; verlockend) und Katheter-ProbandInnen gesucht wurde (25 Dollar für Ihre Einschätzung; nicht ganz so verlockend), stieß ich auf eine Zeile, die sich in meiner Brust mit einem schnellen, zusätzlichen Herzschlag bemerkbar machte.

Schreinerei-Assistent/in: Bewerbungen von Frauen ausdrücklich erwünscht.

Dieses Posting schien zu leuchten – und das Versprechen zu bergen, genau das zu sein, wonach ich mich gesehnt hatte. Meine Finger verharrten zitternd über der Tastatur und wollten sofort genau jene Nachricht verfassen, die den Betreffenden davon überzeugte, dass ich die Richtige für diesen Job war.

Ich versuchte zu beschreiben, wie es um meine Erfahrung bestellt war. Ich hatte keine. Absolut gar keine. Ich gab mir Mühe, auf irgendetwas zu kommen, das mich für den Job qualifizierte. Aber ich kannte noch nicht mal den Unterschied zwischen Kreuzschlitz- und Flachschraubenzieher. Ob ich das gleich zugeben sollte? Nein, besser nicht. Ich erklärte, mein beruflicher Hintergrund habe eher damit zu tun, an Sätzen zu schrauben, als mit Hammer, Nagel und Holz umzugehen, ich sei aber neugierig und fleißig – und ich sehne mich danach, mit den Händen zu arbeiten. »Was mir an Erfahrung fehlt«, schrieb ich dem anonymen Inserenten, »mache ich definitiv durch Aufgeschlossenheit und Begeisterung wieder wett.«

Ich drückte auf SENDEN, und sofort wurden meine anfängliche Aufregung und mein explosionsartiger Optimismus ausgelöscht durch eine Welle von Mutlosigkeit und Pessimismus. Was für ein schlechter Scherz, schalt ich mich selbst. Was für ein hoffnungsloser, lächerlicher Schuss aus der zweiten Reihe. Man kriegt doch keine Schreinerjobs, nur weil man behauptet, neugierig zu sein und hart arbeiten zu können, führte ich mir mahnend vor Augen. An Sätzen schrauben? Das klang nach eingebildetem Arschloch. Ich stellte mir vor, wie der Betreffende beim Lesen meiner Mail lachen musste (Ach, das ist ja herrlich, *Neugierde* ist genau das, was ich brauche, wenn mir jemand helfen soll, eine trittsichere Treppe zu bauen!), meine Nachricht dann löschte und weiter nach jemandem suchte, der tatsächlich irgendeine Ahnung von irgendetwas hatte. Ich bereute, wie ich die Sache angegangen war, und versuchte, nicht mehr an die einmalige, verpatzte Chance zu denken.

Am selben Morgen bewarb ich mich auf einen Job als Belletristik-Redakteurin bei einem Online-Literatur-Portal (unbezahlt) und als Verfasserin von Produktbeschreibungen für Neuheiten auf dem Erotikmarkt (20 Dollar pro Beschreibung; sieben Beschreibungen pro Woche). Die Erotik-Firma meldete sich umgehend bei mir zurück und bat mich, mir aus einer angehängten Liste ein Produkt auszusuchen und eine beispielhafte Beschreibung zu verfassen, nicht mehr als einen Absatz lang, der unter Beweis stellen sollte, dass ich die entsprechenden Schlagworte draufhatte.

Ich scrollte durch die Liste meiner Optionen. Da waren die »Smartballs«, Vaginalkugeln aus Silikon. Dann der »Liberator«, ein Sex-Keil. Nippelklemmen namens »Bound To Please«. Der »Luxe Adonis«, ein G-Punkt- und Klitoris-Vibrator. Meinen Lateinlehrer an der Highschool hörte ich sagen: Ihr müsst nur die Augen aufmachen, dann seht ihr überall altsprachliche Verweise. Also machte ich etwas aus meinem Großen Latinum: *Der aus dem Stamm eines Myrrhenbaums geborene Adonis war so liebreizend und in seiner Schönheit so unübertroffen, dass ihm selbst Venus, die Göttin der Liebe, nicht widerstehen konnte.* Das war der Anfang meines Werbetextes. Dass Adonis Spross eines Inzestpaares war, seine Mutter also gleichzeitig seine Schwester und sein Vater sein Großvater war, erwähnte ich nicht. Aber ich erwähnte schon, dass ein Wildschwein seine Hauer in die Leiste des Adonis rammte – Betonung auf *rammen* – und ihn auf diese Weise tötete, Venus in ihrer Liebe ihn aber in eine blutrote Blume verwandelte, »eine Blume von blutiger Farbe, / So wie der punische Apfel sie treibt, der unter der zähen / Schale die Kerne verbirgt«, wie Ovid in seinen *Metamorphosen* erzählt. Kerne und zähe Schalen, irgendwo hineingerammte Hauer und eine Schönheit, die die Liebesgöttin verzaubert. Und während von der Blume, in die Adonis verwandelt wird, die Blütenblätter doch schnell wieder abfallen, steht es um die großartige, dauerhafte Blütenpracht, die der G-Punkt- und Klitoris-Vibrator einem beschert, natürlich gänzlich anders.

Ich schickte das so los, fuhr den Computer runter und ging eine Runde im Regen spazieren.

Vier Tage nach meiner Bewerbung auf den Schreinerei-Job, vier Tage, nachdem ich mir den Gedanken daran gänzlich aus dem Kopf gefegt hatte, bekam ich eine Antwort über eine anonyme, von Craigslist automatisch generierte Mailadresse. Sie kam von einer Frau namens Mary, die schrieb, sie kontaktiere nun vierzig der Bewerberinnen und Bewerber, nachdem sie in den ersten achtzehn Stunden nach Schalten der Anzeige dreihundert Mails erhalten habe. (»Wohl ein Zeichen der Zeit«, schrieb sie.) Das gab mir Hoffnung. Ich hatte es auf die Shortlist geschafft. An diesem Gedanken hielt ich mich kurz fest, bevor ich mir klarmachte, dass vierzig Menschen immer noch viele sind und ich außer meinen Pseudo-Qualifikationen »Enthusiasmus« und »Arbeitsmoral« weiterhin nichts zu bieten hatte. Ich las weiter.

Sie schrieb noch ein bisschen über sich selbst, über den Job und wen sie suchte, das alles ziemlich geradeheraus und unverblümt: »Ich bin eine 43 Jahre alte verheiratete Lesbe und habe eine zehnjährige Tochter«, schrieb sie. Seit einigen Jahren sei sie selbständig, davor habe sie für einen Bauunternehmer gearbeitet. »Ich halte mich selbst für eine Schreinerin auf dem Niveau eines fahrenden Gesellen. Als Fliesenlegerin bin ich etwas besser.« Ich hatte keine Ahnung, was sie damit sagen wollte, aber der Klang von *fahrender Geselle* gefiel mir. Sofort hatte man eine wandernde Zimmerin vor Augen, die mit geschultertem Werkzeug von Städtchen zu Städtchen zieht und in ihrer gut eingetragenen Arbeitshose mit einem Lächeln auf dem Gesicht und einem Liedchen auf den Lippen hier etwas baut und dort etwas repariert.

Und es wurde noch besser. Sie kam auf die Eigenschaften zu sprechen, die sie suchte: »Das Allerwichtigste ist gesunder Menschenverstand. Das Zweitwichtigste: Du musst in der Lage sein, irgendwelchen Mist durch die Gegend zu schleppen!« Ich umfasste meinen linken Bizeps, beugte den Arm und fühlte, wie der Muskel anschwoll. Mist durch die Gegend schleppen, das kann ich, dachte ich. Unbedingt kann ich das. Ich führte mir vor Augen, wie ich Sofas und Tische aus unterschiedlichen Wohnungen getragen und bei Umzügen Kisten und Bücherkartons viele Treppen hinauf und wieder hinunter gewuchtet hatte. Zu schleppen sei »Werkzeug, Baumaterial, alles Mögliche«, schrieb sie. Und gesunder Menschenverstand: kein Problem, in praktischen Angelegenheiten war meine Urteilsfähigkeit so weit einwandfrei. Sicher, die Allerpragmatischste bin ich auch wieder nicht, aber ich kann gut parallel einparken, ich kann ein Rezept nachkochen, und manchmal weiß ich schon einen Tag vorher, was ich am Tag darauf anziehen werde. Welche Fähigkeiten dann tatsächlich zum Einsatz kämen, ändere sich von Auftrag zu Auftrag, schrieb sie. Die Aufträge dauerten manchmal einen Tag, manchmal auch mehrere Monate, im Normalfall ungefähr zwei Wochen. Und dann kam, in einer mir mehrheitlich unbekannten Sprache, eine Liste der Tätigkeiten, die zu dem Job gehörten: »Wände verspachteln und streichen.« (Streichen konnte ich, keine Frage, aber was sollte bloß dieses *Verspachteln* bedeuten?) »Holz- oder Fliesenböden verlegen. Dazu Sockelleisten.« (Klang machbar.) »Größere Jobs: Küchen- und Badrenovierungen, Rohbau.« (Das klang ernstzunehmend und einschüchternd.) »Ansonsten: Abbruch, Rahmenbau, Isolierung, Feuerverblendung, Verschalung, Dichtschlämme aufbringen, Fenstereinbau, Verkleidung, Einbauten, Veranda-Renovierung. Also so ziemlich alles außer Neubau und Dächer.« Was war mit all diesen Wörtern wohl gemeint? Verkleidung? Zuerst dachte ich an Halloween. Rahmenbau? Ich stellte mir vor, Bilder zu rahmen – das zu lernen wäre sicher cool. Verschalung? Ich dachte an Krebstiere und Mülleimer voller Orangenschalen, ging aber davon aus, dass es damit nichts zu tun hatte. Dicht-schlämme. Alles klang geheimnisvoll und interessant.

Sie bat darum, dass man doch noch etwas mehr über sich selbst erzählen solle und warum man den Job haben wolle. In meiner Antwort versuchte ich, genauso ehrlich und direkt zu sein wie sie. Ich bin dreißig Jahre alt, schrieb ich. Während der letzten Jahre habe ich bei einer Zeitung gearbeitet. In Bezug auf das Schreinern schrieb ich: »Ich will ehrlich sein: Allzu viel Erfahrung habe ich nicht. Davon mal abgesehen: Kräftig bin ich schon, Mist durch die Gegend zu schleppen ist also nicht das geringste Problem.« Ich behauptete, einen guten, vernünftigen Kopf auf den Schultern sitzen zu haben, und betonte noch einmal, wie begierig ich darauf sei, Neues zu lernen. Ich schrieb, wie befriedigend ich es fände, einen guten Satz zusammen-zuschustern, dass mich etwas Unmittelbareres, Körperlicheres, Praktischeres und Haptischeres aber noch deutlich mehr reizen würde – und das schon seit geraumer Zeit.

»Ich würde diese Arbeit einfach gern lernen und tun«, schrieb ich. »Man müsste mir eine Menge beibringen, aber ich begreife schnell – und hart zu arbeiten macht mir nichts aus. Ich kann sofort anfangen.«

Wie genau tickt deine innere Uhr? Wenn jemand dich bitten würde, die Dauer einer Minute zu schätzen, ohne dabei die Sekunden zu zählen, wie nah würdest du rankommen? Und wenn jemand dich bitten würde, ohne Maßstab die Länge von drei und sieben Sechzehntel Zoll zu bestimmen, wie nah dran wärst du da? Ein Viertel Zoll daneben? Drei Viertel daneben? Wie gut kennt dein Gehirn sich mit räumlichen Dimensionen aus?

Die frühen Messsysteme basieren alle auf dem menschlichen Körper. Eine Elle ist der Abstand vom Ellbogen bis zur Spitze des Mittelfingers. Eine halbe Elle oder Spanne entspricht der Strecke zwischen Daumen- und Kleinfingerspitze. Was wir heute ein Zoll nennen, war ursprünglich ein männlicher Daumenbreit oder auch der Abstand von der Zeigefingerspitze zum ersten Knöchel. Ein Fuß war ein Fuß. Die alten Ägypter bauten ihre Grabmale basierend auf der Heiligen Elle, also einer Standard-Elle plus einer zusätzlichen Spanne. Zwei normale Fußschritte ergaben den Schritt – oder fünf Fuß nach römischem Maß. Tausend Schritt ergaben eine Meile. Die Linie zwischen Daumen und Nase von König Heinrich I. ergaben das Yard. Zwei Yards wiederum entsprachen dem Faden – ein Faden war gleichzeitig auch der Abstand zwischen beiden ausgestreckten Armen. Im 13. Jahrhundert setzte die Eiserne Elle von König Edward I., benannt nach dem längsten Knochen in seinem Unterarm, das Maß für den Norm-Yardstock. Ein Fuß wiederum war ein Drittel Yard, und ein Zoll war ein Sechunddreißigstel Yard. Der extravagante Sohn von Edward I., Edward II., legte 1324 alles noch mal ganz anders fest: Seiner Meinung nach ergaben drei runde, trockene Gerstenkörner ein Zoll. Aber die Natur ist unbeständig und niemand kann sich auf die Größe von Getreidekörnern verlassen – genauso wenig wie auf die Länge von Fingern und Füßen. (Was für eine Macht diese Könige hatten, wenn aus der Länge ihrer Knochen – oder aus ihrer Liebe zu Gerstenkörnern – ein Standardmaß werden konnte.)

Waren im Westen Unterarme und Schrittlängen die Bemessungsgrundlage, maß man Abstände im alten Indien anders, wiewohl ebenfalls angelehnt an die Natur. Ein *yojana* entsprach der Entfernung, die ein Ochsenkarren an einem Tag zurücklegen konnte. Diese Länge war vermutlich davon abhängig, wie spritzig der Ochse drauf war, wie arthritisch seine Gelenke waren, wie schlammig die Straße, auf der er entlangtrottete, und wie gut gefettet die Räder des Karrens. Eine *krosa* bemaß die Entfernung, in der man das Muhen einer Kuh noch hören konnte, eine Strecke, die stark davon abhängig ist, wie der Wind steht. Ein Finger wurde unterteilt in Gerstenkörner, Gerstenkörner wiederum in Läuse, Läuse in Nissen, Nissen in Kuhhaare, und dann ging es über Schafhaare und Kaninchenwolle immer weiter hinunter bis zum von einem Fuhrwerk aufgewirbelten Staubkorn, das nicht weiter unterteilbar ist. Und auch wenn das Muhen einer Kuh nicht exakt festgezurrt werden kann, entsteht vor unserem geistigen Auge eine zwar ungenaue, aber doch vorstellbare Entfernung – dieses melancholische Brüllen über Weideland, sanfte, warmäugige Tiere drüben auf dem Hügel.

Als im Frankreich Napoleons der Meter eingeführt wurde, änderte sich alles. Der Meter wandte sich vom menschlichen Skelett ab und zu einer anderen Sorte Maßstab hin. Er entsprach dem Zehn-Millionstel der Entfernung zwischen Äquator und Nordpol, und zwar einer mitten durch Paris laufenden Linie folgend. Hier musste man also mit einem abstrakteren Maß der Entfernung zurechtkommen. Wie sieht ein Zehn-Millionstel dieser Strecke aus? Ich sehe Eisschollen und Regenwälder und einen Stock, der sich zu einem winzigen Bruchteil dieser gewaltigen Distanz zusammenzieht. Ich sehe einen Globus auf einem Regal und eine kleine Hand, die ihn dreht.

Und seit damals hat sich noch mal alles geändert. Heute ist der Meter nicht mehr ein Bruchteil der Erdoberfläche, sondern die Strecke, die Licht in einem Vakuum in der Zeitspanne einer 1/299,792,588stel Sekunde zurücklegt. Da kann ich keinen Regenwald mehr heraufbeschwören. Ich brauche auch nicht mehr die Finger vor meinem Gesicht zu spreizen, um ungefähr eine Spanne abzuschätzen, nicht mehr meinen Unterarm zu betrachten, um zu wissen, wie lang eine Elle ist, ich brauche keine weit entfernte Kuh mehr zu hören oder Oliver Smoot hundertfach um sich selbst zu wenden. Mit Licht, Vakua und diesen unendlich winzigen Zeitspannen kann mein Geist nichts Sinnvolles anfangen. Einen Tag auf dem Ochsenkarren zu reisen ist das Eine. Aber Lichtgeschwindigkeit und Sekundenbruchteile sind für mein armseliges Gehirn vollkommen unvorstellbar.

Im 13. Jahrhundert stand das Wort *journey* noch für die Entfernung, die sich mit einer Tagesreise zurücklegen ließ. Später bedeutete es die Arbeit, die sich innerhalb eines Tages erledigen ließ. Der Wortstamm ist *jour*, das französische Wort für Tag. Der *journeyman*, der fahrende Geselle, ist jemand, der auf der Schwelle steht zwischen Geselle und Meister, eben jemand, der in der Lage ist, ein Tagwerk zu verrichten. Eine gereiste Strecke, eine getane Arbeit – das waren Dinge, die ich verarbeitet bekommen konnte.

Zwei Tage, nachdem die Schreinerin gemailt hatte, wer sie war und wonach sie suchte, bekam ich eine weitere Nachricht, diesmal an zwölf von uns Bewerberinnen und Bewerbern. Wir wurden darin gebeten, uns einen Termin auszusuchen und einen halben Tag bei ihr mitzuarbeiten. »Ihr dürft das gern als eine Art Testspiel betrachten«, schrieb sie. »Ich bezahle euch aber für eure Zeit, und einen Kaffee bekommt ihr auch. Im Grunde ist es also ein Vorstellungsgespräch, wenngleich ein ziemlich langes.«

Lächelnd stand ich von meinem Stuhl auf, und die Hitze der Aufregung stieg mir in die Wangen und mischte sich schnell mit Nervosität. Was sollte ich bloß anziehen? Sollte ich einen eigenen Hammer mitbringen? Ein eigenes Maßband dabeihaben? Besaß ich überhaupt ein eigenes Maßband?

An Adonis dachte ich nicht mehr.

Mein Probetag begann als regnerischer, ungemütlicher Aprilmorgen. Auf dem Fußmarsch zum Haus der Schreinerin fragte ich mich, ob sie wohl davon ausging, dass ich einen Werkzeuggürtel hatte.

Sie wohnte in einer kurzen Seitenstraße in Winter Hill, einem Viertel von Somerville. Es würde nicht mehr lange dauern, bevor die alten Schönheitssalons, die Takeaway-Thai-Imbisse und die Läden, wo man seine Schecks gegen Bares einlösen kann, schließen und den Weg freimachen würden für dunkle, auf Vintage getrimmte Bars und Boutiquen mit handgemachten Taschen und Honig aus regionaler Imkerei. Eine große Backsteinkirche beherrschte das südliche Ende der Straße. Männer in Traueranzügen standen mit gebeugten Schultern unter ihren Regenschirmen und warteten auf weitere Trauergäste. Auf der anderen Straßenseite lehnten Menschen in einem Eck-Deli an der Theke, aßen Eiersandwichs und lasen den *Boston Herald*. Eine Frau verabschiedete sich namentlich von der Dame hinter der Theke und hob, als sie durch die Tür nach draußen trat, grüßend ihre Kaffeetasse. Beim Anblick der Bestatter beugte sie den Kopf. Große dreistöckige, außen kunststoffverkleidete Häuser, wie man sie in Boston, Cambridge und Somerville überall sieht, säumten die Straße. An deren anderem Ende stand ein baufälliges Haus aus viktorianischer Zeit, wie eine alternde Königin aus Türmchen, Erkerfenstern und sich in die Höhe schraubender Holzverkleidung. Das Haus der Schreinerin war breit und hoch. Es hatte die Farbe von Zitronenpudding, die Fensterläden schokoladenbraun, und war dem ersten Eindruck nach ein Mehrfamilienhaus. Auf einem asphaltierten Spielgelände auf der anderen Straßenseite rannten Hunderte von Grundschulkindern herum, schrien, warfen Bälle in Basketballkörbe und umkurvten Pfützen, bevor sie vom ersten Läuten der Klingel ins Gebäude gescheucht wurden, wo der Schultag begann.

Mit den Händen in den Taschen ihrer khakifarbenen Cargohose stand die Schreinerin gegenüber vom Schulhof in ihrer Auffahrt. Ich hatte eine große Frau erwartet, muskulös und breitschultrig. Aber sie war gut einige Zentimeter kleiner als ich, schmal in den Schultern und insgesamt zierlich gebaut. Ihr dicker Wollpulli hatte Löcher an den Ellbogen, und als sie mir lächelnd die Hand hinhielt, entblößte sie schiefe Zähne. Zwischen den beiden oberen Schneidezähnen prangte eine große Lücke, der rechte Schneidezahn war zusätzlich fleckig und an einer Ecke abgebrochen. Ihre dunklen Augen strahlten freundlich. Ihre Schultern hingen etwas nach vorne, in dieser nicht-wirklich-vornübergebeugten Haltung eines dreizehnjährigen Jungen, der verwirrt sein neues, breites Kreuz verbergen will – oder eben in der Haltung einer Frau, die es sich nicht angewöhnt hat, die Schultern zurückzunehmen, um die Brüste vorstehen zu lassen. Die graublau gestreifte Wollmütze auf ihrem kurzen, struppig graumelierten Haar gab ihr etwas Koboldhaftes, und als sie mich begrüßte (»Du bist also die Journalistin«), klang ihre Stimme höher, als man bei ihrem Anblick erwartet hätte. »Mary«, sagte sie, als wir uns die Hand gaben. »Schönes Wetter heute.«

Während wir in ihren weißen Minivan stiegen – einen rostigen, scheppernden Panzer von einem Fahrzeug –, erklärte sie, dass wir in Cambridge in einem Badezimmer Fliesen verlegen würden. Der hintere Bereich des Vans hatte keine Sitze, sondern war vollgeladen mit dem Werkzeug für die an jenem Tag anstehende Arbeit. Werkzeugeimer, Sägen, eine Bohrmaschine, Schwämme, Wasserwaagen und Spachtel türmten sich in ungeordneten Haufen. Ein aufgerissener Sack lag umgekippt in der Ecke nahe der Hintertür, und aus dem Loch rieselte sandig-graues Pulver und sammelte sich zu einem Häufchen wie Sand im Stundenglas. Helle Holzstücke unterschiedlicher Länge lagen wie Mikado-Stäbchen herum. Die Vorderbank war ein einziges Durcheinander aus Orangenschalen, einem braun gewordenen Apfelgehäuse, einem klobigen Bandmaß, einer Dose gesalzener Nüsse, Wasserflaschen, einem Tampon, einem Farbpinsel mit hart verkrusteten Borsten, einem Teppichmesser und Tabakbeuteln über Tabakbeuteln, Marke Drum, zerknautscht und meistenteils leer. Tabakfäden nisteten in Becherhaltern, den Nähten der Sitze und in dem Spalt zwischen Armaturenbrett und Windschutzscheibe.

Als wir an unserem Ziel eintrafen – einem herrschaftlichen, alten Anwesen nicht weit vom Harvard Square –, war klar, dass wir nicht die Einzigen waren, die hier arbeiteten. Ein Hengst von einem vor dem Haus geparkten Pick-up verströmte schon aus dem Auspuff Testosteron, und auf der Auffahrt standen neben uns noch zwei weitere Handwerkertransporter: Auf dem Dach eines Malerwagens waren Leitern festgezurrt, auf der Ladefläche waren Abdeckplanen und Farbeimer zu sehen. Im Transporter eines Klempners standen fettige Werkzeugkisten voller Schraubenschlüssel, weißer Schläuche und Metallrohrstücke.

In meinem Magen fingen die Nerven wieder an, mit elektrischen Flügeln zu schlagen, mein Mund wurde trocken. Es reichte doch schon, dass diese eine Frau Zeugin meiner Unfähigkeit wurde, musste da auch noch eine ganze Handwerkertruppe aus Meistern, Fachmännern und Profis kommen? Ich fühlte mich, als säße bei meiner allerersten Fahrstunde eine ganze Mannschaft spitzenmäßiger Rennfahrer auf dem Rücksitz.

Im Inneren herrschte großes Gedränge und Getrampel. Das

Haus sei gerade erst verkauft worden, erklärte Mary, die Käufer seien eine Architektin namens Connie und ihr Ehemann. Sie wollten in sechs Tagen einziehen; entsprechend füllte die Energie einer Pistole im Anschlag die Zimmer und Flure, während die Männer mit ihren Werkzeugen ihre Arbeit verrichteten. »Absolut unmöglich, das noch pünktlich hinzukriegen«, flüsterte Mary mir zu. Hammerschläge hallten von den nackten Wänden, den Dielenböden und hohen Decken. Von irgendwo weiter oben kam das Kreischen einer Motorsäge. Während wir uns von Zimmer zu Zimmer bewegten, folgten uns Männerstimmen, Radiorauschen und das Krachen von Holz auf Holz, als irgendetwas auf den Boden fiel. Die Geräusche waren mir vertraut; ich hatte sie hunderte von Malen aus den Wohnungen anderer Leute kommen hören, sie waren eine Art von Störung, die man möglicherweise kurz wahrnimmt, im Zusammenhang mit allen anderen Hintergrundgeräuschen aber auch schnell wieder ausblendet. Das Kreischen einer Säge, dieses saubere Teekesselpfeifen, das man irgendwo weiter die Straße runter hört, beschwört das Bild von Sägeblättern und Staubwolken. Man hört einen gewehrschussscharfen Hammerschlag, der aus einer oberen Etage kommend den Gehweg entlanggellt, und ist gedanklich für eine kleine Sekunde bei einem erhobenen Arm und einem abwärts gerichteten Schlag. Aber genauso schnell sind die Gedanken auch wieder bei einem Bus, einem Autohupen, einem laut vor sich hintelefonierenden Menschen oder dem Rauschen des eigenen, vielbeschäftigten Hirns. Im Inneren eines Hauses allerdings klangen Hammerschläge anders – ja: lauter und absichtsvoller. In seiner räumlichen Nähe machte das Geräusch die Gegebenheit von Arbeit unabweisbar – hier wurde etwas Konkretes und Spezifisches *getan*. Ich hatte keine Ahnung, was dieses Konkrete und Spezifische genau sein sollte, aber die Geräusche waren eindringlich, und die Tatsache, dass ich an diesem Tag zu diesem Chor gehören würde, machte sie lauter und realer, als ich sie jemals zuvor wahrgenommen hatte.

Aus der Diele zog sich eine breite Treppe in einer eng geschwungenen Linkskurve nach oben. In der Küche, die so groß war, dass fast meine gesamte Wohnung hineingepasst hätte, herrschte die helle, einladende Atmosphäre eines Sommerhauses. Der Raum war gestopft voll mit Einbauten und Haushaltsgeräten: Schöne Schränke aus dunklem Holz säumten zwei Wände, in der wannengroßen Spüle hätte man mehrere Kleinkinder gleichzeitig baden können, und ich zählte nicht einen oder zwei, sondern gleich drei Backöfen. Mit was sollte man bloß diese ganzen Schränke füllen? Und was macht man mit drei Öfen? »Das da hinten ist kein Ofen«, sagte Mary, »sondern ein Weinkühlschrank.« Das förmlich gehaltene Wohnzimmer hatte große, breite Flügeltüren, die sich auf den Gartenbereich hin öffneten. Der von hohen Hecken umgebene Garten war einer dieser magischen Hinterhöfe mit der Anmutung einer Festung. Die ersten gerade gelb werdenden Osterglockenknospen steckten noch in ihren grüngelben Hüllen, die Forsythie in der einen Ecke könnte nun täglich gelb explodieren. Vor dem Haus floss wie ein stetiges Band auf der geschäftigen Straße dichter Verkehr, aber im Garten fühlte man sich meilenweit weg von jeder Pendlerstrecke.

»So, so. Ganz hübsches Haus«, meinte Mary.

Wir gingen das Werkzeug aus dem Minivan holen.

»Du nimmst die Fliesensäge.« Ich starrte hinten in den Wagen, mein Blick flog über die Werkzeugberge, ich hatte keine Ahnung, wonach ich greifen sollte. »Da hinten, links«, sagte Mary und wies mit dem Kinn die Richtung. »Das Ding, das so komplett runtergerockt aussieht und voller Fliesenstaub ist.«

Ich beugte mich ins Wageninnere und hob es heraus. Eine schon ordentlich abgenutzte Maschine, die mit getrocknetem Fliesenstaub überzogen war wie eine Töpferscheibe mit getrocknetem Ton. Eine flache Wanne klemmte unter dem Sägeblatt und fiel ab, kaum dass ich das Ding in der Hand hatte.

»Kannst du noch mehr tragen?«

»Klar«, sagte ich. Schließlich wollte ich meiner Behauptung gerecht werden, stark zu sein.

Auf die Säge obenauf legte sie die Bohrertasche, eine orangefarbene Leinentasche, die die Bohrmaschine und Schrauben in diversen Längen und Formen enthielt, manche schwarz und stumpf, manche silberglänzend. Außerdem lagen ganz unten noch die Bohrer-Bits neben ein paar kurzen Sägeblättern, so groß wie Steakmesser. Der der direkt unter meinem Gesicht befindlichen Tasche entsteigende Geruch war metallisch: eine gewisse Note von Blut, vermischt mit Staub, dazu dieser milde, hintergründige Duft von Dachböden und offenliegendem Holz. Unter dem Gewicht spannten sich meine Armmuskeln an. Dann lief ich Mary hinterher, die einen großen orangefarbenen Eimer voller Werkzeug, ein etwas kleineres Eimerchen mit einem dicken, gelben Schwamm (mit so einem hatten wir ganz früher immer das Auto meines Vaters gewaschen) sowie ein breites, spatelartig aussehendes Ding aus glänzendem Metall und einen Pappkarton trug, der einer übergroßen Milchpackung ähnelte. *Du musst in der Lage sein, irgendwelchen Mist durch die Gegend zu schleppen*, fiel mir wieder ein, als wir erst die breite Treppe in den ersten und dann über eine schmalere, steilere Stiege in den zweiten Stock hinaufstiegen. Das Wort *schleppen* gefällt mir. Es klingt genau nach dem, was es bedeutet.

Die zweite Etage war ein offener Raum mit Dachschrägen, ausgelegt mit einem hellen graulila Teppich. Das würde der

Spielbereich für die Kinder werden, sagte Mary. Die Glücklichen. Nach vorne raus gab es Mansardenfenster mit Blick über die Straße. Die Fenster an der gegenüberliegenden Wand gingen hinaus auf den Garten und die schönen Hinterhöfe der Nachbarn. Da, wo die Treppe von unten hochkam, war eine winzige Küche in eine Ecke gebaut worden, mitsamt kleinem Kühlschrank, Herd und Spüle. Was für ein Refugium, was für eine Traumwelt, und so schön weit weg von den Erwachsenen unten!

Auch das L-förmige Badezimmer hatte an beiden Seiten Dachschrägen, dazu ein großes Fenster gegenüber der Tür, eine Badewanne, eine Toilette und ein Waschbecken. Der Untergrund, wie Mary ihn nannte, hatte eine fahle Steinfarbe und lag voller Schrauben. Der Raum wirkte halbnackt, so, als habe er vergessen, sich die Hose anzuziehen. Direkt vor dem Bad legten wir Plastikfolie auf dem Teppich aus und stellten die Fliesensäge darauf. Rechts neben der Tür stand bereits ein kniehoher Turm aus großen Fliesenkartons. Wir hatten den ganzen Platz für uns. Die Geräusche der Arbeiten in den unteren Stockwerken klangen weit weg.

»Du schneidest zu, ich verlege«, sagte Mary. Ich war erleichtert gewesen, dass wir uns die Etage nicht mit einer Malertruppe teilen mussten, die den Wänden hier oben den zweiten Anstrich verpasste, und dass die Elektriker gerade woanders ihre Kabel verlegten. Die Erleichterung hielt aber nicht lange an. Marys »Du schneidest zu« bescherte mir die gleiche Nervosität, wie ich sie schon in einer fremden Stadt eine Minute vor Ankunft der Bahn vor dem Ticketautomaten empfunden habe. Ich warf Mary einen Blick zu, der ihr, so hoffte ich, die Botschaft telegraphierte: *Ich habe noch nie eine Fliese zugeschnitten und noch nie eine Fliesensäge in der Hand gehabt.*

Dann hob ich die Schultern und sagte im Tonfall von *Na, dann mal los*: »Okay.«

Die Fliesensäge auf einem Ständer vor mir, stand ich dann in der Tür zum Badezimmer. Mary, auf dem Boden unter dem regennassen Fenster, fuhr ihr Bandmaß über die gesamte Breite des Raumes aus, von der Ecke hinter dem Klo ganz bis zur anderen Seite der Wand, da, wo das Waschbecken war. Auf der Hälfte der Strecke machte sie mit Bleistift eine Markierung auf den Boden. Dann drehte sie sich in meine Richtung und schob das Maßband bis an die Türschwelle. Als mir auffiel, dass ich ihr im Licht stand, machte ich einen Schritt nach links. Mein Vater, der früher immer in irgendein Projekt jedweder Dimension verstrickt gewesen war, hatte mir und meinen beiden Brüdern ewig und drei Tage vorgeworfen, ihm im Licht zu stehen. Über Fischköder – oder noch zu schnitzende Entwurfszeichnungen für diese Köder – gebeugt, hatte er dann immer verärgert geschnaubt und ungeduldig gesagt: »Du stehst mir im Licht.« Als stünden wir direkt vor der Sonne. Wir waren dann immer an eine Stelle gesprungen, wo wir keinen Schatten auf ihn warfen, und hatten weitergezetert. Mir fiel auf, dass ich regelrecht darauf abgerichtet worden war, selbst zu merken, wenn mein Körper der Tätigkeit eines anderen Menschen im Licht stand. Ich hoffte, dass Mary das als Beleg dafür wertete, dass ich gewissenhaft war und über gesunden Menschenverstand verfügte, dass ich Bescheid wusste über die Relevanz von Licht und wann man besser ein Stück zur Seite geht.

Kniend bat sie mich, ihr das Stemmeisen aus dem Werkzeugeimer zu reichen.

»Dieses Ding hier?«, fragte ich und zog aus einer Seitentasche des Eimers ein Werkzeug aus Metall. Kühl lag es mit seinen etwas über zwanzig Zentimetern in meiner Hand, das eine

Ende abgeflacht wie ein Fischschwanz, das andere Ende gebogen wie ein angedeutetes »J«. Für mich sah es aus wie etwas, mit dem man etwas herausbrechen, etwas, das man irgendwo drunterrammen und dann hochstemmen konnte.

»Genau das.« Sie machte kurzen Prozess mit der Schwelle. Mit ein paar schnellen Schlägen rutschte das Eisen unters Holz, dann ein bisschen gedrückt und gezogen, und die Schwelle sprang hoch und war ab. Es wirkte mühelos.

»Wirf mir mal die Schlagschnur rüber.«

Ich spähte in den Eimer wie in einen schwarzen Brunnenschacht und fragte mich, ob all das schon zum Test gehörte. Falls ja, so bestand ich ihn nicht.

»Graues, tränenförmiges Ding mit so einem kleinem, rausstehenden Anhängerteil.«

Ich wühlte, fand es und warf es locker aus dem Handgelenk einmal quer durchs Badezimmer. Mary fing es einhändig. Sie schüttelte es, zog an dem kleinen Anhänger, und eine kalkige blaue Schnur kam aus dem Gehäuse.

»Nimm das mal und zieh«, sagte sie und hielt mir den grauen Plastikkörper hin.

Ich umfasste das Ding und zog, während Mary ihr Ende mit dem metallenen Anhängerstück in der Ecke zur Wand an den Boden drückte, genau da, wo sie die Mittellinie markiert hatte.

»Leg jetzt die Schnur auf die Markierung an der Tür und zieh sie fest«, sagte sie. Ich ging in die Hocke, kroch unter der Fliesensäge durch und hielt die Schnur unten an den Markierungsstrich.

»Schön festhalten«, sagte sie. »Bereit?«

»Glaub schon.«

Sie fasste die Schnur und hob sie an einem Punkt zwischen uns an, sodass sie im Raum einen flachen Hügel bildete, dann ließ sie wieder los. Die Schnur schnalzte gegen den Boden. Eine kleine Wolke aus blauem Kreidestaub stieg auf, und quer über den Boden zog sich eine dünne Kalklinie. Der ältere Bruder einer Freundin von mir hatte früher ein Gummibandspiel mit uns gespielt. Wir mussten die Arme ausstrecken, und er ließ den Gummi gegen unsere Haut flitschen. Jedes Mal zog er ihn weiter weg, was uns rote, brennende Streifen bescherte, Linien wie die, die die blaue Schnur gerade geschlagen hatte.

»Das ist die Mittelachse des Raumes«, sagte Mary, immer noch auf den Knien.

Sie riss einen Sack mit einem sandartigen Pulver auf, ähnlich dem, der hinten in ihrem Transporter lag, und schüttete etwas davon in einen weiteren orangefarbenen Eimer. Feiner Staub quoll aus dem Eimer, so, als ob ein Pfadfinder versuchte, nasses Lagerfeuerholz zum Brennen zu kriegen.

»Luft anhalten.«

In einen weiteren kleinen Eimer füllte sie Wasser aus dem Hahn, goss das Wasser auf das Pulver und mixte das Ganze zusammen, und zwar mit der Bohrmaschine, auf der ein langer, an einem Ende wie ein Riesenknethaken verdrillter und mit etwas Hartem, Grauem verkrusteter Metallaufsatz steckte.

»Zahnpasta«, sagte sie.

»Bitte was?«

»Der Kleber sollte die Konsistenz von Zahnpasta haben.«

Kleber! »Okay.«

Sobald alles fertig angemischt war, klatschte Mary einen Berg Kleber auf den Boden. Das Zeug sah nicht aus wie eine Zahnpasta, die ich gern benutzen würde – es war matschig, stumpfgrau und roch nach feuchtem Papier. Mit einem gezahnten Spachtel, der rillenförmige Spuren hinterließ, verteilte sie es und strich es aus. Das ruhige Schaben des Metallspachtels auf dem Unterboden und die Art, wie die Zähne weiche Wirbel in der Masse hinterließen, gefielen mir. Dann nahm Mary eine sandfarbene Fliese, die ungefähr so groß war wie eine Schallplattenhülle, und platzierte sie direkt links an der Mittellinie, die wir gekalkt hatten. Die zweite Fliese setzte sie daneben, rechts von der Linie. Und dann fing das Zuschneiden an.

Mary ließ sich den fetten Schwamm voll Wasser saugen und drückte ihn über der Wanne unten an der Säge aus.

»Wofür ist denn das Wasser?«

»Fliesensägen schneiden nass.«

Ich nickte und ging davon aus, dass ich nicht mehr zu wissen brauchte. Vielleicht sprühten durch die Reibung zwischen Sägeblatt und Fliese ja Funken.

Mary zeichnete mithilfe von Bleistift und einem an einer Seite abgeflachten Metalldreieck als Lineal eine dunkle Linie links auf die Fliese. Dann reichte sie mir Stift und Dreieck.

Kalt lag das Dreieck in meiner Hand und war schwerer als gedacht. »Okay«, sagte ich in meinem Ich-bin-aufgeschmissen-Tonfall. Ich legte den Schalter an der Säge um. Mit einem feuchten Surren setzte sich das Sägeblatt in Bewegung und spie mir eine Fontäne kalten Wassers ins Gesicht. Eine über das Sägeblatt gesenkte Plastikblende hätte wie ein Schutzblech am Fahrradreifen dafür sorgen sollen, dass Porzellanstaub und Wasser nicht ganz so stark spritzten, aber diese sowieso schon nur mit Klebeband befestigte Blende war zusätzlich stark verbogen und damit praktisch nutzlos. Das Sägeblatt spuckte feuchten, wässrigen Nebel und Fliesenstaub, in kürzester Frist war ich auf einer Linie zwischen Brüsten und Bauchnabel durchnässt.

»Mach langsam«, sagte Mary und maß die nächste Fliese aus. Mehr Anleitung bekam ich nicht von ihr.

Ich senkte die Fliese auf die ebene, feuchte Sägefläche und zielte mit der Bleistiftlinie auf das sich drehende Sägeblatt, das keine Haifischzähne hatte wie die mir bislang bekannten Sägen, sondern eine glatte, abgerundete Kante. Es sah aus, wie ein paar zusammengepresste CDs. Ich glaubte nicht, dass es tatsächlich durch die harte Fliese in meinen Händen schneiden würde.

Tat es aber. Als das Sägeblatt die Fliese berührte, veränderte sich der Klang der Säge. Das nasse Surren wurde zu einem dröhnenden Brüllen. Das Blatt traf auf das Porzellan und nagte eine dunkle Kerbe hinein, während Fliesenstaub und Wasser in alle Himmelsrichtungen spritzten. Mit den Armen so nah wie möglich am Körper versuchte ich, die Kachel zu führen. Indem ich mich bewegte, meine Position veränderte und immer wieder nachfasste, versuchte ich, sie gerade zu halten. Aber ich ruckelte zu sehr und die Fliese verkantete. Ich hatte in einem Winkel geschnitten, in dem das Sägeblatt sich festfraß, und mit einem Geräusch, das *falsch* signalisierte, kam die Säge zu zitterndem Stillstand. Mit einem geplagten Fragezeichen im Gesicht schaute ich zu Mary auf dem Boden. Sie drehte sich zu mir um und hob wortlos die Hände vor ihren Oberkörper, zeigte mir, wie ich die Fliese zu führen hatte, zog die Hände zu sich heran und streckte sie dann wieder nach vorne aus. Die Geste sagte mir: erst rückwärts, dann wieder nach vorn. Ich zog die Fliese ein Stück zurück, und das Sägeblatt kam stotternd wieder in die Rotation. Mit einer weichen, gleitenden Bewegung führte ich die Fliese nach vorn, steuerte diesmal richtig, und machte den Schnitt größer.

Die Säge röhrte. Aber ich bemerkte den Lärm nicht. Ich bemerkte weder das Spritzwasser noch den Staub oder die Tatsache, dass mein T-Shirt vorne immer nasser wurde. Ich sah nur die Bleistiftlinie, spürte die Ecken der Kachel in meinen Fingern und wusste, dass ich den Schnitt auf der Linie halten musste. Irgendwann fiel mir auf, dass ich vergessen hatte zu atmen. Langsam drückte ich die Fliese weiter, ich hatte sie schon zur Hälfte durch. Die Zeit dehnte sich. Sie wurde weiter. Sie dauerte kilometerlang. Die Kachel brach entzwei und tropfte, aber an einer Ecke war ein kleines Stück abgesprungen. Ich stellte die Säge aus und gab Mary mit jetzt nassen, kalten Händen die zugeschnittene Fliese.

»An der einen Ecke ist mir was abgebrochen.«

»Egal«, sagte Mary. »Verschwindet unter der Sockelleiste.« Meine Erleichterung darüber erinnerte mich daran, wie ich mein erstes Wortlautinterview für die Zeitung gemacht hatte – und wie mein Redakteur mir sagte, dass die Fragen in jeder von mir gewünschten Reihenfolge stehen könnten, dass also das Interview gar nicht unbedingt so aufgeschrieben werden musste, wie ich es tatsächlich geführt hatte. Wie wortwörtlich und genau wir alles nehmen, wenn wir eine für uns noch neue Arbeit machen. Und wie schön es dann ist zu merken, dass nicht alles so heiß gegessen wird, wie es gekocht wird, und dass es Raum gibt für Fehler und Spielereien.

Mary legte die Fliese mit der Schnittkante gen Wand auf den Boden und drückte sie in die geriffelte Klebemasse. Dann zeichnete sie eine weitere Fliese an und reichte sie mir. Ich legte wieder den Schalter an der Säge um und wischte mir den ersten Spritzwasserschwall aus den Augen.

Und so machten wir weiter. Von einer Fliese schnitt ich zu viel ab. Mary setzte sie ein, begutachtete den Spalt, sagte »zu klein«, legte sie zur Seite und zeichnete die nächste an. Die geriet mir zu groß, und sie gab sie mir zurück. »Noch ein My mehr.« Sie hielt mir eine unebene, gezackte Schnittkante entgegen. Ich krümmte mich innerlich.

»Entschuldigung. Die ist mir weggerutscht.«

Für die geschwungene Linie um den Fuß der Kloschüssel zeigte Mary mir eine Technik, mit der man genau die Kurve hinbekommen konnte, die sich mit der Säge nicht schneiden ließ. Sie zeigte mir, wie man entlang der Krümmung ungefähr alle anderthalb Zentimeter Schnitte setzt, sodass das, was stehen bleibt, erst mal aussieht wie lange Zähne in einem breit lächelnden Mund. Dann schlägt man mit einem Hammer, einem Fliesenstück oder was man eben gerade zur Hand hat, leicht auf diese Zähne, die dann bogenförmig herausbrechen. Zu schartig abgebrochene Stücke lassen sich mit einer Feile glätten. Dieser Trick gefiel mir. Es war sauber und ordentlich, schnell und pragmatisch. Und die Fliesenstücke machten so ein befriedigendes *Tink*, wenn sie brachen.

Dann reichte Mary mir eine Fliese ohne Markierungsstrich, ohne dunkle Bleistiftlinie, die mir zeigte, wo ich entlangschneiden sollte.

»Vier und elf Sechzehntel Zoll«, sagte sie. Ich durchwühlte den Eimer, auf der Suche nach einem Maßband und einem dieser flachgedrückten Bleistifte, wie Mary sie benutzte. Ich wiederholte die Zahl in meinem Kopf. Vier und elf Sechzehntel. Noch nie hatte ich eine befremdlichere Zahl gehört. Gespenster aus dem Mathe-Kurs an der Highschool geisterten durch meinen Kopf: Geometrie-Tests, Variablen in algebraischen Gleichungen. Vier und elf Sechzehntel. Je häufiger ich mir diese Zahl vorsagte, desto weniger Sinn ergab sie. Die Silben lösten sich auf in dem feuchtzähen Matsch aus Fliesenstaub und Wasser.

Ich hakte das Endstück aus Metall an die Kante der sandfarbenen Fliese und zog das Maßband einmal quer über die Fläche. Mary, noch immer auf den Knien, wandte mir den Rücken zu, als sie die nächste Fliese in den Kleber drückte. Dass sie mich nicht sehen konnte, nutzte ich, um mit dem Daumennagel schnell die winzigen Linien zu zählen. Ein Sechzehntel, zwei Sechzehntel, drei … Ich kam bis neun.

»*Zählst* du etwa?«, fragte sie, immer noch mit dem Rücken zu mir.

Mir stieg die Hitze in die Wangen. Das ist der Punkt, an dem ich den Job nicht bekomme, dachte ich. Hier beginnt und endet meine Schreinerinnenkarriere. Jetzt wird sie herumfahren und sagen: *Das Mädchen weiß also noch nicht mal, wie man so ein verdammtes Band liest!* Ich fühlte mich, als hätte man mich beim Schummeln erwischt.

Eine Säge zu handhaben, einen Nagel einzuschlagen und eine Fliese gegen ein Sägeblatt zu drücken, das sich durch ein flaches Wasserbad drehte – all das würde noch Übung erfordern. Das hatte ich von Anfang an gewusst, das hatte ich mir noch am Morgen auf der Fahrt hierher und eben beim Schneiden der Fliese vorgebetet. Ich konnte nicht erwarten, dass Werkzeuge oder Baumaterialien gleich von Anfang an genau das machten, was ich von ihnen verlangte. Das konnte niemand von mir erwarten. Das mit dem Bandmaß allerdings … Dass just das Maßband von allen Werkzeugen die größte Herausforderung sein würde, hätte ich nicht gedacht.

Heutzutage liegen ja in sämtlichen Werkzeugkästen und Krimskrams-Schubladen solche Kapselbandmaße herum. Als Kind hatte ich immer mit einem gespielt, das in der Küchenschublade wohnte. Ich hatte es an ein Stuhlbein gehakt und vollständig ausgefahren, um dann ein bisschen an ihm zu wackeln, woraufhin es quer über den Boden zurückgeflitzt kam und das Gehäuse durch die Wucht des Aufrollens hochschnellen ließ.

Das erste Patent an einem Rollbandmaß, also einem, das zurück in sein Gehäuse zischt, wurde 1868 einem gewissen Alvin J. Fellows aus New Haven erteilt. Sein wichtigster Beitrag zur Entwicklung dieses Werkzeugs war der Mechanismus, der es dem Maßnehmenden erlaubt, das Band in jedweder Entfernung festzustellen. Das Band also an jeder Stelle anhalten zu können, damit es nicht zurück in sein Gehäuse saust, bevor man überhaupt Maß genommen hat, war eine nützliche Weiterentwicklung.

Aber durchgesetzt hat sich das Kapselbandmaß erst in den 1940er Jahren. Bis dahin haben Schreiner ausschließlich mit hölzernen Gliedermaßstäben gearbeitet. Zuhause hatten wir so einen, der seinen Platz auf der Werkbank in der Garage hatte. Einmal habe ich mir in einem seiner Scharniere den Finger eingeklemmt und erinnere mich bis heute an den Schmerz.

Ob mit altmodischem Zollstock oder mit neumodischem Gehäusemaß: An meinem Problem änderte sich nichts. Da konnte ich noch so viel schleppen können – das würde mein Versagen, mein fundamentales Nichtkönnen nicht aufwiegen. Ich hatte schlichtweg keine Ahnung vom Schreinerhandwerk. Ich hatte sogar noch weniger Ahnung, als ich gedacht hatte.

Mary stand auf und kam zu mir. Sie nahm mir das Maßband aus der Hand.

»Hier«, sagte sie und zeigte mit dem Finger, »wie viel ist das?«

»Zweieinhalb Zoll.«

»Und das?«

»Zweidreiviertel.«

»Das?«

»Zweieinviertel.«

Ihr Daumen bewegte sich wieder. Fliesenkleber war auf ihrem Knöchel getrocknet und rissig geworden. Ihre Finger waren lang, weiblich und stark.

»Zwei und ein Achtel?«

Sie schüttelte den Kopf. »Rate noch mal.« Um besser sehen zu können, beugte ich mich näher über das Maßband. Mir fiel auf, dass sie nach Tabak roch.

»Zwei und ...« Die Striche verschwammen, mein Hirn war leergefegt. Ich fasste mir an den feuchten Fleck auf dem T-Shirt vorne an der Brust. Mary ließ noch etwas Zeit verstreichen.

»Zeig mal zwei und vier Achtel«, sagte sie und rettete mich so. Ich hielt den Daumennagel an die entsprechende Stelle.

»Also, und was ist dann das?« Sie bewegte ihren Daumen wieder an die vorige Stelle.

»Drei Achtel«, sagte ich. »Zwei und drei Achtel.«

»Na also!«, lachte sie.

Sie ließ das Maßband ins Gehäuse zurückfahren und fragte: »Wie viel sind zwölf Sechzehntel?«

Es überraschte mich, dass ich mich daran erinnerte, wie man Brüche kürzte. »Drei Viertel!« Hier stand ich also und beantwortete mit kaum verdientem Stolz Fragen, die man auch jeder Viertklässlerin hätte stellen können. Plötzlich fühlte ich mich wie eine Idiotin. Was aber nicht an Mary lag. Sie stellte ihre Fragen geduldig und nie herablassend, nicht, als ob sie mich in meinem Nichtwissen vorführen wollte, sondern als ob sie mir etwas beibringen wollte – was eine gute Lehrerin auszeichnet.

»Drei Viertel. Stimmt. Und wenn du dich daran erinnerst, dass zwölf Sechzehntel drei Viertel sind, dann weißt du auch, wo dreizehn Sechzehntel sind, wo elf und wo neun.« Und sie erzählte mir von ihrem ehemaligen Chef Buzz, einem hochgradigen Perfektionisten und erfahrenen Bauhandwerker, der alles bis auf ein Dreißigstel Zoll genau haben wollte. »Auch ich habe früher mal abgezählt«, sagte sie. »Aber das wird. Erst Übung macht den Meister.«

Also übte ich. An jenem Tag wiederholten wir den Ablauf, diese sehr konkreten Handgriffe: erst dies, dann das. Abmessen, anzeichnen, zuschneiden. Das Geräusch der Säge, das Spritzwasser, zunächst die kalte, trockene Fliese, dann die nasse zugeschnittene Fliese, mein Körper vor der Säge, die Augen auf die Bleistiftlinie fixiert, alles andere – Zeit und Sprache – verdunstet in der Konzentration und dem rein physischen Tun.

Die Zeitung hatte mich gelehrt, was Routine war: in der Redaktion an meinem Schreibtisch zu sitzen, mit den Fingerspitzen zu tippen, mit der Maus zu klicken, der gedämpfte, sich auf meinen bleichen Wangen widerspiegelnde Schein des Monitors, meine glasigen Augen. Dort hatte ich eine quasi hirntote Automatisiertheit empfunden, hatte funktioniert ohne zu denken, ein Tun ohne Sinn und Zweck. Aber hier hatte jede Fliese ihren Ort, war Teil eines Ganzen. Jedes Maßnehmen und jeder Schnitt war für etwas gut. Hier gab es keine in sich zusammengesackte Halbbewusstheit. Die Arbeit war repetitiv, das ja, dabei aber irgendwie nicht langweilig. Der Eindruck, den ich an diesem Probetag gewann, war, dass man, auch wenn man tausende Fliesen zuschneiden würde oder ein ganzes Jahr ausschließlich an der Fliesensäge stünde, immer noch konzentriert sein müsste. Jedes Mal wieder. Man würde wahrscheinlich schneller werden. Und besser. Gerade Schnittkanten, ein nicht ganz so häufig verkantetes Sägeblatt. Aber aufmerksam müsste man immer sein. Das Sich-Wiederholende bei den Fliesen beschwor eine spezifische Präsenz, ein körperliches An-Ort-und-Stelle-Sein.

»Raucherpause«, verkündete Mary und ging für eine Zigarette im Regen nach draußen. »Aber verrat's nicht meiner Frau.« Ich betrachtete den Teil des Bodens, den wir bis jetzt geschafft hatten. Der Regen schlug gegen das Fenster und prasselte aufs Dach. Schritte auf der Treppe. Ein alter Mann tauchte auf, der mit seinem weißen Bart und seinen langen weißen, zu einem Pferdeschwanz zusammengebundenen Haaren – der Zopf zwischen seinen Schulterblättern wirkte wie der Schwanz eines Wesens aus dem ewigen Eis – aussah, als sei er hundert Jahre alt. Er trug eine leichte, mit Hämmern behängte und mit Farbe bespritzte Hose und ein weißes T-Shirt, das ihm wie ein Laken von den Schultern hing. Er hatte einen Farbeimer und einen Pinsel dabei, und unterm Arm klemmte ihm eine schwere leinene Abdeckplane. Er richtete sich auf der anderen Seite des Zimmers neben einem der Mansardenfenster ein.

»Gut, hier auch mal Frauen auf Arbeit zu sehen.«

Ich wusste nicht, was ich darauf erwidern sollte. Es käme irgendwie unbeholfen rüber, ihm zu erklären, dass ich nicht wirklich auf Arbeit, sondern nur auf Probe war. Dass ich meine Arbeit überhaupt erst seit ein paar Stunden machte und nicht wusste, wie man ein Bandmaß las. Auch nicht weniger plump wäre allerdings die Antwort: Gut, hier auch mal hundertjährige Zauberer auf Arbeit zu sehen.

»Danke. Ist ein guter Job.«

Als Mary vom Rauchen zurückkam, arbeiteten wir weiter, ohne viel dabei zu reden, und brachten so die Verlegearbeiten zu Ende. Bevor man sie verfugen konnte, sollten sich die Fliesen über Nacht setzen, weswegen wir danach für diesen Tag fertig waren. Die Kombination aus Konzentration, so viel Neuem und dem mir unbekannten Tagesrhythmus ließ die Zeit wie im Flug vergehen. Ein Dienstagnachmittag am Schreibtisch, wenn zwischen drei und vier Uhr alles Tun nur noch darauf ausgerichtet ist, die Minuten totzuschlagen, fühlt sich an wie Folter. Denn irgendwo ganz weit hinten in deinem Hirn weißt du, dass diese Stunden deine einzigen Stunden sind. Dass sie endlich sind und irgendwann aufgebraucht sein werden. Ich kannte mal eine Frau, die bei einer Party zu allen Gästen ging und einem nach dem anderen sagte: »Du weißt schon, dass das dein echtes Leben ist, oder? Das hier ist dein *echtes Leben*.« Wie gut, mal an diese Tatsache erinnert zu werden – und wie einfach, sie zu vergessen. Es gefiel mir, wie sich die Fliesen auf dem Boden machten.

Wir packten das Werkzeug zusammen und luden alles wieder in den Transporter. Auf der Fahrt zurück schlotterte ich ein bisschen. Ich fragte mich, ob ich zu viele Fliesen verhunzt hatte, ob ich mit meinem Schlepp-Einsatz Eindruck geschunden hatte und ob Mary mitbekommen hatte, dass ich ihr aus dem Licht gegangen war.

»Frierst du?«, fragte sie.

»Mir ist ein bisschen kalt.«

Sie drehte die Heizung auf, und die Scheibenwischer schwenkten über die Scheibe.

Als wir wieder bei ihr vor dem Haus standen, bedankte ich mich, und sie lachte. »Dank dir«, sagte sie und händigte mir siebzig Dollar in bar aus. Zehn Dollar die Stunde kamen mir für das, was ich geleistet hatte, viel vor. »Jetzt gehst du erst mal heiß duschen und wäschst dir den Fliesenstaub aus den Haaren.« Ich fuhr mir mit der Hand über den Kopf. Feuchtkörnige Fliesenstaubklümpchen klebten mir in den Haaren. Ich bedankte mich noch mal bei ihr.

»Mach's gut«, sagte sie.

Es waren Worte eines endgültigen Abschieds. Worte, die man zu jemandem sagt, den man nicht kennt und den man auch nie wiedersehen wird. Verfroren und gedrückter Stimmung ging ich nach Hause, nach einem ganzen Tag in der Senkrechten steckte mir die Müdigkeit in den Knochen – dazu die Gewissheit, dass Mary nach diesen Worten sicher jemand anders anstellen würde. Mach's gut. An diesem Tag ging ich früh ins Bett. Als der Wind auffrischte und der Regen vom Himmel peitschte, überfielen mich wieder sämtliche niederschmetternden Gedanken: Reue, Arbeit, Geld, Krankenversicherung, Einsamkeit, Züge, auf die ich nicht aufgesprungen war, und ein Kalender ohne Einträge.

Am nächsten Morgen – es war ein grauer, aber trockener Morgen – rief Mary an. Sie sagte mir, ich könne den Job haben, wenn ich wollte. Ich sagte ihr, ich wolle.

Kapitel 2

HAMMER

Über die Wucht des Zuschlagens

Einen Tag, nachdem Mary mir den Job gegeben hatte, traf ich in ihrer Kellerwerkstatt ein. »Willkommen in meiner wundersamen Bruchhütte«, sagte sie. Eine Tischtennisplatte voller tiefer Krater und Farbkleckse, dazu fast pockennarbig mit Holzkleber marmoriert, diente als Arbeitsfläche. Farbeimer und Dosen mit Beize stapelten sich unter einem kleinen Fenster, das auf den Staub in den Spinnweben zwischen den Eimergriffen Licht warf. Darüber baumelten Stromkabel von Rohren und Balken. Unter Tassen, in denen flauschiger weißer Schimmel auf vergessenem Kaffee schwamm, Schachteln voller Schleifpapierscheiben, alten Kisten mit Gipskartonschrauben und einem leeren Karton für eine Säge, deren Name mir unbekannt war, stand eine Werkbank. An einer Werkzeugwand in Form einer gelochten Hartfaserplatte hingen – nach der Staubschicht auf den Griffen und Sägeblättern zu urteilen – selten benutzte Werkzeuge neben Metallsägen, langen Schraubenziehern und einer Rolle mit blauem Malerband. Über eine Ecke der Lochplatte waren merkwürdige Schraubzwingen gehängt, deren hölzerne Pressstücke von Metallstangen auseinandergehalten wurden. Eine nackte Glühbirne hing von der Decke, ausgestattet mit einem Bewegungsmelder, der das Licht nach ein paar Minuten Ruhe ausgehen ließ. Wie Deppen standen wir da und wedelten mit den Armen, damit das Licht wieder anging.

In diesem Chaos lag so viel Potenzial, lagen so viele Möglichkeiten – jedes dieser Werkzeuge hatte einen eigenen Namen und seine eigene Verwendung, jedes seine ganz eigene Stärke. Was für eine Macht! Wir würden Wände bauen und Häuser, ja ganze Welten! Nur noch schnell die Kaffeetassen weggeräumt, Platz gemacht auf der Tischtennisplatte, diese Werkzeuge zur Hand genommen – und *losgebaut!*

»Hast du schon mal verfugt?«, fragte Mary und wühlte in einem Behälter herum.

»Nö.«

»Dann mach dich bereit zum großen Spachteln.«

Im Haus der Architektin herrschte wieder wuselige, lärmende Geschäftigkeit. Aus einem übergroßen Milchkarton schüttete Mary dunkelbraunes Fugenpulver in einen sauberen Eimer. Diesmal sagte sie mir nicht, ich solle den Atem anhalten, aber ich machte es trotzdem. Sie goss etwas Wasser dazu und rührte die Mischung an.

»Fugenmörtel darf etwas dünner sein als Fliesenkleber«, sagte sie, zog den Mixstab aus der klebrigen Masse und sah zu, wie sie zurücksank – so, wie man Eiweiß mit dem Rührgerät hochzieht, um zu sehen, ob es schon gestockt ist und stehen bleibt. Sie gab mir ein Werkzeug mit einem Plastikgriff und rechteckigen Unterteil, ähnlich einer Scheuerbürste, die statt der Borsten allerdings einen weichen weißen Gummifuß hatte. Mary nannte das Ding »Fugenbrett«.

»Du weißt, worum's prinzipiell geht, oder?«, fragte Mary.

»Ich glaube schon.«

»Darum, den Kitt zwischen die Fliesen zu kriegen.«

Wir klatschten Mörtel auf den Boden und fingen an, ihn mit den Fugenbrettern in die Zwischenräume zwischen den Fliesen zu streichen. Marys Bewegungen waren fließend. Druckvoll fuhr sie mit dem Gummibrett über die Rillen zwischen den Kacheln, arbeitete dabei immer in der Diagonalen, erst in die eine, dann in die andere Richtung. Meine Versuche, mit der Kante meines Gummis den Fugenmörtel in die Zwischenräume zu kriegen, fühlten sich unbeholfen an.

»Wenn man immer schön hin und her fährt, wird es gleichmäßiger«, sagte sie. Ich versuchte, mir ihre Technik anzueignen. »Es dürfen keine Blasen entstehen. Und je mehr Mörtel auf den Fliesen kleben bleibt, desto mehr müssen wir hinterher saubermachen.«

Wie fertig die Fliesen mit ihren so schön verfüllten Zwischenräumen aussahen, diesem Linienraster, das so plan dalag wie die Straßenkarte einer Stadt.

»Früher konnte ich das noch ohne Knieschoner machen«, sagte Mary. »Hast du Probleme mit den Knien?«

Hatte ich nicht.

»Ich werde alt.« Sie redete vom »Hausfrauenknie« – einem Ausdruck, den ich noch nicht gehört hatte. Auch bekannt als Waschfrauenknie ist die Bursitis präpatellaris, eine Krankheit, bei der sich der mit Flüssigkeit gefüllte Schleimbeutel vor der Kniescheibe entzündet und Menschen plagt, die viel Zeit auf den Knien verbringen, also Aschenbrödel, Bodenschrubber und Fliesenlegerinnen.

Als wir mit dem Boden fertig waren, wischten wir ihn mit T-Shirt-Fetzen sauber. Dann gab Mary mir ein Stemmeisen. »Und jetzt hebelst du die Trittstufen hoch, von der Treppe runter in den Keller.«

Mit dem Stemmeisen in der Hand stand ich oben an der Kellertreppe. Höhlenkalte Luft wehte mir mit diesem ganz eigenen, feucht-steinernen Geruch von unten entgegen. Ich konnte nur hoffen, dass das, was ich jetzt tun würde, das war, was Mary gemeint hatte. Ich rammte das Eisen, das dicker und länger war als der kleine Kuhfuß, mit dem Mary die Türschwelle des Badezimmers entfernt hatte, unter die Trittfläche der obersten Stufe. Ich drückte nach oben und hebelte wieder nach unten, ging mit Hauruck-Aplomb zur Sache und spürte, wie das Brett mit den klagenden Lauten von ihren Halt im Holz verlierenden Nägeln meinen Anstrengungen nachgab, Stück für Stück nach oben kam und schließlich lose war. Ich konnte es kaum glauben, dass das Eisen eine derartige Kraft hatte. Ich löste eine weitere Trittfläche und dann noch eine – es waren abgenutzte Stücke dunklen Holzes, die durch viele Füße auf ihrem Weg nach unten und wieder nach oben schon ganz grau und abgesplittert waren. Ich ächzte und schwitzte. Als die Hälfte geschafft war, warf ich, stolz auf das zügige Tempo meines Vorankommens, einen Blick in den Keller unter mir. An der gegenüberliegenden Wand stand eine lange Werkbank, an deren einem Ende ein alter roter Schraubstock befestigt war.

Sie erinnerte mich an die Kellerwerkstatt, die mein Vater gehabt hatte, als ich ein Kind war. Er hatte da unten Köder geschnitzt, der Raum war bis unter die Decke vollgestopft gewesen mit Werkzeug. Eine Tischsäge, eine Bandsäge, mehrere Handsägen. Feilen, Meißel, Raspeln. Ein fieses Ding mit einer scharfen Klinge, das aussah wie eine kleinformatige Sense. Von den meisten Werkzeugen kannte ich nicht den Namen. Mit irgendwelchen Geräten, die Holzgriffe hatten, schnitzte mein Vater Vögel (Regenpfeifer, Wasserläufer, Brautenten, Küstenvögel mit langen, gebogenen Schnäbeln und staksigen Beinen), die er dann bemalte, teils sehr detailreich, teils recht schlicht und folkloristisch. Er klebte lebensechte Glasaugen auf das Holz. Die Vögel standen auf Beinen aus Holz, befestigt an Treibholzkörpern, die wir am Strand gefunden hatten. Die Enten waren innen hohl, damit sie, wenn man sie auf einem See oder Fluss zu Wasser ließ, um echte Enten anzulocken, auf die man dann schießen konnte, auch wirklich schwammen. Zur Jagd eingesetzt wurden sie allerdings nie. Mit ihren wohlgerundeten Körpern und Schnäbeln, ihren glänzenden Augen und den teils graubraun gefleckten, teils so dunkelgrünen Federn, dass sie fast schwarz aussehen, sind die Vögel, die mein Vater gemacht hat, wunderschön.

Als ich klein war, habe ich nie groß darüber nachgedacht, wie irgendetwas gemacht wird, wie aus einem rechtwinkligen, roh behauenen Holzklotz etwas anderes wird. Mein Vater aber ging nach unten in den Keller und kam irgendwann mit zwei Regenpfeifern oder einer Ente wieder nach oben. Sie wurden verschenkt, zu Hochzeiten und Geburtstagen. Manche blieben auch bei uns, auf Simsen und Regalen. Ich selbst besitze einen kleinen blauen Reiher, etwas über zehn Zentimeter groß und unbemalt, der bei mir in der Wohnung, die ich mir in Cambridge unweit vom Charles River mit meinem Freund Jonah teile, auf einem hoch angebrachten Bord neben dem Fenster steht. Mein Vater hat ihn mir vor Jahren geschenkt, als Versprechen für einen lebensgroßen Reiher irgendwann mal. Das einzige Werkzeug, das mich damals unten in seiner Werkstatt interessierte, war ein Brennstift, der so heiß wurde, dass man schwarz verkohlte Buchstaben ins Holz brennen konnte. Ich hinterließ meine Initialen auf seiner Werkbank und auf herumfliegenden Holzstücken. Als er und meine Mutter sich trennten, landeten all seine Werkzeuge in einem Lagerraum.

Ich wandte mich wieder der Treppe zu, die ich zu zerlegen hatte, und als ich aufsah, blickte ich ins Gesicht von Connie, der Hauseigentümerin, selbst Architektin, vierzig plus, in sauberen Klamotten und mit klar kantig definiertem Haarschnitt. Mit Notizbuch in der Hand und Bleistift hinterm Ohr stand sie oben am Treppenabsatz und schaute zu mir herunter.

»Hallo«, sagte sie in einem Tonfall, der *Kennen wir uns?* implizierte.

Ich schaute die Treppe hinauf, immerhin ihre Treppe in ihren Keller, von der in ihrem trittstufenlosen Zustand nur noch ein Holzgerippe mit dunklen Löchern übrig war, was das Herunterkommen schwierig machte. In mir stieg eine Welle später Panik auf. Sind das wirklich die Trittstufen? Habe ich gerade die falschen Teile demontiert? Muss sie jetzt hier runter? Da stand ich, eine Fremde in ihrem Haus, schwang das Brecheisen und richtete Schaden an. Ich sah zu ihr auf und lächelte sie gequält an. »Ich soll nur ...«

»Schon okay.« Sie wandte den Kopf nach rechts Richtung Küche, und irgendetwas hatte plötzlich ihre Aufmerksamkeit. »Moment mal«, sagte sie zu jemandem. »Uuaah, hey, stopp, passen Sie doch auf die Küchenschränke auf!« Und weg war sie, und die Absätze ihrer Stiefel knallten auf die Dielen wie Schläge auf eine straff gespannte Trommel.

Ich atmete ein paar Mal tief durch und wartete darauf, dass sie oben wieder auftauchte. Tat sie aber nicht, und ich zerstörte weiter ihre Treppe, Stufe für Stufe. Als ich fast ganz unten war und die rissigen Bretter gerade neben der Kellertür stapelte, kam Mary vorbei. Sie sah zu mir runter und nickte.

»Das Stemmeisen ist der Wahnsinn«, sagte ich und behielt meine Zweifel in puncto Definition von *Trittstufe* schön für mich. »Ich fühle mich wie eine Superheldin.«

»Schön für dich«, sagte Mary. »Aber fang beim nächsten Mal lieber unten an und arbeite dich dann nach oben vor.«

In diesem Moment merkte ich, dass ich die jetzt trittbrettlose Treppe irgendwie hochklettern musste.

An meinem dritten Tag erwähnte Mary auf der Fahrt zum Haus, dass Connie, die Architektin, nach mir gefragt habe. Mary hatte erklärt, ich sei Journalistin gewesen und habe gerade erst bei ihr angefangen. Darauf hatte die Architektin gesagt: »Das habe ich mir schon gedacht.« Ich fragte mich, woher sie das gewusst hatte.

An jenem Nachmittag arbeiteten Mary und ich im großen Badezimmer. Auf dem Badewannenrand sitzend, sah ich Mary zu, die mir in der Hocke über das Bett der Dusche gebeugt demonstrierte, wie man eine Dusche baut. Auf den Grund der Dusche hatte sie Zement gegossen, den sie jetzt mit einem Spachtel glatt strich. Es war eine zähe Masse ohne Knubbel oder Blasen und so abgeschrägt, dass das Wasser aus allen Richtungen auf den Abfluss zufließen würde. In einer kontinuierlichen, sanften Gleitbewegung fuhr sie mit dem Werkzeug über den glitschig-nassen Zement. Wieder und wieder strich sie über die Oberfläche, bis die ganze Masse im Bett einen Satinglanz hatte. Ich musste daran denken, wie gern ich damals meiner besten Freundin, mit der ich als Fünfundzwanzigjährige zusammengewohnt hatte, beim Kochen zugesehen hatte – wie sehr mir ihre Art, zu schnippeln und zu rühren und zwischen Küchentheke und Herd zugange zu sein, gefallen hatte. Es liegt eine große Wohltat darin, jemandem, der mit seinem Werkzeug umgehen kann, bei der Arbeit zuzusehen und Zeugin zu werden davon, wie grundlegende Dinge kompetent und umstandslos getan werden. Fasziniert folgte ich Marys Bewegungen.

Plötzlich stand Connie, die Architektin, in der Tür.

»Ich bin deinem geheimen Leben auf die Spur gekommen.«

Unfreiwillig wurde ich aus meiner Trance gerissen und wurde rot. In ihrem Satz lag ein Hauch von Vorwurf, ein unausgesprochener Anklagepunkt: schuldig des So-tun-als-ob. »So geheim ist es ja nun auch wieder nicht.«

»Hattest du ein Spezialgebiet?«

»Ich habe vor allem über Bücher geschrieben.«

Sie hob eine Augenbraue, auf eine Art, die Überraschung und Anerkennung gleichermaßen ausdrückte. Mir war der Werkzeugeimer zu meinen Füßen genauso bewusst wie meine dreckige Jeans, die ich jetzt den dritten Tag in Folge trug, und wie Mary, die da in der Hocke Zement glattstrich.

»Belletristik oder Sachbuch?«, fragte sie und wollte dann wissen, ob ich in letzter Zeit irgendetwas Empfehlenswertes in der Hand gehabt hatte. Ich nannte ihr ein paar Buchtitel und fing schon an, ihr zu erzählen, was mir jeweils an ihnen gefallen hatte. »Es gibt da eine ganz großartige Kurzgeschichtensammlung, ein Debüt. Die Autorin mischt komplett übergangslos Reales und Fiktives ineinander. Da liest man gerade noch über dieses traurige Pärchen, das so lebt, wie wir alle leben, und dann kommt plötzlich Bigfoot in die Geschichte und das Monster von Loch Ness. Aber alles sehr poetisch und wunderbar gemacht und ...«

»Gib mir doch mal den Schwamm«, sagte Mary.

Mit rotem Gesicht und klopfendem Herzen brach ich ab und suchte im Eimer herum. Ich habe keine Ahnung, ob Mary mich sehr explizit daran erinnern wollte, wo ich meine Aufmerksamkeit eigentlich haben sollte, oder ob sie tatsächlich einfach nur den Schwamm brauchte. Aber gesagt war gesagt. Ich reichte ihr den Schwamm und machte weiter damit, ihr wortlos zuzusehen. Die Architektin verkrümelte sich, ging zu einer anderen Gruppe von Bauarbeitern in einem anderen Teil des Hauses, und ich hockte wieder auf dem Rand einer Badewanne und lernte, wie man Wasser dazu bringt, auf einen Ausfluss zuzulaufen.

Aus Frühling wurde langsam Sommer, und Mary und ich stürzten von einem Job in den nächsten. Für eine Küche in Dorchester fertigten wir Einbaubücherregale. Wir machten einen Wanddurchbruch, restaurierten Schränke und flickten eine Zimmerdecke in einem gerade erst vom Besitzer gekauften, stark renovierungsbedürftigen Haus in Jamaica Plain. Einer Südstaatenschönheit in Cambridge vertäfelten wir die Wände und strichen ihr die Wohnung, strichen und strichen. (»Ach Schätzchen, ich glaube, ich hätte doch lieber Antikweiß statt Leinenweiß. Ob ihr wohl die Diele, das Gästezimmer und das Wohnzimmer noch mal neu streichen könntet?«) Und wir renovierten das Badezimmer einer verwitweten Großmutter, deren kleine Wohnung in Somerville Dutzende von Giraffenfigürchen zierten. Ich lernte Stück für Stück, erst dies, dann das, je nach Job.

Ich war begeistert von der Vielfältigkeit unserer Tätigkeiten und von der Geschwindigkeit, mit der wir von einem kleinen Auftrag zum nächsten kamen. Nur Mary war frustriert. Sie beklagte sich über die wirtschaftliche Gesamtsituation: Weil niemand Geld für größere Projekte ausgab, war sie gezwungen, hintereinander weg langweilige Jobs und Ausbesserungsarbeiten zu erledigen statt großer, lukrativerer Renovierungsschreinerarbeiten, die sie mochte und für die sie eigentlich auch qualifiziert war. Ein Tag Arbeit hier, ein paar Tage da, dann zehn Tage dort, und wieder weiter, zum nächsten Ding. Hier, bitte, Ihre neue Gartenterrasse, hier Ihre neuen Fenster, da Ihre neue Wand. Sehnsüchtig erzählte Mary von ganzen Wohnungssanierungen, von Küchen, die vom Boden bis zur Decke neu gemacht werden sollten, von Aufträgen, die uns für sechs Wochen oder sogar ein paar Monate an einem Ort gehalten hätten.

Während einiger zehrender Malertage wechselten Mary und

ich manchmal ein, zwei Stunden lang kein einziges Wort. Es herrschte eine angenehme Stille, die uns nicht störte – ich glaube, wir waren beide dankbar dafür, dass wir uns nicht genötigt fühlten, die Zeit mit Geplapper zu füllen. Der Ausdruck *Sei deine Arbeit* tauchte in meinem Kopf auf, ein poppiges Zen-Sprichwort, das ich mal irgendwo aufgeschnappt hatte. Ich versuchte, mich im flüssigen Auftragen von Antikweiß zu verlieren: vom Farbeimer, wo die Farbe aussah wie ein Pott Vanille-Milchshake, über die Pinselborsten auf die Wand. Der hölzerne Pinselgriff in meiner Hand, der Farbauftrag cremig, dick und glatt, ein seidiger Glanz, der Stück für Stück trocknete und irgendwann die ganze Wand bedecken würde.

Manchmal quatschten wir aber auch pausenlos und stundenlang.

»Weißt du noch die Anzeige, die ich auf Craigslist gepostet hatte? Ich hab darauf dreihundert Bewerbungen bekommen. Dreihundert!« Das erwähnte sie nicht zum ersten Mal. »Kannst du dir das vorstellen? In weniger als vierundzwanzig Stunden. Ich hab Mails bekommen von Typen, die seit zwanzig Jahren im Job sind.« Sie ließ ihren Roller in die Farbwanne klatschen. »So ist das in Zeiten wie diesen.«

Oder sie erzählte von ihrer Tochter Maia, die ihre jungenhafte Teenagerzeit hinter sich hatte und sich jetzt Poster von hübschen Boygroups an die Wand hängte.

»Wenn man ein Kind hat, vergeht die Zeit irgendwie sehr viel schneller.«

»Wieso das denn?«

»Du wirst dir einfach stark bewusst, wie viel Zeit dir noch bleibt.«

Maia ist die biologische Tochter von Marys Frau Emily und ihrem gemeinsamen guten Freund Henry, der in diesem großen blassgelben Zweifamilienhaus in Winter Hill zusammen mit seinem Ehemann eine Etage unter ihnen wohnt. Vier Eltern, eine Familie, alle unter einem Dach.

»Kennst du noch andere Familien, die in einer ähnlichen Konstellation leben?«

»Nicht dass ich wüsste.«

»Euer Kind kriegt sicherlich eine ganze Menge Liebe.«

»Ich kann mir gar nicht vorstellen, wie andere Leute es mit nur zwei Elternteilen machen.«

Früher hatten sie zu fünft in einem Einfamilienhaus gelebt. Als sie das Haus, in dem sie jetzt wohnen, kauften und sich in *oben* und *unten* aufteilten, sprach Maia von »Scheidung«.

Marys Frau Emily ist Sozialarbeiterin mit einem strahlenden Lächeln sowie Kranich- und Efeutattoos auf den Schultern. Außerdem arbeitet sie als Fitnesstrainerin und nimmt an Triathlon-Wettkämpfen teil. Die beiden sind seit über zwanzig Jahren zusammen, und wenn sie miteinander telefonieren, wird Marys Stimme eine Spur höher und klingt nach echter, zärtlicher Zuneigung. »Hey, Süße. Kuss.« Zu erleben, wie diese robuste Frau mit Farbe in den Haaren und Nägeln zwischen den Zähnen nach derart vielen Jahren Beziehung noch so weich und liebevoll sein konnte, war schön.

Mary ist dreizehn Jahre älter als ich. Ein guter Altersabstand: nicht so alt, dass es sich anfühlte wie mit einer Mutter, aber altersmäßig auch nicht so nah an mir dran, dass es noch als irgendwie gleichaltrig hätte durchgehen können. Ohne klare Absicht und auch ohne jegliche Überlegenheit oder Herablassung gab sie mir auf eine sehr natürliche Art das Gefühl: *Du kannst noch was von mir lernen.* Sie wusste nicht alles besser – und tat auch nicht so. Sie war jemand, der selbst immer noch dazulernte, und das machte sie zur idealen Lehrerin.

Aber oft kamen wir in unseren Gesprächen zurück auf ihre Sehnsucht nach größeren Aufträgen.

»Ich will was haben, worin ich mich mal wieder so richtig verbeißen kann«, sagte sie, während sie mit dem Roller Farbe auf die Wand eines nach hinten raus gelegenen Schlafzimmers auftrug, durch dessen Erkerfenster man auf eine schmale Cambridger Seitenstraße sah. Und wenn sie über Jobs sprach, die auch Ungelernte hätten machen können: »Von dieser ganzen Micky-Maus-Scheiße werde ich noch wahnsinnig.«

Ich wurde sicher nicht wahnsinnig. Mir rauschte nur ständig der Kopf.

In einer Sackgasse in Somerville brachten wir eine Woche damit zu, eine Gartenveranda zu bauen. Nachdem wir die alte Veranda, die bröckelte und faulte, abgerissen hatten, gruben wir mit einem Lochspaten – einer zweiseitigen Schaufel mit zwei langen Griffen, die man mit einer beidhändig ausgeführten Kombination aus Werfen und Stechen in der Erde versenkt – vier Pfostenlöcher. Sobald dieser Lochspaten einmal im Boden steckt, drückt man die Griffe auseinander, bringt so die beiden Schaufelblätter zueinander, greift sich Erde, hebt schließlich die ganze Ladung aus dem Loch und wirft sie auf einen Haufen daneben. Wir brauchten Stunden dafür, mir schmerzten die Schultern. Jedes Loch musste einen Meter zwanzig tief sein. Das ist ziemlich tief und lässt an Särge denken. Ein Meter zwanzig ist im Nordosten der USA die vorschriftsmäßige Verankerungstiefe für eine Veranda-Unterkonstruktion, denn erst dann ist man unterhalb der Frosttiefe, wie Mary mir erklärte. Im Winter nämlich gefriert der Boden von der Oberfläche aus nach unten. Niedrige Temperaturen kriechen von oben in den Boden hinein und dann nach unten, so, wie einem an manchen Februartagen die Kälte durch die Haut tief in Blut und Knochen zu sickern scheint. Das Wasser im Boden wird bei Frost zu Eis, dehnt sich unterirdisch aus und drückt mit gewaltiger Kraft gegen alles, wogegen es stößt. Tausende Kilogramm Gewicht pro Quadratzentimeter können einen Zaunpfosten, einen Balken, ein ganzes Gebäude verschieben. Wenn man im Frühjahr einen aus der Erde gekommenen Zaunpfosten sieht, der plötzlich höher ist als seine Nachbarn, dann ist er vom Eis angehoben worden. Wie ein Brustkorb, der sich bei einem tiefen Atemzug hebt, verschiebt und hebt der Frost alles, was unter der Erdoberfläche ist, und deswegen ist es wichtig, die Zaunpfostenlöcher tiefer zu machen als die Frosttiefe. Darüber hatte ich nichts gewusst, hatte auch noch nie über die Beziehung von Erde, Wasser und Kälte zu Verandapfeilern nachgedacht, über das ganze Geschehen unter der Oberfläche, all diese Dinge, die wir nie zu Gesicht bekommen.

Ich begann, egal, wo ich war, Treppen, Veranden und Gartenterrassen zu sehen. Ich hielt Ausschau nach der grünlichen Farbe von druckbehandeltem Holz. Im Normalfall wird es mit Arsen und anderen Chemikalien imprägniert, um wasserabweisend zu sein und nicht zu faulen. Nachdem Mary mir von Arsen erzählt hatte, fing ich an, beim Holzzuschneiden für unsere Veranda die Luft anzuhalten. Druckbehandeltes Holz ist schwerer als normales Holz und fühlt sich merkwürdig kalt und feucht an. Ich bewegte mich durch meine kleine Welt und sichtete überall Terrassen mit Topfgeranien und Hängefarnen. Blinkende, weihnachtliche Lichterketten wanden sich um Geländer. Fahrräder waren an Pfosten geschlossen, und wasserabweisende Kissen machten Sitzgelegenheiten gemütlich. Veranden waren überall, und jede war aus Holz, das von jemandem abgemessen und zugeschnitten worden war, und auch wir bauten so eine.

Es war, als stünde ich bei einer Parade von Dingen, die ich

bislang für selbstverständlich gehalten hatte, in der ersten Reihe. Treppen zum Beispiel. Sehr nützlich, um sich zwischen Stockwerken zu bewegen, um zur Haustür hochzukommen oder unter die Erde zu gelangen, um die U-Bahn in einen anderen Stadtteil zu erwischen. Tritthöhe und -tiefe werden von Vorschriften reguliert. Wir alle kennen das Gefühl, wenn eine Treppenstufe plötzlich höher ist als die vorherige und man sich den Zeh an der Kante stößt. Oder, noch verstörender, eine Treppe hinunterzugehen, felsenfest überzeugt davon, dass auch der nächste Schritt und das ganze eigene Gewicht von einem soliden Ding aufgefangen wird, und dann ist genau dieses Ding *nicht da*. Oder es kommt viel zu früh und schickt einen brennenden Schmerz durch den Knöchel hoch ins Knie, dieses fiese Vibrieren des Stoßes. Wir alle haben im Moment des Einschlafens schon das Gefühl des Fallens erlebt, dieses Gefühl, eine Stufe nach unten zu gehen, die Stufe nicht zu treffen – und dann kurz auf dem Laken zusammenzuzucken oder um sich zu schlagen. Das muskuläre Gedächtnis formt sich schnell – unsere Knochen wissen, wo und wann die nächste Stufe kommen sollte –, und es ist wichtig, dass die Treppe diesen Erwartungen entspricht. Richtlinien und Vorschriften für Treppen gibt es schon seit sehr, sehr langer Zeit.

In *De architectura*, seiner im 1. Jahrhundert v. Chr. verfassten zehnbändigen Abhandlung über Architektur – und Astronomie, Anatomie, Mathematik und Farbenlehre (»Itzt will ich vom Purpur handeln, welcher von allen Farben die kostbarste, aber auch dem Auge die allerangenehmste ist.«) –, schlägt Vitruv vor: »Die Höhe [der Stufen] ist, meiner Meinung nach, also zu bestimmen: Dass sie weder über zehen, noch unter neun Zoll betrage; denn also wird das Aufsteigen bequem seyn. Zur Breite derselben aber scheint mir nicht weniger als anderthalb

Fuß, noch mehr als zwey Fuß genommen werden zu dürfen.«
Im 17. Jahrhundert legte der französische Architekt Jacques-
François Blondel in *Cours d'architecture* fest, dass das Verhältnis von Steigung zu Auftritt, also das Verhältnis von Antritts-
höhe zu Auftrittstiefe, anhand der Länge des menschlichen
Schritts berechnet werden solle. Schon näher an unserer heutigen Zeit vertraten amerikanische Baumeister mit einer brauch-
baren Näherung folgende Theorie: Die Summe von x-Achse
und y-Achse, also von Anstieg und Stufentiefe, soll ungefähr
siebzehneinhalb Zoll ergeben. Heutzutage muss eine Trittstufe,
also die Stelle, wo der Fuß landet, mindestens neun Zoll tief
sein. Und die Setzstufe darf nicht mehr als acht ein Viertel Zoll
hoch sein. Und zwei aufeinanderfolgende Stufen dürfen nicht
mehr als drei Achtel Zoll voneinander abweichen.

Mit Blick auf Veranda und Treppengerüst war ich dankbar,
dass es Mary sein würde, die die x- und die y-Achse zu berech-
nen hatte. Schon die Begriffe beschworen Geister aus dem Geo-
metrieunterricht in der Schule herauf, Erinnerungen daran, wie
mein übellauniges Selbst stundenlang *Das werd' ich niemals
brauchen* vor sich hinsagte – nichts anderes als der Versuch
einer vernünftigen Erklärung für mein mangelndes Bemühen
und meine mangelhaften Fähigkeiten. Mary war es also, die
die Stufenhöhe und die Tritttiefe sowie die Anzahl der Stufen
festlegte, die wir brauchten, um von der Plattform auf Höhe der
Gartentür runter zum Boden zu kommen. Ich schnitt die Bretter
für Trittflächen und Setzstufen zu und konnte nicht fassen, was
da gerade passierte. Vor drei Tagen noch wäre der Hauseigentümer, wäre er aus seiner Gartentür getreten, einfach hinter-
gefallen und hätte sich möglicherweise den Schädel an einem
Eckpfosten angeschlagen. Und jetzt stand da ein Podest mit sieben Stufen nach unten. Sicher, wir hatten nicht die Pyramiden

oder den Parthenon erbaut, aber das hier war schließlich auch nicht nichts. Als wir die letzte Pfostenkappe befestigt hatten, stieg ich grinsend die Treppe hoch, alle sieben Stufen, von unten hoch bis auf den Treppenabsatz vor der Tür. Ich trampelte auf ihr herum und probierte aus, ob sie das aushielt.

»Kann ich auch hüpfen?«, fragte ich Mary.

»Klar, hau rein.« Und so sprang ich mit Wucht auf dem Podest herum. Es war fest und solide. Nichts wackelte. Es trug mein Gewicht. Mary, die unten auf dem Boden stand, hob die Arme, sprang hoch, fasste die Verandakante und vollführte einen Klimmzug. »Hält.«

Wir hatten einen Weg gebaut, um von der Tür runter zum Boden zu kommen, einen Durchgangs- und Durchatme-Ort, einen Ort, um Einkäufe abzustellen und sich vorm Betreten des Hauses den Schnee von den Stiefeln zu klopfen. Was für ein Ding!

Im Anschluss an diesen Job plumpsten wir in den nächsten und dann gleich weiter in den übernächsten. Jeder half mir während dieser ersten Monate, den Vorhang zu lüften, der vor meiner mich direkt umgebenden physischen Welt gehangen hatte. Plötzlich sah ich jetzt Türen, Regale und Wände. Holz, Glas, Leim und Farbe. Dieses Bewusstsein, diese neue Wahrnehmungsfähigkeit, hatte einen intensiven Effekt auf mein Gefühl für den eigenen Körper und meinen Platz in der Welt. Ich war nicht mehr nur ein menschlicher Fleischsack, der einen geistigen Raum bewohnte. Um mich herum waren Wände und Türschwellen. Es gab Fenster, die Licht und Geräusche hereinließen, Verkehrslärm und Regen. Scheiben, auf denen die Schatten wanderten, während die Sonne ihre Runde über den Himmel drehte. Und ich wusste jetzt, aus wie vielen Stücken Holz diese Fenster und Türen gemacht waren und wie man die

Rahmen dafür baute. Darüber hatte ich früher noch nicht einmal nachgedacht – ich hatte auch keinerlei Gelegenheit dazu gehabt. Aber jetzt wurde es mir bei der Arbeit mit jedem Tag, jeder neuen Aufgabe und jeder ausgeführten Handbewegung eingetrichtert.

Es stimmt, wenn man übers Reisen sagt, dass man mehr sieht, wenn man weit weg ist von allem Bekannten. Fern von zuhause fallen uns plötzlich Schatten, Vögel und Sirenen auf oder die wechselhafte Färbung des Himmels, der First eines ganz bestimmten Dachs, die Art, wie eine Treppe zum Flussufer hinunterführt. Wir bemerken die Farbe der Eichhörnchen, die einen Baum hinaufhuschen, das Tschilpen von Küken auf der Straße, den Geruch von brennendem Müll, von Ebbe und von frischgebackenem Brot. Das Gewohnte macht uns blind. Sirenen, Gerüche, Dächer und Himmel: Das alles gibt es auch an dem Ort, den wir am besten kennen. Um für diese Dinge auch zuhause offen zu sein und sich ihrer bewusst zu werden, muss man sich zur Aufmerksamkeit zwingen – und das ist anstrengend. Während dieser ersten Zeit war das Schreinern für mich so, als hielte ich mich in einer Stadt im Ausland auf. Alles, was neu war, entfremdete mich vom Allergewohntesten: von meinen Küchenschränken, von der Tür zu meinem Schlafzimmer, den Fliesen im Bad.

Wenn wir gerade Auftragsflaute hatten und ein paar Tage frei zwischen zwei Jobs, arbeiteten wir hin und wieder an Marys Haus, das sich in einem Zustand ewig halbfertiger Bauarbeiten und kilometerlanger To-do-Listen befand. Immer wurde gerade irgendein Zimmer renoviert oder verändert. Eines Morgens sollte ihr Schornstein abgerissen werden.

Um Viertel nach neun kamen die Männer von der Abrissfirma.

»Diese Jungs sind eine ganz spezielle Nummer«, sagte Mary, als sie in ihre Auffahrt einbogen.

Es sah aus, als würde es jeden Moment anfangen zu regnen, dazu blies ein starker Wind. Es rumste, als die Männer, zwei jüngere Typen und der Chef, vorn aus ihrem riesigen Kipplaster sprangen. Alle drei legten den Kopf in den Nacken und nahmen den Schornstein in Augenschein. Das ganze Ding sollte weg, vom Dach bis runter in den Keller. Im Hausinneren musste dafür eine Wand ganz herausgerissen und eine Zimmerdecke rausgenommen werden, drei weitere Wände mussten bis aufs Ständerwerk weg. Zu diesem Zweck waren die Männer da.

»Alles klar, Jungs, dann mal los, hoch mit euch«, sagte der Boss der Truppe, ein Mythos seines Gewerbes, ein Abfallsammler und -entsorger, ein Gott der Abrissarbeiten. Er hatte krauses Haar und einen nach außen gezwirbelten Schnurrbart. Sein großer Bauch sah aus, als würde er sich hart anfühlen, seine Finger waren dick und dreckig. Wie dunkles Trockenobst hatte er überall auf Waden und Schienbeinen teils kraterförmige rosige oder rotschwarze Narben, Schnittwunden und Schorfe. Er redete schnell, und wenn er lachte, was er oft und immer sehr plötzlich tat, ging sein Atem pfeifend, während sein Blick durch die Gegend schoss.

Die beiden Mitarbeiter waren seine Söhne. Sohn Nummer eins – Anfang zwanzig, hager, fast dürr und schmalschultrig – hatte keinerlei Ähnlichkeit mit seinem Vater. Die Hose hing sehr tief auf seinem nicht vorhandenen Arsch. Mary erzählte, dass er mal einen ganztägigen Abrissjob für sie gemacht hatte und im Anschluss an der Seite seines Lasters noch einarmige Klimmzüge. Er hatte große blaue Augen, und blonde Locken hingen ihm über Gesicht und Bart. Er sah aus wie ein Folksänger oder Sektenführer. Und als er mit dem Vorschlaghammer über der

Schulter aufs Dach kletterte, musste man an einen Donnergott denken, einen etwas dünn geratenen Thor. Ich konnte den Blick nicht von ihm abwenden.

Sohn Nummer zwei war etwas älter und sah mehr wie von dieser Welt aus, wie der durchsetzungsfähige, pfiffige Kerl aus einem Highschool-Film. Er war gebaut wie sein Vater – nur mit einem etwas weicheren Bauch – und hatte ein schmutzverschmiertes Gesicht. Wegen der Pausbacken sahen seine Augen klein aus. Er trug eine Schiebermütze und eine lilafarbene Jogginghose. Mary erzählte mir, er habe mal einen ganzen Kasten Bier getrunken und sich dann versehentlich selbst in die Hand geschossen.

Beim Arbeiten trugen beide keine Atemschutzmasken. Handschuhe hatten sie auch keine an. Ich sorgte mich um ihre Sicherheit. Diesen ganzen Dreck, den sie einschlugen und durch die Gegend warfen, dieser ganze in dicken Wolken aufsteigende Staub, diese zerbrochenen Ziegelsteine, der alte Mörtel, die winzigen Dämmstoff-Partikelchen, der alte Putz, der Rost und der Schimmel: All das wanderte direkt in ihre Lunge - und in ihr Blut, wenn sie sich mal schnitten. Ich hatte vor Augen, wie erschütternd nachts bei ihnen zuhause gehustet wurde.

Leichtfüßig wanderten Sohn eins und Sohn zwei oben über die Dachziegel und hieben mit ihren Vorschlaghämmern abwechselnd gegen die Backsteine. Den Schutt warfen sie vom Dach herunter direkt auf die Ladefläche ihres Lasters. Ziegel mit Kometenschweifen aus Steinbruch kamen geflogen. Das Geräusch von auf der Ladefläche aufschlagenden Steinen - ein schepperndes Stein-gegen-Metall-Wummsen - hallte durch die Straße.

Während seine Söhne arbeiteten, erzählte der Vater, der Boss, von Jobs, die er früher schon gemacht hatte. Wie viele andere

Bauhandwerker auch montierte er im Winter einen Pflug vorne an seinen Pick-up und räumte Schnee von Garagenauffahrten. Auf seiner Liste standen siebzig Häuser, bei denen er das seit oft schon zwanzig Jahren tat, für je hundert Dollar pro Auffahrt. Was 7 000 Dollar pro Schneesturm machte, mit durchschnittlich zehn Schneestürmen pro Winter. Eine Menge Geld für zehn lange Nächte. Dann erzählte er von einem Abrissjob, den er vorigen Monat erledigt hatte, bei einem Sechsfamilienhaus in Cambridge. Zu dritt hatten sie das gesamte Haus entkernt, jeden Tag sieben Tonnen Schutt rausgeholt und weggefahren, zehn Tage hintereinander. Dieser Job hatte ihnen insgesamt 15 000 Dollar eingebracht.

»Aber nichts ist so hart wie die Fischerei«, sagte er und erzählte von dem Jahr, das er Anfang der 1980er Jahre auf einem Fischerboot verbracht hatte, draußen in Scituate, einem Küstenort vierzig Kilometer südlich von Boston. Mit Netzen, die so lang waren wie dreißig Fußballfelder und in hundert Metern Tiefe durchs Meer geschleppt wurden, hatten sie Sandhaie gefangen, die dann für Fish and Chips nach England verkauft wurden. »Du wusstest nie, was in diesen Netzen noch so mit nach oben kommen würde«, erzählte er. »Alte Anker, Schiffsteile, Aale mit Menschenzähnen und so große Fische« – mit seinen ledrigen Händen zeigte er einen knappen Meter –, »und zwar einer neben dem anderen im Netz, einer neben dem anderen, und das auf einer Länge von dreißig Fußballfeldern!« Mit großen Augen lachte er kehlig.

Er erzählte, wie es ist, einen Lieferwagen zu fahren und Pepsi und Bananen auszuliefern. Er erzählte von seinem Schwein, das er letzten November schlachten musste, weil es sich eine Erfrierung zugezogen hatte und einer seiner Hufe sich ausbeulte wie ein Basketball. Ein bisschen von dem Schwein habe er gegessen, das meiste aber habe er in einem Feuer am Rand seines Grundstücks verbrannt. Drei Mal pro Jahr veranstalte er einen riesigen Flohmarkt bei sich im Garten, erklärte er. Tischeweise verticke er dann die Schätze, die er bei seiner jahrelangen Abriss- und Entrümpelungsarbeit gesammelt habe. »Man weiß ja nie, was man so alles findet!«

Bis zu diesem Zeitpunkt hatten Mary und ich hinter den Wänden und unter den Dielen ein paar Murmeln, ein New Yorker Autokennzeichen, Zeitungen aus den ersten Jahren des 20. Jahrhunderts, grüne Plastiksoldaten und einen weißen Mädchenschlittschuh mit zu einer akkuraten Schleife gebundenen Schnürsenkeln gefunden. Derlei Gegenstände in Wänden und unter Bodenbrettern zu finden ist ziemlich merkwürdig. Vor dem inneren Auge taucht ein kleines, geisterhaftes Mädchen auf, das mit einem schlittschuhlosen, lediglich bestrumpften Fuß über einen zugefrorenen Teich halb gleitet, halb tapst. Oder die Schemen von Kindern, oben auf dem Treppenabsatz sitzend, die Murmeln kullern lassen in die neue Wand, durch die ein Zimmer entsteht für einen weiteren Bruder oder eine Schwester.

In einer der seltenen Pausen in seinem Redefluss fragte ich den Abrissmann, ob er außer den beiden Söhnen noch weitere Kinder habe. Da erzählte er von seinem jüngsten Sohn, »einem Genie, das vom Bürgermeister einen Preis verliehen bekommen hat«. Er hatte es auf die Highschool geschafft, da war dann aber irgendetwas schiefgelaufen, der Sohn war eine Zeit lang in einer Anstalt gewesen. »Wie schon gesagt: Man weiß nie, was man kriegt.« Und er lachte erneut, aber ein richtiges Lachen war es nicht.

Das war etwas, was ich schon von meiner Mutter zu hören bekommen habe. In der Absicht, ihre Lebensweisheit mit mir zu teilen, hat sie mich davor gewarnt, Kinder zu bekommen, seitdem ich achtzehn war. »Man weiß nie, was man kriegt«, hatte sie mir über die Jahre immer und immer wieder gesagt. Der Abrissmann bezog sich auf Müll und Schätze hinter der Wand, auf Aale mit Menschenzähnen und Söhne im Irrenhaus. Meine Mutter hatte gesagt: »Am Ende stehst du vielleicht mit einem Monster da.«

Mit dem Kamin machten die Jungs kurzen Prozess. In weniger als einer Stunde war das ganze Ding verschwunden, etwas, das immerhin ein ganzes Jahrhundert da gewesen war. Übrig blieb eine hohle Säule aus Raum mitten durch den Kern des Hauses, als ob ihm jemand in den Schlund gefasst und die Speiseröhre herausgerissen hätte.

Weiter ging es mit der Wand und der Decke des Esszimmers im Erdgeschoss. Ein paar Kracher, ein paar Schläge, mit dem Vorschlaghammer gegen die Wand, mit dem Brecheisen zwischen Putz und Rahmenwerk, und Teile des Hauses fielen zu Boden. Eine dicke Staubwolke quoll aus dem Fenster und trieb hinauf in den Himmel. Hier und da zeigten sich auch die dünnen Arme von Sohn Nummer eins und ließen Zimmerteile auf die Blumenerde vor dem Fenster regnen, körperlose Gliedmaßen, die das Haus aus dem Fenster warfen. Dann stützte er sich mit der Hüfte gegen das Fensterbrett, beugte sich mit dem ganzen Oberkörper heraus und ließ einen besonders schweren Müllsack fallen. Mit ausdruckslosem Blick sah er zu mir herüber – oder zumindest in meine Richtung. Ich winkte ihm kurz zu, und er verschwand ohne ein Lächeln aus dem Fenster. Es folgten Säcke voller Gipsputz und Holzlatten, alles separat verpackt, die Latten hübsch gebündelt, die scharfkantigen Ecken schwerer Putzteile von innen gegen das Plastik gedrückt wie Aliens, die aus einem absonderlichen schwarzen Mutterbauch herauszukommen versuchen.

Der Berg aus Holz und Plastiktüten vor dem Fenster wuchs schnell. Wenn sich die Arme der Jungs nach draußen reckten, um die nächste Ladung abzuwerfen, waren sie braun vom Staub. Als sie sich der Zimmerdecke zuwandten, wurde das Krachen von innen lauter.

Es war beunruhigend: der Lärm, der Staub und Teile des Hauses, die aus dem Fenster kamen. Die Demontage ging schnell. Zeit und Feuchtigkeit nagen an einem Haus mit der Kraft eines Vorschlaghammers, wenn auch sehr viel langsamer, in einem Tempo, das man nicht sehen kann. Es dürfte trotzdem nicht so schnell gehen, ein Haus auseinanderzunehmen. Es sollte mehr brauchen als zwei Brüder, vier Werkzeuge und eine Rolle mit Müllbeuteln. Fakt ist: Im Grunde braucht man sogar noch weniger. Das Zimmer, wie es vorher existiert hatte, mit seinen vier Wänden und seiner Decke, gab es nicht mehr. Zuerst traf es die Speiseröhre, dann eine Herzkammer. Wo früher eine Wand und zwei Zimmer gewesen waren, gab es jetzt ein Zimmer, unterteilt von ein paar dicken Pfosten, die Küche verschmolz mit dem, was früher ein Esszimmer gewesen war. Der Rest des Raumes bestand nur noch aus Ständerwerk und Hohlräumen, dunklem Holz, nichts Glattem mehr und kleinen Häufchen aus baumwolligem grauem Dämmmaterial, die sich auf dem Boden in den Ecken sammelten. Es war ein skelettierter Raum. Und es war so schnell gegangen. Etwas ganz Reales, sehr Dauerhaftes, einfach zunichte gemacht noch vor Mittag. So veränderlich sind Räume. So viel Kraft hat ein großer Hammer.

»In Haines, Alaska, war's hammergeil!« steht auf den T-Shirts, die es im Hammer-Museum gibt, einem kleinen Haus hundertfünfzig Kilometer nördlich von Juneau, in dem mehr als 1 500 Hämmer ausgestellt werden. Hämmer in Zigarrenschachteln, medizinische Hämmer, Pflasterhämmer, Um-die-Ecke-Hammer-Hämmer. Hämmer, die wie Äxte aussehen. Hämmer, mit denen sich die Qualität von Käse testen lässt. Mit Pioniergeist und der Sehnsucht nach einem Leben auf dem Land zog Museumsgründer Dave Pahl 1973 direkt nach der Highschool von Cleveland nach Alaska. Als Kind hatte er viel in der Kellerwerkstatt seines Großvaters herumgebastelt. »Der Mann konnte alles herstellen und reparieren«, erzählte Pahl mir. Aber außer dem bisschen Herumwerkeln in Opas Keller hatte Pahl selbst keinerlei Erfahrung mit dem Bauen.

Aber er wusste sich zu helfen. 1980 gewannen er und seine Frau bei der staatlichen Landlotterie ein zwanzigtausend Quadratmeter großes Baugrundstück am Mosquito Lake. Gemeinsam bauten sie sich eine Blockhütte und lebten ohne Strom, »bis ich mir mein eigenes Wasserkraftwerk baute«, wie er sagte. Ein Leben ohne Steckdosen bedeutete ein Leben ohne elektrische Geräte. Pahl lernte das Schmieden und schmiedete für sich selbst über hundert verschiedene Hämmer. Aber das war es noch nicht mal, was seine Leidenschaft für Hämmer entfachte.

Auf einer Reise mit seinen beiden Söhnen ins US-Kernland entdeckte er Antiquitätenläden und Flohmärkte für sich.

»Ich kaufte mir einen Hammer und wusste von vornherein, dass ich ihn nie benutzen würde – es war ein medizinischer Hammer, so einen, wie sie ihn dir gegen's Knie schlagen. Das war der Beginn des Sammelns bei mir.«

In den Sommermonaten, wenn Kreuzfahrtschiffe Haines ansteuern, arbeitet Pahl am Hafen. Er fährt die fünfzig Kilometer von zuhause, vertäut das Schiff und arbeitet anschließend irgendwo in der Stadt als Kellner, um sich am Ende des Tages, wenn die Touristen auf das Schiff zurückgeströmt sind, wieder davonzumachen. 2001 stand ein baufälliges Haus auf der Main

Street von Haines zum Verkauf. Pahl wusste, dass es der perfekte Ort wäre, um seine Sammlung zu präsentieren und die Zeit während des Landgangs der Kreuzfahrtgruppen herumzubringen. Außerdem hatte seine Frau Carol für zuhause jüngst eine Hundert-Hammer-Obergrenze gesetzt.

»Es war einfach der richtige Zeitpunkt«, sagte er. »Es war nicht so, dass ich das geplant hatte. Es ergab sich einfach so.«

Es dauerte dann einige Zeit, bis das Haus wieder in Schuss war. Es brauchte ein neues Fundament, das sie mit Handspaten, einer Schubkarre und einem Schlitten legten. Während der Aushubarbeiten holte Pahl die Faustklinge eines Tlingit-Kriegers aus der Erde, »Sklaventöter« genannt. Die er natürlich auch in seinem Museum ausstellt. Sie ist aus weichem, hellem Stein und hat eine phallische Form. In der erläuternden Beschreibung neben dem Ausstellungskasten steht, dass diese Klinge »höchstwahrscheinlich um die 800 Jahre alt ist. Sie hatte früher einen kunstvoll geschnitzten Griff und wurde mit relativer Sicherheit zeremoniell benutzt, wenn beim Bau eines neuen Langhauses ein oder zwei Sklaven geopfert und unter den Eckpfosten begraben wurden.«

»Dieser Fund war wie ein Omen für mich«, sagte Pahl. »Ich hatte das Gefühl, auf dem richtigen Weg zu sein.«

Wie kommt es, dass Hämmer eine so große Faszination auf ihn ausüben? »Sie sind so schlicht und doch so unterschiedlich. Dafür, dass sie nichts weiter sind als ein Stück Eisen, das am Ende eines Stocks angebracht ist, sind sie einfach überaus variantenreich«, erklärte Pahl. Mit dem Bettlerhuhnhammer aus China beispielsweise schlägt man die beim Backen rund um das Hühnchen gehärtete Hülle aus Ton oder Teig auf. Der Mandelbaumklopfer, mit dem so gegen den Stamm von Mandelbäumen geschlagen wird, dass die Nüsse auf Leinenplanen herabfallen, hat einen Gummikopf, der ein bisschen wie ein Klopümpel aussieht, nur ohne das konkave Saugteil.

»Diese Geschichten müssen doch erzählt werden«, meint Pahl. »Allein für die Herstellung von Schuhen braucht man viele verschiedene Hämmer. Die Leute von heute haben dazu gar keine Beziehung mehr.« Gefragt nach den fehlenden praxisbezogenen Kenntnissen heutzutage kommt Pahl ein bisschen ins Schwimmen. »Es hat durchaus Vorteile, wenn man so lebt, wie wir es tun«, sagte er auf die Frage, wie es war, seine Söhne ohne Elektrizität großzuziehen. »Die Welt verändert sich«, fuhr er fort, brach dann wieder ab, fing einen neuen Satz an und dann noch einen. »Ich weiß nicht, ob ich anderen empfehlen würde, es genauso zu machen.« Erneut eine lange Pause. Und dann ging es wieder im Modus des Museumsführers weiter. »Für die Tischlerei ist der wahrscheinlich wichtigste Hammer der Klauenhammer.«

Den würde ich noch zur Genüge kennenlernen.

Im Café am Inman Square läuft das Geschäft mit Panini, Pasta und Pizza überaus lebhaft. Eine getreue Stammkundschaft steht in der Take-away-Schlange und versucht, nicht im Weg zu sein, wenn sich das Servicepersonal zwischen den wenigen kleinen Tischen hindurchschlängelt. Mary und ich waren beauftragt worden, in diesem Café eine Wand einzuziehen, um die in einen schmalen Flur gequetschte Küche von dem vorderen Bereich abzutrennen, wo die Leute essen. Die Wand sollte da hinkommen, wo jetzt noch ein niedriger Kühlschrank mitsamt seinen Carrot-Cake-Stücken, Peroni-Fläschchen und Dosen mit San-Pellegrino-Orangenlimo stand.

Das große Fenster des Cafés geht hinaus auf den Platz. Die kleine, dunkle Bar auf der anderen Straßenseite, das Druid, ist der perfekte Ort, um an einem Sonntagnachmittag im Winter ein Bier zu trinken. Noch ein Stückchen weiter die Straße rauf kommt erst ein Antiquariat mit knarzenden Dielenböden, dann der beste Eisladen der Stadt, dann ein Lokal, in dem es Meeresfrüchte vom Grill gibt, dann eine Jazz-Bar mit einem allseits beliebten Brunch und schließlich ein Café für linke Spinner. Vor diesem Café hängen gerne Methadon-Patienten aus einer nahegelegenen Klinik herum, mitsamt Bändchen am Handgelenk und tiefliegenden Augen. Bei dem Vater-Sohn-Gespann hinter der Theke von Inman Metallwaren können Stammkunden anschreiben lassen, und die alte Frau, die bis vor kurzem in dem kleinen Supermarkt gearbeitet hat, hat Leuten, die sie mochte, immer Salmiak-Kaubonbons geschenkt. Es ist ein gutes Viertel. Ich habe hier vier Jahre lang gewohnt, in einer WG mit einer sehr guten alten Freundin. Jeden Montagabend sind wir in die B-Side Lounge gegangen und waren in die Barkeeper verliebt. In dem Café hatte ich mir früher schon öfter mal Panini geholt, jetzt war ich zum Arbeiten hier. Es war meine erste Wand.

Die erste Wand der Menschheit war eine Höhle. Oder eine aus Fleisch, wie es bei Ovid steht: »Doch die Natur griff zu, die Künstlerin: daß unser Körper / Eingeklemmt im Schoße der schwangeren Mutter sich quäle, / Wollte sie nicht und ließ uns hinaus an die Luft und ins Freie.« Nach Schoß und Höhle kamen Felle, die getrocknet, aufgespannt und in Zelte verwandelt wurden. Im Mittelalter waren die Ess- und Schlafräume nicht voneinander getrennt. Um es sicher und warm zu haben, schliefen die Familien zusätzlich zusammen im selben Raum. Das Aufkommen des Schlafzimmers – also mehr als einem großen Hausgemeinschaftsraum, in dem Familien sich am Herd zusammenlegten – fiel zusammen mit dem Aufschwung des Lesens. Wände schützen. Sie halten draußen (Ungeziefer,

Diebe, Nachbarn, nervige Brüder, Bären, Wind). Und sie bewahren (Hitze, Geheimnisse, die Familie vor Gefahren). New England ist durchzogen von Steinwällen, die noch aus der Zeit der ersten Siedler stammen. Sie laufen durch Felder und Wälder, sind Heimat für Streifenhörnchen und Strumpfbandnattern und trennen Wiesen von Farmland. Ein Bericht des US-Landwirtschaftsministeriums aus dem Jahr 1872 schätzt die Länge dieser Steinwälle, die die Landschaft New Englands wie gewundene Wirbelsäulen durchkreuzen, auf knapp 400 000 Kilometer. Heutzutage gibt es keine offizielle Längenangaben mehr, aber einer Schätzung zufolge steht auch heute immer noch die Hälfte dieser vielen steinernen Kilometer. Die Mauern verleihen der Landschaft eine gewisse Strenge. Sie stehen für die Existenz und die Stein-auf-Stein-Mühen der Menschen in der Vergangenheit. Damit keine Steine auf dem Ackerland lagen und die Grundstücksgrenzen markiert waren, damit die Tiere eingepfercht waren und der Familienfriedhof eine Umrandung hatte, wurden die Feldsteine von Hand bewegt oder von Ochsengespannen gezogen und dann, einer über dem anderen, aufeinandergeschichtet.

Auch ich bin beim Wandern durch die Wälder, in denen Kiefern, Eichen und Birken dicht an dicht stehen und das Sonnenlicht den von Nadeln und Blättern weichen Weg sprenkelt, schon auf diese Steinmauern gestoßen. Sie laufen abseits der Wege und Kilometer entfernt von jeder Straße mitten durch die Bäume. Was etwas Gespenstisches hat. Längst verstorbene Bauern haben die Gesteinsbrocken hier abgesetzt, haben sie festgehalten und aufgeschichtet. Ihre – vergangene – Präsenz als Menschen lässt sich ablesen an dieser sichtbaren Anstrengung und dem soliden Ding, das davon übrig geblieben ist. Diese Mauern sind wie Ketten, die uns ans Gestern anschließen. Ob man einen Viehpferch baut oder eine Landesgrenze zieht: Den Raum zu teilen ist eine machtvolle Angelegenheit.

Wände befriedigen emotionale Notwendigkeiten genauso sehr wie bautechnische. Sie schützen uns vor Wind, Regen und fremden Menschen. Sie schirmen unsere intimen Akte ab und unsere Intimzonen. Sie beschützen uns vor unseren Unzulänglichkeiten und unseren Ängsten. Eine Wand sendet das Signal aus: Ich bin verwundbar.

Während Mary und ich darin arbeiteten, hatte das Café geschlossen, was unser Vorankommen unter einen gewissen zeitlichen Druck stellte, denn sie wollten so schnell wie möglich wieder Panini im Sandwichmaker toasten. Nachdem der Kühlschrank aus dem Weg geräumt war, brachten wir an Decke und Boden parallele Kanthölzer an. An deren seitliche Schnittkanten schraubten wir rechts und links zwei Bretter, die senkrecht zwischen Boden und Decke standen und zusammen mit den Kanthölzern ein Rechteck ergaben. Dann maßen und markierten wir für das Ständerwerk, also die senkrecht stehenden Latten, die den Rahmen der Wand ergaben und Mörtel bzw. Gipskarton- und Sperrholzplatten halten.

Beim Anbringen von Küchenregalen bei einem anderen Job hatte ich schon mal gesehen, wie Mary mit den Fingerknöcheln die Wand abgeklopft hatte.

»Ich versuche, die Ständer zu finden«, hatte sie gesagt. »Der Gipskarton allein kann das Regal nicht halten. Wir müssen also Holz finden.« Eine andere Methode wäre, so lange Löcher in die Wand zu bohren, bis der Bohreinsatz auf hölzernen Widerstand stößt. Diese Technik funktioniert aber nur, wenn später irgendetwas vor dem dann wie ein Schweizer Käse durchlöcherten Wandstück steht oder hängt. Mary klopfte die Wand ab – ein hohl klingendes Klopf-Klopf. Dann kam ein dumpferes

Geräusch. »Hörst du das?« Sie klopfte noch einmal. »Hörst du, dass hier viel weniger Hall kommt? Das ist der Ständer.« Mit ihrem Bleistift machte sie eine Markierung an die Wand, hielt einen Winkel daran und schraubte ihn ins Holz hinter der Rigipsplatte. Dann zog sie ihr Bandmaß heraus, klopfte ungefähr vierzig Zentimeter weiter wieder und bekam dasselbe leicht dumpfe Geräusch. Laseraugen, dachte ich. »Sechzehn Zoll, absoluter Standardabstand zwischen Ständern. Es gibt abertausend Gründe, warum das so nicht wirklich funktional ist, aber es hat sich durchgesetzt.« Man kann auch Ständer-Ortungsgeräte kaufen, die piepen und leuchten. Oder man klopft eben und hört hin.

Wir zeichneten die Ständer der Café-Wand an, die Mitte jedes Ständers mit sechzehn Zoll Abstand zur Mitte des nächsten. Ich hielt jeweils ein Brett senkrecht, während Mary es erst an das Kantholz am Boden und dann in das Kantholz an der Decke nagelte, wobei sie die Drei-Zoll-Nägel schräg einschlug. Auf jede Ständerseite kamen oben und unten jeweils drei Nägel, insgesamt also zwölf Nägel pro Ständer, damit auch alles bombensicher saß.

Mary schlug ihre Nägel kraftvoll und präzise ein. Fünf kräftige Schläge – manchmal sogar nur drei –, und der Nagel war drin. Das ist doch einfach, dachte ich. Meine Arme sind stark, und einen Hammer benutzt habe ich auch schon mal. So schwer konnte es ja wohl nicht sein.

Mary gab mir ihren Hammer, dessen blauer Gummigriff von ihrer Hand noch warm war. Sie fing an, mit den beiden Frauen zu quatschen, denen der Laden gehörte.

»Sag einfach Bescheid, wenn du mal wieder eine Schicht machen willst«, sagte die eine zu Mary.

»Sozusagen wegen der alten Zeiten«, meinte Mary lachend.

»Hast du hier mal gearbeitet?«, fragte ich.

»Früher. Wie lange ist das jetzt her, zehn Jahre? Aber seither mache ich mir einen Kopf, wenn Proteine zu lange außerhalb des Kühlschranks herumliegen.« Mary hatte nie eine Lunchbox dabei, in der nur eilig geschmierte Thunfisch-Sandwichs und Chipstüten waren. Aus ihren Tupperdosen stiegen herrlich pikante Düfte – Würstchen und weiße Bohnen in Knoblauch-Tomaten-Sauce, Rippchen, die am Vorabend gegrillt worden waren. Ständig sprach sie von Schweinefleisch. Sie legte Wert aufs Essen und aß gerne deftig.

Während sie quatschten, schloss sich meine Hand fest um den Hammer. Ich klemmte mir den glänzenden Nagel zwischen Daumen und Zeigefinger der linken Hand, starrte konzentriert auf sein kleines Köpfchen und platzierte ihn auf dem Brett. Aus dem Winkel, wie ich ihn mir bei Mary abgeschaut hatte, zielte ich. Der Nagel sollte durch den vertikalen Ständer bis ins waagerecht auf dem Boden laufende Kantholz getrieben werden. Die Geräusche der Unterhaltung traten in den Hintergrund, so konzentriert war ich. Um mir einen gewissen Vorsprung zu verschaffen und den Nagel schon etwas zu fixieren, bevor ich zum Schlag ausholte, versuchte ich, die Spitze ins Holz zu drücken. Aber der Nagel rutschte ab. Ich setzte ihn wieder auf die richtige Stelle und hielt ihn zwischen Daumen und Zeigefinger fest.

Ich hob den Hammer und schlug zu. Der Nagel sprang weg und schlitterte klirrend über den Fußboden.

Ich nahm mir einen neuen aus der Schachtel und versuchte es noch einmal. Einen guten Ansatzpunkt finden und mit ein bisschen Druck das Metall ins Holz bringen. Ein schnell errungener Sieg. Ich schlug erneut zu. Der Nagel verbog sich nach links. Ich versuchte, ihn von der anderen Seite zu treffen, damit er wieder gerade wurde. Drei Mal holte ich aus, *bäng,*

bäng, bäng. Er wurde immer schiefer und verbog sich unter der Wucht meiner Schläge immer stärker. Einmal schlug ich sogar komplett daneben.

»Und sie holt aus, versucht den Ball zu treffen und schlägt ... daneben!«, kam es von Mary.

Ich dachte nur: eine Katastrophe. Mit der Hammerklaue zog ich den Nagel, dem ich schwer zugesetzt hatte, wieder aus dem Holz.

Noch ein Versuch. Diesmal brauchte ich acht Schläge, *bäng, bäng, bäng,* aber der Nagel ging ins Holz und verband die beiden Stücke miteinander. Mein Kopf pochte vor lauter Anstrengung. Einen hatte ich drin. Noch elf.

Was für gemeine Hunde Nägel sein können. Plötzlich schienen sie mir intelligent zu sein, sie wurden für mich zu üblen Charakteren, zu Würmern und zu Widersachern, die sich gegen die Kooperation sträubten. Falsch gehämmert ist ein Nagel fast so was wie ein Gestaltwandler: Aus etwas Widerstandsfähigem, Festem wird er zu etwas Unsolidem, Zerquetschbarem und sich Verdrillendem. Ein verbogener Nagel ist ein hässliches, schwaches Ding. Aber dann richtete sich meine Frustration auf das, wo sie hingehörte: Nicht der Nagel ist hier derjenige mit der Intelligenz. Mein Arm und mein Auftrag wurden zu Feinden, und ich selbst in meiner ganzen Unfähigkeit gleichermaßen.

Trotzdem machte ich weiter. Die Muskeln über meinem Ellbogen brannten vor Anspannung. Eine Blase so groß wie ein Zehn-Cent-Stück erblühte auf dem weichen Fleisch meines Daumeninneren.

»Ich bin eine Totalversagerin.«

»Bist du nicht«, sagte Mary. »Du musst es einfach hunderte Male machen.«

»Sind die Schläge zunächst gewaltsam, wird der Nagel gewisslich verbogen oder vom rechten Wege abgebracht, da er zum fraglichen Zeitpunkt nur sehr wenig gestützt wird von dem Holze, in das er gehämmert wird.« So beginnt in einem 1866 geschriebenen Handbuch der Holzverarbeitung die Anleitung zum Thema »Wie man einen Nagel einschlägt«. Übung, Geduld und Kraft – und auch dann noch kein garantierter Erfolg. »Manchmal schafft man es auch mit größter Umsicht nicht, einen Nagel gerade einzutreiben.«

Ich sah Mary beim Hämmern zu. Sie hielt den Hammer weiter vorne als ich; also griff auch ich ihn weiter vorn. Sie holte nicht aus dem Ellbogen, von wo aus ich gehämmert hatte, sondern aus der Schulter zum Schlag aus; also änderte ich meinen Schwung. Ihre Schläge begannen zurückhaltender und wurden stetig kraftvoller; also verlegte ich mich von volle Kraft voraus auf das Steigern des Nachdrucks mit jedem Schlag.

Ich zählte Marys Schläge. Ich zählte meine. *Bäng, bäng, bäng*. Ihr Nagel war drin, sie war schon beim nächsten. Also die Schläge verdoppeln, kleine Zwischenschritte einfügen – *babäng*–, gut zureden (*Komm schon, Freundchen, nicht verbiegen, schön reinrutschen!*). Und fertig war der Sound meines eigenen Gehämmers.

Mary ist eine kleine Frau. Ich bin fünf Zentimeter größer als sie und wahrscheinlich zehn Kilo schwerer. Vielleicht sogar dreizehn. Ihre Handgelenke sind schmal, ihre Schultern auch. Nachdem sie mit dem Rauchen wieder angefangen und sich einen großen Hund namens Red zugelegt hatte, mit dem sie jeden Morgen Gassi ging, rutschten ihr die Hosen über die Hüften. Einmal legte sie sich ein Verlängerungskabel als Gürtel um. Zierlich wäre eigentlich das passende Wort für sie – dafür trat sie allerdings mit zu viel Nachdruck und der Präsenz eines sehr viel größeren Menschen auf und war ja immerhin in der

Lage, sich vierzig Kilo schwere Zementsäcke auf die Schultern zu wuchten und das so aussehen zu lassen, als höbe sie lediglich einen Beutel Kiefernnadeln an. Trotz alldem aber hat sie das mädchenhafteste Niesen, das ich kenne – ein quietschiges *Hatschu!*, über das ich immer, wenn ich es höre, lächeln muss.

Als wir am frühen Nachmittag mit dem Rahmen für die neue Wand des Cafés fertig waren, sah alles aus wie ein hölzerner Käfig, durch den man hindurchspazieren konnte. Nachdem das Ständerwerk gehämmert und genagelt war und stand, schraubten wir Gipskartonplatten auf die Ständer. Wir überklebten die Bohrlöcher und die Stöße zwischen den einzelnen Platten mit Netzband, dann verfugte Mary alles mit einer Rohbauspachtelmasse, die wie Zahnpasta aussah, genauso weiß und dick. Die abschließenden Verkleidungsarbeiten umfassten: Sockelleisten und Sockelprofile (letzteres der dekorative Leistenabschluss, also das abgerundete Stück Holz, das auf der Sockelleiste aufsitzt und aussieht, als sei es aus demselben Stück Holz gemacht wie die Leiste selbst) sowie Kranzprofile, also Verbindungsstücke zwischen Wand und Decke. Danach strichen wir ein paarmal drüber, und schließlich hatten wir: einen neuen Raum, etwas Solides und Bleibendes.

Ich konnte es kaum glauben. Als wir am zweiten Tag Mittagspause machten und dabei etwas aus dem Café aßen, quoll es nur so aus mir heraus. Erst war da keine Wand, und jetzt ist da eine, schwärmte ich wie ein bekiffter Teenager, verblüfft und begeistert von einer derart schlichten Wahrheit. Es ist wie Zauberei, dabei aber so einfach. So macht man also Zimmer? Immer und überall? Ich kann es echt nicht glauben!

»Du könntest ja ein ganzes Haus bauen«, meinte ich zu Mary.

»Eine Rahmenkonstruktion für eine Außenwand habe ich aber noch nie gemacht.«

»Ist das denn so anders?«

»Eigentlich nicht.«

»Hast du schon mal drüber nachgedacht?«

Mary drehte sich eine Gabel Nudeln auf. »Ich denke eher darüber nach, nach Alaska auszuwandern.« Sie sprach davon, mit ihrem Hund allein in der Wildnis zu leben. »Ich könnte es gut ohne diese ganzen Menschen aushalten.«

An jenem Nachmittag ging ich nach der Arbeit durch meine alte Straße. Ich konnte mich nicht des Drangs erwehren, auszuprobieren, wie es sich anfühlen würde, ohne Schlüssel in der Tasche an meinem alten Haus vorbeizulaufen. Alles sah aus wie immer, und schöne Erinnerungen stiegen in mir hoch. Ich fühlte mich in jenem Augenblick sehr bedeutsam. Als ich am Nachbarhaus vorbeikam, musste ich an den Typen denken, der hier gewohnt hatte: ein getreidegesunder Blondschopf, der überallhin mit Rollerblades und einer zu eng sitzenden Khakihose gefahren war. Wenn meine Mitbewohnerin und ich ihm im Viertel über den Weg liefen, sagte er zu uns Dinge wie: »Euch sieht man auch immer nur in Kneipen reingehen oder aus Kneipen rauskommen.« Und jedes Mal schaffte er es nicht, sein Missfallen zu verbergen. *Aber er hat keine Ahnung, wie man eine Wand baut*, dachte ich und klopfte mir, als ich an seiner Wohnung vorbeikam, in Gedanken selbstzufrieden und etwas eingebildet auf die Schulter – gänzlich ungeachtet der Tatsache, dass ich an jenem Tag ein halbes Dutzend Nägel bis zur Unkenntlichkeit krummgehauen hatte.

Ein paar Häuser weiter kam gerade ein anderer ehemaliger Nachbar aus der Tür, ein großgewachsener, bärtiger Vater mittleren Alters. Ich erinnerte mich, wie ich ihm vor ein paar Jahren eines Sommernachmittags begegnet war, als er in Tränen aufgelöst und mit einer Leine in der Hand auf dem Gehweg gestanden hatte. An jenem Tag war die erst zwei Jahre alte Golden-Retriever-Hündin der Familie gestorben. »Ihr Herz hat einfach aufgehört zu schlagen«, hatte er schniefend gesagt.

Als ich an ihm vorbeigehen wollte, erkannte er mich. Er winkte mir zu und rief: »Lange nicht gesehen! Wie läuft's im Zeitungsgeschäft?«

Als sei sie nichts weiter als ein Haufen Sägespäne im Wind, war meine Selbstzufriedenheit plötzlich wie weggeblasen. Ich stammelte herum: »Ach, ähm, na ja, ich mache den Job bei der Zeitung nicht mehr. Ich arbeite immer noch als Freie, aber ich bin jetzt auch die Gehilfin einer Schreinerin, komme gerade von einem Job, den wir hier direkt um die Ecke gemacht haben. Wir haben drüben im Café eine Wand eingezogen, ich habe also so was wie ein neues Leben angefangen und ...« Während ich derartige Kapriolen schlug und meine *Erwischt!*-Erklärung abgab, die sich anhörte, als würde ich mir selbst kein Wort glauben, drückte das Blut von innen gegen meine Wangen. Ich konnte spüren, dass er sich amüsierte.

»Tja, das ist ja mal cool. Wo ist denn dein Werkzeuggürtel?«

In diesem Moment kam auch seine auf nordkalifornische Weise hübsche Frau heraus, ohne Make-up, mit dickem Haar, glatter Haut und sportlichen Sandalen. Ihre Stimme ließ mich an Quilts denken.

»Unsere ehemalige Nachbarin haut jetzt Nägel ein und verdient so ihr Geld«, erzählte er ihr.

Ich lachte nervös. »Na ja, so ungefähr.«

Unter einem Ginkgo-Baum unterhielten wir uns noch ein paar Minuten auf der Straße, dann entschuldigte ich mich und ging weiter meine alte Straße hinunter, an dem Apartment-Komplex vorbei, der aussah wie ein Schiff, an dem kleinen Spielplatz und dem Haus vorbei, vor dessen Eingang schon immer ein Haufen ineinander verkeilter Fahrräder gelegen hatte. Und vorbei an meiner alten Wohnung, wo unsere Vermieterin auf die erdige Fläche neben dem Aufgang ein paar Blumen gepflanzt hatte. Als ich aus dem Café gekommen war, hatte ich gedacht: *Ha, schaut alle her, das haben wir gemacht!* Aber während ich jetzt meine alte Straße entlanglief, wurde ich wieder daran erinnert, was ich jetzt war – und was eben nicht mehr. Alles kam mir vor wie eine überdrehte Farce. Seitdem ich mir selbst im Gespräch mit dem Nachbarn zugehört hatte, war mir klar, wie wenig überzeugt ich klang – selbst in meinen Ohren.

Ich lief zurück zu dem Café, um noch einmal hineinzuspähen und mir vor Augen zu führen, dass die Wand tatsächlich stand – und dass wir sie gebaut hatten. Sie stand. Ich wollte hingehen und sie antippen. Oder ihr einen kleinen Tritt versetzen. Sie gebaut zu haben hatte etwas Haltgebendes. Das Gefühl von Dauerhaftigkeit, Stabilität und Kontrolliertheit, das diese Wand ausstrahlte, war unerwartet und hochwillkommen – vor allem vor dem Hintergrund der Unstetigkeit und der ganzen Fragezeichen, die es gerade in meinem Leben gab. Hier war ein Raum. Und wir hatten ihn geteilt.

Kurz nachdem wir mit der Wand fertig waren, besuchte ich die Website des Cafés. Sie hatten Fotos reingestellt vom Fortgang unserer Arbeit. Irgendwelche Leute hatten dazu Kommentare geschrieben. »Vor der Wand war's besser.« »Ich kann nachvollziehen, warum sie das gemacht haben, aber sie hätten's lieber bleiben lassen sollen.« »Hauptsache, das Essen bleibt gleich, wen interessiert da schon eine Wand?«

Wir hatten uns für andere Wände zu interessieren. Ein paar Wochen später hatten wir im Rahmen eines anderen Jobs in einem großen Haus in Brookline zu tun, einem wohlhabenden Vorort westlich von Boston. Das Paar, dem das Haus gehörte, kam aus Russland und hatte einen kleinen Sohn. Den Mann lernte ich nicht kennen, aber die Frau war auf eine nervöse Art dünn, und der Sohn hatte eine gräuliche Gesichtsfarbe. Trotz der enormen Größe des Hauses waren die Zimmer so gut wie leer: ein Sofa und ein Tisch in dem einen und ein einsamer Sessel in einem anderen, das gut ein Esszimmer hätte sein können. Das Echo unserer Stimmen und Hammerschläge hallte vom Fußboden wider. Wir waren da, um ein marodes, nach hinten gehendes Erkerfenster zu reparieren.

Ich stand im Garten auf dem Rasen und sah Mary dabei zu, wie sie – anderthalb Meter über dem Boden auf einer Leiter – mit einem großen blauen Brecheisen Dachschindeln und Dekorleisten vom Fensterrahmen losstemmte. So verbrachte ich in jenen ersten Monaten sehr viel Zeit: indem ich Mary beim Arbeiten zusah. Ich holte heran und schnitt zu, ich schleppte und beobachtete. Und es gab auch immer etwas zum Saubermachen. Trotz des Tohuwabohus in ihrer Kellerwerkstatt und trotz des chaotischen Zustands in ihrem Transporter hielt Mary ihre Baustellen immer sauber, ohne Wenn und Aber. War am Ende eines Arbeitstages der letzte Zuschnitt gemacht und der letzte Nagel eingeschlagen, verbrachten wir oft mehr als eine halbe Stunde mit Staubsaugen, Wischen, Verräumen, Werkzeug-Einpacken und, falls wir am nächsten Tag wiederkamen, damit, das Holz zu feinsäuberlichen Stapeln zu schichten und somit die Dinge ordentlicher zu hinterlassen, als wir sie am Morgen vorgefunden hatten – sofern wir nicht schon am Vortag da gewesen waren.

Bei den Russen stand ich also daneben, als Mary sich um den Rand des Fensters arbeitete und freilegte, was sich dahinter befand. Seitlich neben dem Fenster liefen rahmende Kanthölzer vom Fenstersims hoch zum sogenannten Fensterbinder, dem schweren Balken, der sich über die gesamte Öffnung zog. Marys schlanke Arme spannten sich beim Stemmen.

Mit dem Brecheisen klopfte sie gegen den Binder und warf mir einen Blick über die Schulter zu.

»Wegen dem hier lastet nicht das gesamte Gewicht der Wand auf dem Fensterrahmen.«

Ich sammelte die Stücke des Hauses auf, die Mary auf den Rasen schleuderte. Die Hohlräume rund um das Fenster sahen aus wie eine offene Wunde.

An der linken unteren Ecke hielt sie inne und schüttelte dann den Kopf.

»Nicht gut.«

»Was ist?«, fragte ich.

»Sieht nicht gut aus.«

Ich fand es schon schrecklich genug, was für einen ausgeweideten Eindruck das Haus jetzt machte, aber Marys Stimme verhieß noch weiteres Unheil.

»Ungeziefer.«

Hinter Farbe und Gipskartonwänden verrottet das Holz. Wenn man Glück hat, langsam. Insekten nagen an den Balken, die ein Haus aufrecht halten, die Feuchtigkeit kriecht herein, und Schimmelpilze feiern Feste, wobei die Zellulose und das Lignin des Holzes weich werden. Das Skelett eines Raumes wird instabil, weil wir uns ja nicht die eigene Haut vom Leib schälen können. Zeit und Feuchtigkeit haben es ständig auf uns abgesehen. Wir alle sind dem ständigen Verfall ausgeliefert, in jedem Augenblick sind wir weniger dessen, was wir vorher noch waren. Wir können uns nicht selbst aufstemmen, um nach Lecks und Fäulnisstellen zu suchen. Zu sehen, was hinter einer Wand steckt, ist, als ob man mit Nachdruck und recht unmittelbar an diese Tatsache erinnert würde. Die Ärzte haben meinen Onkel nach der Lungenkrebsdiagnose aufgemacht und ihm eine halbe Lunge entfernt. Als sie das Fleisch beiseitegeschoben hatten und ins Innere schauten, fanden sie, dass sich der Krebs in und um beide Lungen ausgebreitet hatte: *inoperabel.* Sie konnten nichts mehr machen und nähten ihn wieder zu. Epikur schrieb: »Gegen alles Mögliche kann man sich Sicherheit verschaffen, angesichts des Todes aber bewohnen wir Menschen alle eine Stadt ohne schützende Mauern.« Einen Sarg kann man bauen. Eine Mauer gegen den Tod nicht.

Riesenameisen hatten einen Teil des Fensterrahmens verspeist. Ich konnte nicht erkennen, wie schlimm es war, aber ich konnte die Wunde im Haus dieser Frau sehen und Mary, die kopfschüttelnd auf der Leiter stand.

»Nur noch Matsch«, sagte sie, griff mit der Hand hinein und ließ, was sie gegriffen hatte, wie nassen Schnee zu Boden rieseln.

Ich betrachtete das Loch rund ums Fenster und dachte: *Was haben wir getan? Wir sollten es schnell wieder zumachen, einfach irgendwie versiegeln, und dann wegrennen! Wie sollen wir das bloß hinkriegen, bevor der Abend kommt? Wenn wir's nicht schaffen, steigen Waschbären oder Wölfe oder Spinnen ein und kidnappen den grauhäutigen Jungen. Und wenn es regnet?*

Mary rief mir Messwerte zu, und ich schnitt entsprechende Kantholzstücke zu, die sie dann einpasste, um das vorhandene Holz zu unterstützen und den Teil des Fensterrahmens zu ersetzen, der weggefressen worden war. Ich joggte hin und her zwischen Garten und Einfahrt, wo wir die Sägen aufgebockt hatten. Sägemehl spritzte zur Seite und rieselte dann leicht hinunter auf die Straße, blieb in kleinen Zementkratern hängen, und mit ihm einher ging ein kräftiger, klarer Kieferngeruch, der Geruch nach Weihnachten und Neuanfang. Die Gehrungssäge fräste sich kreischend durchs Holz, und ich hoffte, dass der kleine Junge nicht gerade jetzt seinen Mittagsschlaf machte. Von der Leiter aus beugte sich Mary in die Öffnung, die sie in die Wand gemacht hatte, und sprühte ein starkes Gift hinein, um das Ungeziefer zu vernichten. Ich hielt die Luft an und hoffte, dass Mary das auch tat.

Wenn es nicht um exakte Zahlen ging, hielten sich Marys Maßangaben eher im Ungefähren. *Nimm hier noch ein Blatt weg*, sagte sie zum Beispiel, wenn sie mir ein Stück Kantholz zurückgab. Das Sägeblatt der Gehrungssäge macht ein Achtelzoll breite Schnitte. *Ein halbes Blatt* bedeutete entsprechend ein Sechzehntel Zoll, und zwar rein nach Augenmaß: Das Maßband hatte schön am Hosenbund zu bleiben. *Weniger als ein halbes Blatt* bedeutete: quasi nur abschleifen, gar keinen richtigen Schnitt mehr machen, nur mit einem Bruchteil der Sägezahnbreite etwas Holz wegnehmen. Am häufigsten benutzte Mary aber die Maßeinheit *ein Tick*. Wenn sie beispielsweise *nur noch einen Tick mehr* wollte, interpretierte ich das im Normalfall als nicht ganz volles Sägeblatt, aber auch mehr als ein halbes. Wenn sie nur noch ein hauchdünnes Bisschen mehr abhaben wollte, kniff sie die Augen zusammen, hielt Daumen und Zeigefinger so hoch, dass durch den Spalt dazwischen so gut wie kein Licht mehr fiel, und sagte: »Hier muss nur noch eine Millisekunde weg.« Am besten gefiel mir immer, wenn Mary in Begriffen der Zeit über räumliche Abstände sprach. Eine Millisekunde bedeutete »so gut wie gar nichts« – zumindest ging ich davon aus, schließlich kann man schon eine Sekunde nicht sehen. Auf dem Bau wird gern die Wendung *Schamhaaresbreite* als inoffizielle Maßeinheit benutzt: »Um Schamhaaresbreite passt's noch nicht.« Eine Schamhaaresbreite ist ungefähr ein Zweiunddreißigstelzoll. Mary benutzte den Begriff *Schamhaaresbreite* allerdings nie.

Als die Russin mit ihrem Sohn auf die Gartenveranda trat, um zu sehen, wie wir vorankamen, sagte Mary, sie solle vorsichtig sein wegen des Wespennests in der Regenrinne über ihrem Kopf. Daraufhin ergoss sich ein Schwall slawischer Silben, und die Frau scheuchte ihren Sohn zurück in die Küche.

»Wie sollen wir das hier bloß hinkriegen?«, fragte ich Mary beim Mittagessen.

Und sie sagte: »So wie immer. Eins nach dem anderen.«

Ich konnte aber trotzdem nicht dran glauben und hatte weiterhin Visionen von wilden Tieren, die nachts durch die Wand krochen.

Wenn ich Mary bei der Arbeit zusah, versuchte ich, alles, was ich lernte, wie in einem Aktenschrank im Gehirn abzulegen. Manchmal hatte ich jetzt geradezu Schübe eines Überlegenheitsgefühls. Wenn ich über den Harvard Square ging oder im Supermarkt vor dem Müsliregal stand, taxierte ich die Umstehenden und dachte: Ich wette, er hat keine Ahnung, wie man einen Fensterrahmen ausbaut. Ich wette, sie weiß nicht, dass man für Küchen und Badezimmer grüne Trockenbauwände braucht, die schwerer und feuchtigkeitsresistenter sind als die herkömmlichen.

In der Erzählung »Der Student« von Anton Tschechow geht ein entmutigter, pessimistischer junger Mann an einem unwirtlich kalten Frühlingsabend im Wald spazieren. Er sinnt darüber nach, »daß es die gleichen durchlöcherten Strohdächer, die gleiche Unwissenheit und Trübsal gegeben hatte, die gleiche Öde und Finsternis, das gleiche Gefühl der Unterdrückung – all diese Schrecken hatte es gegeben, es gab sie noch, und es würde sie auch in Zukunft geben; und auch in tausend Jahren würde das Leben nicht besser werden. Und er wollte nicht nach Hause zurück.«

Der Student legt bei zwei Witwen, Mutter und Tochter, eine Rast ein und wärmt sich an deren Feuer. Da Karfreitag ist, gibt er eine Kurzfassung des Evangeliums zum Besten, erzählt von dem Augenblick, in dem Jesus von Petrus verraten wird. Die ältere Witwe weint, die jüngere macht den Eindruck eines Menschen, »der einen starken Schmerz unterdrückt«. Als der Student die Frauen verlässt, denkt er: Dass die Frauen so gerührt gewesen waren, »bedeutete offenbar, daß alles, was er soeben erzählt hatte und was vor neunzehn Jahrhunderten geschehen war, eine Beziehung zur Gegenwart haben mußte – zu diesen beiden Frauen und wahrscheinlich auch zu diesem öden Dorf, zu ihm selbst, zu allen Menschen.« Da regt sich Freude in seinem Herzen: »Die Vergangenheit, so dachte er, ist mit der Gegenwart durch eine ununterbrochene Kette von Ereignissen verknüpft, von denen sich eins aus dem anderen ergibt. Und es schien ihm, er habe soeben die beiden Enden dieser Kette gesehen – er berührte das eine Ende, da erzitterte das andere.« Ihn übermannt ein »unbekanntes, geheimnisvolles Glück«.

Die Schrecken verschwinden nicht (auch in tausend Jahren wird es noch Unwissen, Trübsal und undichte Dächer geben), aber die Verzweiflung über das, was uns verbindet, wird zur Freude. Ich glaube, was dieser Student empfindet, ist gleichzeitige Präsenz – ein totales Da-Sein – und das Sich-Auflösen in etwas sehr viel Größerem als sich selbst.

Wenn ich einen Nagel mit einem Hammer in Holz trieb, wenn mein Körper synchron war mit meiner Aufgabe, gab es Momente, in denen ich zu Hand, Hammergriff und der Bewegung in meiner Schulter und meinem Ellbogen wurde, und es nichts anderes mehr gab als genau diese Handgriffe, *bäng bäng*, die Verbindung zwischen Hammerkopf und Nagelkopf, *bäng*, und das Gleiten von Metall durch Holz. Genau wie Tschechows Student war ich zwar vollständig anwesend, aber trotzdem aufgelöst in etwas Größerem, das mein Ich überstieg: in der Geschichte der Hammerschläge.

Wenn ich mich in dieser Bewegung auflöste, verschwanden die Wände, verschwanden alle Trennungen und Hindernisse. Ein Echo erhob sich, ein Urknall, ein großes *Bäng*, das in Zukunft und Vergangenheit widerhallte. Wir alle werden mit jeder vergehenden Sekunde weniger, genau wie die Dächer, die in zehn Jahrhunderten sicherlich undicht sind. Ab einem gewissen Punkt hilft das Operieren bei uns allen nicht mehr. Aber wenn die Wände um uns selbst verschwinden, wenn wir durch die schlichte Tätigkeit, ein Werkzeug durch den Raum zu schwingen oder uns eine Geschichte zu erzählen, mit dem in Verbindung treten, was vor uns war, dann entfliehen wir für den Augenblick der Aussicht, nur einer Mauer aus Gleichgültigkeit gegenüberzustehen. Und statt zu verzweifeln, sich zu fürchten und sich vor dem Grab zu ängstigen, ist es so möglich, Gelassenheit und Freude zu empfinden.

Was natürlich nicht jedes Mal passierte, wenn ich einen Hammer in der Hand hielt. Oft kamen nur verbogene Nägel und blau geschlagene Finger dabei heraus. Meistens war das Hämmern einfach nur Arbeit. Aber wenn alles passte, fühlte es sich an, als schlüge ich mich gewissermaßen in den Lauf der Dinge vor und nach mir ein, und die Fäden, die die Menschheit miteinander verbinden, fingen an zu leuchten. In derart schimmernden Augenblicken öffnet sich eine andere Art von Tür – eine, die einem Zugang verschafft zur Unsterblichkeit.

Wenn ich mich beim Gang durch meine alte Straße oder vor

dem Müsliregal für etwas Besonderes hielt, nur weil ich wusste, was es mit »sechzehn Zoll Abstand« auf sich hatte, hätte ich eigentlich klüger sein müssen. Es war schließlich nicht so, dass ich mehr wusste als alle anderen. Ich wusste einfach nur etwas, was schon sehr viele andere Menschen vor mir gewusst haben, wissen oder irgendwann einmal wissen werden.

Mit dem Fensterrahmen am Haus der Russen waren wir um halb fünf nachmittags fertig. Die Schindeln waren wieder auf dem Dach über dem Erker. Die Wunde war wieder verschlossen, das Ungeziefer vergiftet. Alles war zu und repariert, die faulende Stelle war weg und durch frisches, kräftiges Holz ersetzt worden. Alles wieder solide und stabil, innen und außen wieder so voneinander getrennt, wie es sein sollte. Für mich fast ein Wunder: Dass es tatsächlich möglich war, all das an einem Tag zu schaffen! Ich stand unter Marys Leiter und hob fassungslos die Hände.

»Unglaublich!«

Mary lachte nur.

In einem Gedicht von Annie Dillard heißt es:

Dass es in der Welt tatsächlich Mahagoni geben sollte
und nicht kein Mahagoni, hallt in seinem Kopf
wie ein Gongschlag –

Dieser Gongschlag kommt mir bekannt vor. An jenem Nachmittag hallte er auch durch meinen Kopf. Dass so etwas tatsächlich möglich war, dass es echt war und von dieser Welt: eine eigentlich recht einfache Sache und alles andere als ein Wunder. Da waren ein Haus in seine Bestandteile zerlegt, alles Verrottete entfernt, Kiefernholzstücke zugeschnitten und die Wände wieder verstärkt worden. Nichts weiter als eine Sache des Know-hows und der richtigen Werkzeuge. Etwas Alltägliches. Aber die Wahrheit ist: Es wurde eben getan und nicht *nicht* getan. Statt eines gähnenden Lochs in der Wand war da jetzt eine Wand. Dillard bekommt die Anerkennung für das Alltägliche zu fassen, sie formuliert eine feste, willkommen heißende Umarmung all dessen, was stabil und vollkommen gewöhnlich ist um uns herum. »Die Wirklichkeit umringt seinen Geist wie die Ringe eines Baums«, schreibt sie. Wir finden das Wirkliche in den Ringen, die die vergehenden Jahre markieren, in widerhallenden Gongschlägen oder im Neurahmen eines Fensters, diesem handfesten Stoff des Alltäglichen. Auch in der Liebe finden wir es. Dass du existierst und nicht *nicht* existierst, dass ich dich gefunden habe, und das bei all diesen ganzen Menschen! Ist das nicht ein Wunder? Nein, oder? Es ist einfach nur das vollständige, ganz und gar unmittelbare Fehlen jeglicher Abstraktion. Vielleicht hat es mehr zu tun mit einem Moment der Gnade, einer Feststellung, die plötzlich feierliches Gewicht hat und uns so mit der Welt verbindet.

An jenem Nachmittag packten wir zusammen, luden die Sägen, die Leiter und das Bauholz wieder in den Transporter. Auf der Rückfahrt redete Mary über Wespen und dass Bienen im Winter Wärme erzeugen, indem sie sich in ihrem Stock eng zusammendrängen und aneinander warmzittern. Sie sagte: »Unglaublich, oder?«

Kapitel 3

SCHRAUBENZIEHER

Vom Bauen und Mistbauen

Aus Wochen wurden Monate. Aus Unwissen wurde Erfahrung. Unser zweiter gemeinsamer Herbst – die Tage wurden kürzer, die Temperaturen fielen – bescherte uns einen kleinen Veranda-Job in einem Wohnviertel von Somerville, in der Nähe der Interstate 93. In der betreffenden Straße stand ein dreistöckiges Wohnhaus neben dem anderen. Der alte Mann, der die Autolackiererei am Ende der Straße betrieb, saß auf einem Klappstuhl vor seiner Werkstatt und beobachtete Autos. Auf den Schulterpartien der Fräcke im Fenster des Abendmode-Verleihs hatte sich Staub gesammelt. Und in den Laden für Tauchbedarf sah ich nie einen Kunden hineingehen. Die Stoßstangen auf den Auffahrten in der Straße trugen Aufkleber mit der brasilianischen Flagge.

Das Haus, in dem wir arbeiteten, stand für den zukünftigen Wandel: nur schnurgerade Linien aus Beton, gut bestückte Dachterrassen. Es sah aus, als sei es aus einer Fotostrecke in einem Architektur-Magazin ausgerissen worden, und stach aus dem Rest des Viertels heraus wie ein Daumen, der einen Schlag mit dem Hammer abgekriegt hatte.

Über vier Eingangstüren an der Hausseite ging es jeweils in einen Raum mit hoher Decke und in den Boden eingelassener Beleuchtung. Vor jeder Tür gab es eine kleine Eingangsveranda, die man über ein paar Treppenstufen erreichte. Und eine dieser kleinen Veranden war kaputt. Ein Bewohner war mit dem Auto hineingefahren. In Anbetracht der Kürze und Enge der Einfahrt war es ein Rätsel, wie jemand die Veranda und – laut einem mitteilsamen Nachbarn – auch sein Auto so gründlich hatte zerstören können.

Mary und ich waren in Mützen, Wollsocken und Westen verpackt. Der Morgen war kühl, und wir unterhielten uns über diesen witterungstechnischen Wink mit dem Zaunpfahl, wenn man zum ersten Mal im Jahr seinen Atem sieht, wie wir an jenem Vormittag. Als Erstes entfernten wir, was von dem alten Vorbau noch übrig war, wir brachen und bogen mit unseren Stemmeisen und holten mit Ratschen die Schrauben heraus. Das alte Holz stapelten wir an der Seite. Der Tag war trocken und hell. Der Himmel ließ mit seinem tiefen, herbstlichen Blau sämtliche Konturen schärfer hervortreten. Das orangefarbene Verlängerungskabel schlängelte sich leuchtend über eine Hecke hinweg bis zu unseren Sägen. Über uns hing in jemandes Küchenfenster ein Calder-artiges Mobile aus roten, gleichermaßen industriell wie grazil wirkenden Formstücken und schaukelte sanft hin und her. Möwen landeten auf dem Dach und flogen wieder auf. Das Grundgerüst hatten wir schnell zusammengezimmert: vier lange Querbalken, zwei Stufen nach unten, keine allzu schwere Rechenaufgabe. Die Balken befestigten wir an der Rahmenkonstruktion, hämmerten verzinkte Nägel in die Stützbänder und zogen das Ganze mit langen, dicken Schlüsselschrauben fest. Wir kurbelten und drehten die Ratschen, bis die Schrauben stramm saßen.

Mary und ich arbeiteten an jenem Vormittag im Gleichtakt, jede schien die Bewegungen der anderen vorauszuahnen, unsere Hammerschläge waren kräftig und zielgerichtet, jede war hochkonzentriert bei der Arbeit, wir wechselten nicht viele Worte. Dieser gemeinsame Rhythmus, diese Verbundenheit zwischen uns und der Arbeit war ein noch neues Vergnügen, das sich mittlerweile aber an manchen Tagen einstellte. Es war eher ein Erspüren als ein Reagieren, so, als beführe man einen an- und wieder abschwellenden Strom, es war ein intimes Im-Fluss-Sein. Der Klang des Hämmerns auf Nägel hörte auf, als unser jeweiliges Spiegelbild zogen wir die Schrauben unten stramm, während die Sonne sich über den Himmel bewegte und langsam den Vormittag aufwärmte. Uns wärmte die Arbeit, und wir zogen eine Kleidungsschicht nach der anderen aus. Sich zu unterhalten war nachrangig, wir waren mit unserer Aufmerksamkeit ganz bei den körperlichen Abläufen und der Handhabung des Werkzeugs.

Für den Veranda-Neubau nahmen wir Brasilianischen Nussbaum in einem dunkelroten, sommersprossigen Farbton. Als ich das Holz mit der Säge durchschnitt, roch es nach Zimt, Sirup und ein bisschen auch nach Schokolade. Der Brasilianische Nussbaum wird auch Lapacho, Imbuya oder Laurel genannt, und diese Wörter klingen irgendwie so, wie das Holz riecht. Auch Ipé kursiert als Name, aus gutem Grund wird es darüber hinaus als »Eisenholz« bezeichnet. Brasilianischer Nussbaum geht im Wasser unter, und wenn man ein Brett davon anhebt, merkt man am Gewicht sofort, dass das etwas anderes ist als das Holz, das man so kennt. Die federleichte Zeder wiegt pro Kubikmeter 480 Kilogramm. Eichenholz bringt es auf eine beeindruckende Dichte von 850 Kilo pro Kubikmeter. Ipé aber wiegt 1 300 Kilo pro Kubikmeter. Das Holz ist so dicht, dass wir die Löcher für die Schrauben, die die Planken auf der Rahmenkonstruktion befestigten, mit einem extraspitzen Bohrer vorbohren mussten. Als der Schaft des Bohreinsatzes beim Bohren durch das Eisenholz zu heiß wurde, mussten wir eine Pause einlegen. Winzige Rauchwirbel quollen aus den Bohrlöchern. Sie rochen süß nach Marshmallows, hatten gleichzeitig aber auch eine bittere Note, einen scharfen, ungewohnten Geruch, der nichts zu tun hatte mit dem Honigduft eines Garten- oder Kaminfeuers. Dieser Geruch stand für den erbitterten Kampf, den das Holz gegen die Hitze führte. Wir pusteten auf den Bohreinsatz, um ihn abzukühlen, und schwenkten den Bohrer durch die Luft, um die Temperatur des Metalls zu senken. Ein Einsatz war uns schon kaputtgegangen. Er war zu heiß geworden und abgebrochen, während er noch im Bohrloch steckte. Als ich die untere, abgebrochene Hälfte aus dem Bohrer holen wollte, fiel sie heraus und landete auf meinem Unterarm. Ich hatte die Ärmel hochgekrempelt. Das Bit-Stück verbrannte mir die nackte Haut und hinterließ eine rote Brandblase, die mir noch den gesamten Rest des Tages wehtat.

Während der Mittagspause redeten wir über Holz. Über seine Lebensdauer und seine Widerstandsfähigkeit gegenüber Feuchtigkeit und Schädlingen. Mary klagte über die vielen synthetischen Veranden, die sie immer häufiger irgendwo sah. Synthetisches Holz kann geschnitten werden wie eine ganz normale Holzplatte, versprüht dabei aber keine Sägespäne, sondern Plastik.

»Zum Teil kann ich's ja nachvollziehen. Aber wen, bitte, interessiert's denn, dass es bis ans Ende der Welt hält? Ich bin Schreinerin und keine Kunststoffverarbeiterin!«

Wir saßen neben dem Eingangspodest, das wir bauten, auf dem Boden und aßen ein frühes Mittagessen. Marys Tag fing um halb fünf morgens an, manchmal sogar noch früher, und sie frühstückte nie – sie trank nur einen großen Kaffee von Dunkin' Donuts, mit Milch und extra viel Zucker. Jeden Morgen fuhr sie mit ihrem großen Hund erst mal in die Fells, einem über vier Quadratkilometer großen State Park, der zur Nachbargemeinde von Boston gehörte. In der gerade herrschenden Jahreszeit war es bei ihrem Waldspaziergang immer noch dunkel. Wenn sie wieder nach Hause kam, beantwortete sie E-Mails, kaufte für den Tag ein und fing dann an zu arbeiten. Wir aßen immer gegen halb zwölf zu Mittag, manchmal auch noch früher. Wie lang ihr Vormittag war und wie leistungsfähig sie war, obwohl sie nichts gegessen hatte, erstaunte mich ein ums andere Mal. Ich muss, wenn ich aufgestanden bin, immer innerhalb von fünf Minuten frühstücken.

»Und stell dir bloß mal vor, den ganzen Tag lang Plastikteilchen einzuatmen!«, meinte sie zu mir. »Das fändest du doch grauenvoll!« Mary zog mich gern mal auf, weil ich immer so nervös war in Bezug auf das Zeug, das wir einatmeten, aber es war tröstlich, dass sie meine Ängste zumindest nachvollziehen konnte.

»Und was gefällt dir dann nicht an der Arbeit mit Kunstholz?«, fragte ich sie.

Sie sah mich an, als hätte ich nicht alle Tassen im Schrank. »Na ja, es ist einfach ...«

Sie führte den Satz nicht zu Ende, als ob die Gründe dafür so offensichtlich seien, dass es keiner weiteren Worte bedurfte. Mary selbst sagte es so also nicht, aber ich glaube, sie meinte: Es ist, als ob man anstelle von Butter Margarine nimmt – es hat etwas Chemisches und Künstliches. Kunstholz fehlt irgendwie die Seele, der Wesenskern. »Holzalternative« hat denselben industriell hergestellten Beiklang wie Polyester und Süßstoff.

Mit echtem Holz hat man Scherereien: Die Witterung setzt ihm zu, durch Schnee, Regen und Sonne wird es brüchig. Es verfault. Schimmelpilze wachsen auf ihm und breiten sich aus. Insekten fressen es auf. Seine Splitter schieben sich einem in die Fußsohle oder in die weiche Haut der Handinnenfläche. Aus Kunststoffen und Holzprodukten wie Sägespänen und Zellstoff zusammengesetztes synthetisches Holz benötigt nicht so viel Pflege wie echtes Holz. Es ist zwar auch nicht gänzlich unempfindlich gegenüber dem Wetter, muss aber doch weder behandelt, gebeizt noch abgeschliffen werden. Es wird nicht von Holzparasiten wie Termiten angefressen. An Kunstholz kann man sich keine Splitter einziehen. Im Ankauf ist es im Normalfall teurer als echtes Holz, aber über die Zeit gesehen ist es ziemlich sicher günstiger, schließlich muss man ihm keine weitere Pflege angedeihen lassen. Sosehr sich die Hersteller in ihren Laboren und Fabriken auch bemühen: Bisher haben sie es noch nicht geschafft, falsches Holz wie echtes aussehen zu lassen. Es ist wie bei einem Kunstpelzmantel mit aufgedrucktem Leopardenmuster: Die Maserung von synthetischem Holz kommt der des natürlichen Holzes zwar relativ nahe, aber mehr als eine Annäherung ist es eben auch nicht.

Welche Verbundenheit kann man empfinden mit einer Sache, die im Labor entwickelt wurde? Ist es möglich, etwas zu lieben, um das man sich nicht zu kümmern braucht? Was uns am Holz, mit all seinen wabernden Maserungen, seinen Augen und Unvollkommenheiten, seinen Splittern und seiner Verletzlichkeit, so guttut, ist ja, dass wir ganz genau wissen, wo es herkommt. Zuerst war da nur die Erde, dann war da ein Samen, Sonnenlicht und Wasser. Und schließlich: ein Baum! Ein Produkt der Natur. Und aus dem Stamm jenes Baumes wird jetzt eine Holzbohle geschnitten. Was sind dagegen Polyvinylchlorid, Polyethylen oder Polypropylen? Diese Frage können manche Menschen beantworten. Was ein Baum ist, wissen alle. Ich verstehe schon auch, dass Bäume eine schwindende Ressource sind, und frage mich, ob Holzverbundwerkstoffe irgendwann das ersetzen, was aus den Wäldern kommt.

In seinen *Mythen des Alltags* beklagt Roland Barthes das

Verschwinden von Holzspielzeug und das Aufkommen von Spielzeug, das aus »einer kargen Materie« gemacht ist, mit der »das Angenehme, Sanfte, Menschliche der Berührung [erlischt]«. Holz dagegen ist »eine vertraute und poetische Materie, welche die Berührung fortführt, die das Kind mit dem Baum, dem Tisch, der Diele hat«. Auch wenn er hier über Kinderspielzeug spricht – das Argument bleibt dasselbe: Eine synthetische Veranda, so einfach sie in der Pflege auch sein mag, führt keine Berührung fort. Man fahre nur mit den Fingern über ein Stück unbehandeltes Holz, einen Rührlöffel oder den Handlauf eines Treppengeländers: Sofort spürt man eine vibrierende Natürlichkeit, eine gewisse Wärme des Altbekannten, ein untergründiges Summen, das einem sagt: *Dies hier kommt aus der Erde.* Und dann lege man die Hand auf eine Terrasse aus PVC. Da gibt es kein leises Murmeln, keine Verbindung zu schattigem Wald oder Kiefernharz.

Zu sehen, wie ein ein Feld begrenzender Holzzaun oder ein auf einen Waldweg gestürzter Stamm verfällt, zu sehen, wie Holz mit der Zeit die Farbe ändert, wie ein tiefes Rotbraun fahler wird, erst grau, dann grün und schließlich schwarz, zu sehen, wie Holz seine Textur wechselt, wie es erst noch fest und stark ist, dann langsam faserig, von Insekten zerfressen, von Wasser aufgeweicht und von Zeit und Feuchtigkeit zu breiigem Matsch zersetzt wird: Das alles spendet uns irgendwie Trost, denn unsere eigene Vergänglichkeit hallt darin wider, unser eigenes Weich- und Schwach-Werden im Laufe der Zeit. In künstlichem, fürs Vergehen der Zeit nicht anfälligem Holz steckt kein existenzieller Trost, steckt nichts von jener Melancholie, die uns den Weg bahnt hin zu Verständnis und Akzeptanz der verrinnenden Zeit – des Sterbens als solchem. Und es ist nicht so, dass wir uns von Kunstholz vorgeführt fühlen, weil es vergleichsweise unsterblich ist. Nein, Kunstholz hat nur einfach gar nichts zu sagen.

Der Brasilianische Nussbaum aber sprach. Er sprach, während ich die Bretter für die Stufen und die Plattform der Eingangs- veranda zuschnitt. Er sprach von Gewicht, von Härte, von der Zeit. Ich sonnte mich in dem Tag und meiner Arbeit, ich genoss den klaren Himmel und die Stärke, die in meinen von monate- langem Sägen-Heben, Küchenschränke-Halten und Hämmern gestählten Armen steckte. Ich dachte: Wie gut es ist, hier drau- ßen zu sein und dieses Ding zu bauen, auf dem man stehen kann. Der Duft des Holzes, süß und kohlig, erinnerte mich an überm Lagerfeuer gegrillten Mäusespeck. Er saß auf meiner Haut und an meinem Hemdsärmel. In seiner *Naturgeschichte* schreibt Plinius der Ältere, dass die Baumarten »fortwährend« ihrer je eigenen Gottheit »geweiht« sind: die Myrte der Aphro- dite und die Pappel dem Herkules. Laut Plinius ist die Buche der Baum des Zeus, andere Quellen bringen Zeus jedoch mit der Eiche in Verbindung. Denn auch Eichenholz hat etwas Heiliges an sich, schließlich ist es ebenfalls so dicht, dass es sinkt.

Verloren in meinen Baumträumereien arbeitete ich ein biss- chen zu schnell. Das Blatt der Gehrungssäge drehte sich noch, als ich bemerkte, dass ich von unserer letzten ganzen Bohle zu viel abgeschnitten hatte. Wir hatten kein weiteres Brett in ganzer Länge mehr, und diese Bohle sollte waagrecht über die volle Breite der Front laufen, direkt unterhalb der Plattform. Mir war ein schlichter Denkfehler unterlaufen – ich hatte den Dreiviertelzoll, der wegen der obersten Treppenstufe noch zur Podestbreite hinzukam, einfach nicht mitgerechnet. Das Blut stieg mir heiß in die Wangen. Leise fluchte ich vor mich hin. *Verdammte Scheiße, das darf jetzt echt nicht wahr sein.*

»Mary?«

»Sag's mir lieber nicht.«

»Ich kann ...« Aber ich hatte keine Ahnung, was ich hier noch tun konnte. Mary hatte mir mal erzählt, dass sie früher die Neulinge in der Belegschaft verarscht und ihnen verklickert hatten, dass sie doch bitte mal den »Brettdehner« vom Transporter holen sollten. Wo war der Brettdehner jetzt? Ich erzählte ihr, was passiert war.

Mary ging zum Wagen und holte ihren Tabakbeutel. Sie drehte sich eine Zigarette, rauchte und betrachtete dabei unser Podest. Ich hielt den Mund, und während es in Marys Kopf offenbar brodelte, herrschte in meinem gähnende Leere. In Augenblicken wie diesem fühlte ich mich am allerhilflosesten: ausgeschlossen von Marys Gedankengängen und nicht in der Lage, das Problem selbst zu lösen – oder überhaupt eine Idee zur Lösung zu haben. Mir war plötzlich sehr bewusst, wie abhängig ich davon war, dass Mary die Probleme löste, Antworten hatte und mir sagte, was zu tun war. Es war in mancher Hinsicht sehr bequem, nicht die geistigen Schwergewichte stemmen zu müssen und weder für die Planung noch für die Fehlerbehebung verantwortlich zu sein. Es war, wie bei einer langen Fahrt neben einer vertrauenswürdigen Fahrerin auf dem Beifahrersitz zu sitzen – und, während die andere den Weg findet, an den richtigen Stellen abbiegt, nach Schlaglöchern Ausschau hält und den Zusammenstoß mit Eichhörnchen oder Elchen vermeidet, nichts weiter zu tun zu haben, als Hügel und Bäume am Straßenrand zu betrachten. Man möchte einfach an einem gewissen Punkt auch mal das Lenkrad übernehmen – oder zumindest anbieten können, auch mal ein paar Kilometer zu fahren.

Mary blies den Rauch zum Mundwinkel heraus, und der

Rauch trieb auf das Fenster zu, hinter dem das Mobile hing. Ihr Lösungsweg war einfach und hatte circa eine Minute gebraucht, um Form anzunehmen. Sie nahm ein Reststück Nussbaumholz und hielt es senkrecht links außen an die Terrasse. Es reichte von der Plattform bis zum Boden und würde die Dreiviertelzoll-Lücke überdecken, die ich mit dem zu kurzen waagrechten Stück verursacht hatte. Es war einfach wie eine zusätzliche Zierleiste, und das Eingangspodest sah damit sogar besser aus als ohne. Darauf hätte ich auch selbst kommen können.

»In der Schreinerei geht's ziemlich häufig darum, eine Idee zu haben, wie man einen Fehler behebt«, meinte Mary. Das hatte sie mir schon mal gesagt – und würde es mir noch viele weitere Male sagen. Ihre Fähigkeit, Lösungen zu finden, und die Art, wie sie auf entsprechende Lösungswege, Alternativansätze oder Umschiffungsideen kam, beeindruckten mich immer wieder aufs Neue – und schienen mir ihre möglicherweise wertvollsten Eigenschaften zu sein. Eine solche Fähigkeit entwickelt man, wenn man sein Gehirn darin trainiert, Lösungen in der materiellen Welt zu finden. Hauptsächlich aber hat es damit zu tun, viele Erfahrungen gesammelt zu haben. »Die Hälfte unseres Jobs besteht darin zu wissen, was zu tun ist, wenn irgendwas schiefgeht.«

Und schief ging eine ganze Menge. Meine Lernkurve wurde wieder flacher, die anfängliche Euphorie über so viel Neues hatte dem langsamen Weiterkriechen in Richtung Kompetenz Platz gemacht, mit all seinen Rückschlägen und Frustrationen. Nach den mehr als anderthalb Jahren, die ich jetzt dabei war, konnte ich nicht länger Unkenntnis als Entschuldigung anführen. Manche Fehler sind schon passiert, bevor man mit der Arbeit anfängt: Da haben Zeit und Feuchtigkeit einen Fußboden absinken lassen, da hat es ein früherer Handwerker beim Einbau der Arbeitsplatte in der Küche mit der Wasserwaage nicht ganz so genau genommen, da hat sich ein allzu selbstsicherer Hauseigentümer an der Elektrik versucht, da haben sich Wände geneigt, ist der Putz abgeplatzt und sind Fliesen gesprungen. Aber manche Fehler hat man sich eben auch selbst zuzuschreiben. Ich in meinem Fall: viele.

Marys Wunsch nach größeren Aufträgen war ihr im Laufe des Jahres gleich mehrfach erfüllt worden. Bei Leuten mit eher schmalem Budget und einer Wohnung im zweiten Stock eines Hauses in Jamaica Plain sollten wir die Küche renovieren. Die Einwohner dieses im Süden von Boston gelegenen Stadtviertels sind ihrem Wohnort treu ergeben. Im Botanischen Garten trägt jeder Baum ein Schildchen, und es hat den Anschein, als ob hier jeder einen Hund hat. Auf dem Friedhof sind E.E. Cummings, Anne Sexton und Eugene O'Neill beerdigt. Das Sortiment eines bestimmten Geschäfts umfasst über siebentausend Hüte, und im Supermarkt »City Feed & Supply« herrscht fast eine Tante-Emma-Laden-Atmosphäre. Hier bekommt man ganz speziellen Käse aus Vermont, gute Sandwichs und eine Verpflichtung zur Nachhaltigkeit, die von allen geteilt wird. Dazu passt, dass das Lucy Parsons Center, eine radikale, kollektiv geführte Buchhandlung, in der jede linke Orientierung gern gesehen wird, vor ein paar Jahren von Cambridge nach Jamaica Plain umgezogen ist.

Die Wohnung war hell und luftig, hatte viele mit Verstand maßgefertigte Einbauten aus dunklem Holz, große Fenster und Familienfotos auf Regalen und an den Wänden: Nichten und Neffen des Paares, dem die Wohnung gehörte, Bilder aus der Kindheit der beiden, eine Frau auf einem Pferd, die ernst und konzentriert dreinblickte, drei Kinder in Schneehosen auf einem Schlitten. Aus den rückwärtigen Fenstern sah man hinaus auf einen niedrigen Hügel mit einem schönen, von den drei Häusern am Ende dieser kleinen Sackgasse geteilten Garten. Der neue Kühlschrank musste per Kran in den zweiten Stock gehievt werden, weil man ihn unmöglich über die gewundene Treppe hinaufbekommen hätte. Zuzuschauen, wie die riesige Kiste vom Boden gehoben wurde und dann zwei Stockwerke über dem Gehsteig baumelte, war aufregend.

Die Eigentümer hatten Küchenschränke von Ikea gekauft, die ganze Renovierung war eine Sache von etwa 25 000 Dollar. Unsere Arbeit nahm ihren geregelten Lauf: Wände, Böden, Arbeitsflächen (aus sehr schönem, schwarz-grün marmoriertem Speckstein), dann Auf- und Einbau der Ikea-Schränke. Um zehn Uhr morgens waren wir schon seit fast zwei Stunden damit beschäftigt, Holzdübel in Löcher zu stecken, weiche Schichtholzplatten ineinanderzuschieben und so Küchenschrankboxen herzustellen. Es war weder langweilig noch spannend, einfach etwas, das getan werden musste. Ich kam zu einem Eckunterschrank mit eingebautem Drehkarussell. Mithilfe der wortlosen Anleitung setzte ich ihn zusammen. (Manchmal sagt ein Bild auch *nicht* mehr als tausend Worte; manchmal wären die richtigen zehn Wörter eine wirklich große, große Hilfe.) Ich hatte die Dübel an die richtigen Stellen gesetzt, die Seiten, den Deckel und die Bodenplatte zusammengesteckt und machte jetzt Bohrlöcher, um das Karussell dort zu befestigen, wo es hingehörte.

Aber die Schraube wollte sich partout nicht ins Material drehen. Es war kein Holz, sondern irgendein weißer, weicher Plastik-Schichtstoff, der sich meinen Bohrversuchen widersetzte wie Stahl einer Termite. Wie Querschläger rutschten mir die Schrauben eine nach der anderen weg, sprangen von der Küchentheke ab und auf den Herd, dann hinunter auf den neuen Fliesenboden mit seinen großen cremefarbenen Fliesen. Erst ärgerte mich das *Plink, Plink* der auf den Herd springenden Metallschraube noch, dann machte es mich stinksauer. Wieder und wieder drückte ich den Bohrer auf die Schraube und stemmte mich fluchend gegen den undurchdringlichen Verbundstoff. Ich fluchte wie eine Wilde. Mary sah von den Türen auf, die sie gerade an Unterschränke hängte.

»Versuch doch mal, es erst aufzubohren.«

Ich hörte sie, aber ich hörte nicht richtig *hin* – ihr Rat kam nicht bei mir an, ergab keinen Sinn für mich. Schließlich *versuchte* ich doch schon die ganze Zeit zu bohren.

Mein Gesicht lief rot an. Die nächste Schraube sprang mir weg. Ich murmelte leise vor mich hin. Meine Schienbeine schwitzten. Fünfundzwanzig Minuten waren vergangen. Auf den ganzen Tag gesehen keine lange Zeit, aber viel zu lang, um sich mit einer blöden Schraube für ein blödes Drehkarussell abzugeben. Die abgerundete, flache Kante des glänzenden Schraubenkopfs bohrte sich in Daumen und Zeigefinger meiner linken Hand, während ich die Schraube wieder platzierte und wieder die Spitze des Bit-Einsatzes in ihr versenkte. Es fühlte sich an, als würde ich sie seit Tagen festhalten, so hatte sie sich schon ins Fleisch meiner Finger gedrückt – wie eine zu eng sitzende Socke in die Wade. Die kleine Schraube glänzte. Licht reflektierte von dem Metall, die Schraube warf die automatische Taschenlampenfunktion des Bohrers zu mir zurück. Es war ein bösartiges Funkeln. Diese Feinde en miniature hatten einen solchen Glanz nicht verdient. Mein Oberarm drückte sich gegen die Innenseite des Küchenschranks, als ich mich wieder in Position zwängte. Vor lauter Schweiß und Wut klebte meine Haut auf der plastikglatten, scheußlich harten, künstlichen Oberfläche.

Jedes Mal, wenn die Schraube wieder zu Boden geblitzt war, musste ich mich wieder neu positionieren und dafür erst vom Schrank ablösen, was ein peinliches Sauggeräusch machte und nur die nächste Demütigung war. Der kreischende Brummton des aufheulenden Bohrers – Zahnarzt, Knochen, Zahnfleisch – hallte von den Seiten der engen Küchenschrankkammer wider, von der mein Kopf ganz umschlossen war. Das dumpfe *Plöck*, mit dem der Bohreinsatz gegen den Schrank prallte, nachdem die Schraube ein weiteres Mal weggesprungen war, setzte jedem neuen Versuch einen beleidigenden Schlusspunkt. Es roch nach Lagerhaus, nach Staub und Plastik, hygienisch sauber und tot wie Frischhaltefolie. Dazu kam das schwache Flüstern des aufgeheizten Metalls im Inneren des warmlaufenden Bohrers. Meine Atmung wurde unregelmäßig: Auf schnelle, flache Atemzüge folgte absichtlich langsames Einatmen durch die Nase, mit geschlossenen Augen, das Pumpern in meiner Brust erinnerte mich daran, dass ich tatsächlich in genau diesem Augenblick hier war, obwohl ich hier eigentlich gar nicht sein wollte. »Die Tücke des Objekts«. Diesen Ausdruck hatte mein Vater oft benutzt und damit seine Großmutter zitiert, die so immer von Deckeln gesprochen hatte, die sich dann, wenn man es besonders eilig hatte, nicht mehr aufschrauben ließen, oder von Schraubenköpfen, die schon zu ausgeleiert waren für Schraubenzieher – von jenen Augenblicken also, in denen die Dummheit der Dinge die eigene Fähigkeit übersteigt, sich in aller Ruhe mit ihnen auseinanderzusetzen. Die Phrase ging mir auch jetzt durch den Kopf, da mir die ganze Sache langsam doch ziemlich tückisch vorkam.

Ich legte die Bohrmaschine zur Seite und schaute mir in der Hoffnung, noch einen Fingerzeig zu entdecken, erneut die Anleitung an.

»Sei schlauer als dein Werkzeug!«, sagte Mary hinter einer am Boden stehenden Reihe aus niedrigen Einbauschränken hervor. Das war eines ihrer ewigen Mantren, das sie immer dann anbrachte, wenn uns Werkzeug, Ablauf oder Material ein Schnippchen schlugen, nicht so mitspielten, wie sie sollten, oder wenn wir zu schnell arbeiteten und nicht groß nachdachten über die beste oder effizienteste Art, etwas zu bewerkstelligen. Dieses Mantra war eine Erinnerung daran, dass wir ein Gehirn haben und vernunftbegabt sind – und dass eine Schraube nichts weiter ist als eine Schraube. Eine Mahnung, sich eine Sekunde Zeit zu nehmen und die jeweilige Sache erst zu durchdenken. Normalerweise war es hilfreich, daran erinnert zu werden. In diesem Fall nicht.

Ich bohrte, wo ich laut Anleitung bohren sollte. Da war ich mir sicher. Genau hier gehört die Schraube hin, dachte ich. Genau so soll ich's machen. Was stimmt denn hier nicht? Was mache ich bloß falsch? Warum funktioniert denn das nicht? Scheiß Schraube. Scheiß Bohrer. Scheiß Drehding. Scheiß Ikea. Scheiß ich.

Mein Fluchen verebbte. Ich griff auf einen vorsprachlichen Bereich meines Hirns zurück. Ich ächzte und stöhnte.

»Atmen nicht vergessen«, sagte Mary.

Durch meinen Hinterkopf warf ich ihr einen düsteren Blick zu. Atmen? Wie ich Mary und ihre ewigen Ratschläge hasste. Wie ich diesen Schrank hasste. Und das Werkzeug. Wie ich die Entscheidung bereute, meinen Job hingeworfen zu haben, einen Job, bei dem ich klickte und tippte und mir zusammen mit Menschen, die ich mochte, Kaffee holen ging. Wie ich es hasste, dass ich nicht schlauer war als mein Werkzeug. Dass ich in anderthalb Jahren nichts gelernt hatte. Dass es ein Teil meines jetzigen Lebens war, meinen schweißnassen Arm mit einem irgendwie zweideutigen Geräusch von Oberflächen abzulösen. Und wie ich billiges skandinavisches Design hasste!

Ich brachte mich ein weiteres Mal in Stellung und stemmte mich mit meinem ganzen Körpergewicht gegen den Bohrer. Die Schraube sprang weg und drehte sich in der hintersten Ecke des Einbauschranks weiter, drehte Pirouetten wie eine Eisläuferin. Damit Mary nicht mitbekam, dass mir die Tränen in die Augen stiegen, schob ich meinen Kopf noch weiter in den Korpus hinein, so, als wäre er ein Ofen.

Sie reichte mir einen spitzen, dünnen Bohreinsatz. »Vorbohren«, sagte sie ruhig. »Du musst ein Pilotloch machen.«

Und da begriff ich, was sie mir längst gesagt hatte. Versuch gar nicht erst, die Schraube direkt ins Material zu kriegen, mach erst ein Vorbohrloch und schraub die Schraube dann *da* rein. Ich nahm das Kreuzschlitz-Bit aus dem Bohrer und setzte den Einsatz ein, den Mary mir gegeben hatte. Ich bohrte ein kleines Vorabloch ins Karussell. Dann steckte ich den Kreuzschlitz wieder auf, setzte die Schraube erneut auf die Bit-Spitze, drückte die Schraube ins Loch und den Finger auf den Einschalter. Die Schraube glitt förmlich hinein, und das Drehkarussell war befestigt.

Ich ging nach draußen und betrachtete die Lilien im Garten.

Die Wut hatte mich innerlich leergefegt. Ich fühlte mich verkatert, die Nachwirkungen von Frust und Scham gaben mir das Gefühl, mir selbst fremd zu sein. Vor ein paar Minuten hatte ich Mary noch gehasst. Hatte jede meiner Entscheidungen bereut. Was für ein hochpotentes Gift Wut doch war. Dabei war doch überhaupt nichts dran an meinen Empfindungen. Oder? Das Gefühl, verkatert zu sein, fiel zusammen mit dem Wunsch, allein zu sein, um wieder voneinander zu kriegen, was von der Wut provoziert worden und was eigentlich echt war. In *Wan-*

derlust zitiert Rebecca Solnit einen Text von Lucy Lippard, in dem sie über einen Brauch der Eskimos schreibt, bei dem jemand, der wütend ist, seine Wut einfach wegläuft: »Der Punkt, an dem die Wut besiegt ist, wird mit einem Stock markiert, der dann Zeuge ist für die Heftigkeit bzw. die Länge der Wut.« Ich habe mich gefragt, wie weit ich mit meiner Wut kommen würde.

Und was wohl passiert in dem Moment, in dem man am Ende dieser Wanderung seinen Stock in der Erde versenkt? Die Wut verpufft mit jedem Schritt, den man zurücklegt, im Vorwärtsgehen kehrt man zurück zu dem Selbst, das man kennt, und wenn man sich umdreht, hat man einen ganz neuen Blick. Wie oft habe ich mir in meiner Zeit mit Mary die Hände an der Hose abgewischt und bin vor einem Fehler, den ich gemacht hatte, einfach weggelaufen. Habe aufgegeben, resigniert, mich ohne Hoffnung und ohne jedes Interesse an einer Korrektur ganz in mein Versagen ergeben. Brett zu kurz? Quasi das gesamte Projekt in den Sand gesetzt. Unterkonstruktion verfault, da, wo seit Jahren die Geschirrspülmaschine geleckt hat? Bloß weg hier. Mary hat mir immer und immer wieder gezeigt, wie man mit ein bisschen Zeit und Mühe, mit ein bisschen Sorgfalt und Nachdenken so gut wie jede missliche Situation wieder geradegebogen bekommt. Diese Lehre kann man eins zu eins auf sein Beziehungsleben übertragen. Wie oft habe ich mir nach einem Fehlurteil, einem heftigen Streit, einer Zeit der Langeweile oder einer in den falschen Hals geratenen Kommunikation, die zu beweisen schien, dass man den anderen überhaupt nicht kennt, die Hände an der Hose abgewischt, mich aus der Situation verabschiedet und bin einfach weggelaufen. Funktioniert hat es trotzdem nicht. Es war einfach nicht richtig. Ich hatte einfach noch nicht gelernt, dass man ihr, der Liebe, die

Zeit und Mühe schenken muss, die sie verlangt. Mir war der Mensch, der diese Mühe wert war, schlicht noch nicht über den Weg gelaufen. Wenn man mit einem anderen das Leben teilen will, muss man geduldig sein, ein bisschen Bauernschläue mitbringen sowie die Fähigkeit, einfach mal bei der Stange zu bleiben, auch wenn man sich in regelmäßigen Abständen langweilt oder frustriert ist, ja, wenn man regelmäßig an den Rand des Wahnsinns getrieben wird. Ich halte es für keinen Zufall, dass die tiefste, stärkste Liebesbeziehung, die ich bis dato erlebt habe, für mich begann, *nachdem* ich bei Mary angefangen hatte. Fluchen, schreien, Momente voller Verzweiflung, Frust und Wut erleben. Und dann eine Pause, eine Wanderung mit einem Stock in der Hand, ein Blick auf die Lilien. Und dann umdrehen, versuchen, die Wahrheit zu fassen zu kriegen, es besser zu machen. Oh, ich habe lange gebraucht, um das zu lernen. An jenem Vormittag in Jamaica Plain konnte ich nicht weiter laufen als bis in den Garten, und einen Stock, der für die Heftigkeit meiner Wut stand, hatte ich auch nicht zur Hand. Aber als ich mich wieder dem Haus zuwandte, erkannte ich, ja, wusste ich, dass ich wieder zurück in diese Küche gehen und es noch mal versuchen würde.

»Wieder versuchen. Wieder scheitern. Bessern scheitern.« So sagte es Samuel Beckett. *Scheiß drauf* zu sagen ist einfach. Es ist immer leichter, einfach zu gehen. Es geht darum, Mist zu bauen. Und es danach noch mal zu machen. Zu versuchen, es hinzukriegen. Und noch mal. Und den Mist besser zu bauen.

Irgendwann fing ich bei dem ganzen Verbocken an, mich zu fragen, was es mit Werkzeugen und ihren Bezeichnungen auf sich haben könnte. Ich wusste, der Hammer war eines der ältesten Werkzeuge überhaupt, und ging davon aus, dass der

Schraubenzieher nicht lange danach gekommen war. Stimmt nicht. Stimmt überhaupt nicht. Erst in den 1930er Jahren ließ ein Henry Phillips aus Oregon die berühmte Phillips-Kreuzschlitzschraube patentieren. Bei etwas so Einfachem und Allgegenwärtigen hätte ich gedacht, dass es schon seit Jahrhunderten existierte. Man kann sich doch wirklich gut vorstellen, wie Bauern auf einem Brueghel-Gemälde große, dem Schraubenzieher ähnelnde Werkzeuge in diese Kreuzform stecken. Man ist so derart gewöhnt an dieses Kreuz – Schweizer Armee, Rotes Kreuz, Hansaplast, Jesus. Aber die Bauern im Mittelalter schraubten eben nicht mit dem guten alten Phillips-Schrauber.

Schraubenzieher werden erst seit sehr viel kürzerer Zeit gedreht als Hämmer geschwungen. Witold Rybczynski, Autor, Stadtplaner und Erbauer seines eigenen Wohnhauses, hat ein ganzes Buch über den bescheidenen Schraubendreher geschrieben, ein Werkzeug, das er als das wichtigste für das ganze Jahrtausend bezeichnete. In *One Good Turn: A Natural History of the Screwdriver and the Screw* liefert er Beweise dafür, dass schon Ende des 16. Jahrhunderts Schraubenzieher benutzt wurden. Vor der industriellen Revolution jedoch war es schwierig, den Metallfaden herzustellen, der sich wie eine Helix um den Stift der Schraube windet. Erst, als es zur Schraubenherstellung geeignetere Werkzeuge gab – in den 1840er Jahren kamen die Revolverdrehbank, in den 1870er Jahren die ersten Schraubenmaschinen heraus –, erfuhren Schrauben und ihre Dreher größere Verbreitung.

Die Kreuzschlitzschraube kam zeitgleich mit den Elektrowerkzeugen. Da sich die Bohrerspitze ganz von allein im Kreuzschlitz der Schraube ausmittelte, brauchte man für die Ausrichtung der Schraube keine Hände oder Augen mehr. Anders gesagt: Die Kreuzschlitzschraube eignete sich sehr gut für die Fließbandproduktion, wo sie auch ihren Durchbruch hatte, indem sie in einer Fabrik in Detroit beim Zusammensetzen von Cadillacs Verwendung fand. Wenn man eine Schraube mit dem Schraubenzieher überdreht, bekommt man ein dumpf aufschlagendes, stotternd ratterndes Fehlergeräusch – es klingt, als ob man beim schnellen Fahren auf der Autobahn plötzlich Kies statt Asphalt unter sich hat und dann alle Autoreifen platt sind.

Das englische Wort für schrauben, *to screw*, trat als Verb erstmalig 1605 in Erscheinung. Es kam aus dem Mund von Lady Macbeth, die ihren Ehemann dazu drängt, doch die Skrupellosigkeit aufzubringen, König Duncan zu ermorden: »Schraub deinen Mut nur bis zum höchsten Grad, / Und es mißlingt uns nicht.« Das *Oxford English Dictionary* glaubt, bei der Verwendung des Wortes sei Bezug genommen worden auf das Stimmen eines Musikinstruments – man drehe die Wirbel bis zu dem Grad, an dem die Saite die genau richtige Spannung hat.

Der Begriff selbst stammt aus dem Frankreich des 15. Jahrhunderts. Das Wort *escroue* stand für Nuss, für zylindrische Fassung, für Schraubloch. *Escroue* wiederum ist möglicherweise dem lateinischen Wort *scrofa* entlehnt, was *Sau* bedeutet, also: weibliches Schwein in fruchtbarem Alter. Dass diese beiden Wörter, *scrofa* und *escroue*, miteinander in Verbindung stehen, hängt mit einer Laune der Natur zusammen: Die Form eines Schweinepenis gleicht einem Korkenzieher, denn er ist an der Spitze etwas gekringelt. Es gibt Fotos von dünnen, spiralförmigen Eberpenissen, und der Gebärmutterhals der Bache ist auf gleiche spiralförmige Art bebändert, damit der Penis bei der Paarung schön an Ort und Stelle bleibt. Wenn Schweine künstlich mit Schweinesperma befruchtet werden, heißt der dafür oft benutzte Katheter *Spirette*. Er ist eine lange, dünne Stange, die am Ende in Nachbildung des Schweinepenis eine Art Gewinde hat, das der Besamer gegen den Uhrzeigersinn in das Tier hineindreht. Auf Isländisch heißt »schrauben« *skrúfa* – was wiederum gleichzeitig *ficken* heißt.

Die Geschlechtsteile des Schweins spielen auch in anderen Etymologien eine Rolle. Die eiförmigen glattweißen Kaurimuscheln beispielsweise haben einen runden Rücken und vorne einen sich öffnenden Schlitz. Man nennt sie auch Porzellanschnecken – *porcelaine* auf Französisch oder *porcellana* auf Italienisch, was wiederum das Diminutiv ist für die junge, fruchtbare Sau. Man sagt, die Form der Muschel erinnere an eine Schweinevagina, weswegen sie in Italien und Frankreich eben jenen Namen erhielt. Porzellan wiederum erinnert wegen seiner Glattheit an eben jene Muscheln und kam so zu seinem Namen.

Ich stellte fest, dass sich mein Sexleben durch meine Schreinerinnentätigkeit änderte. Ich war durch meine Arbeit ja nicht weniger Frau, fühlte mich aber so, und zwar auf eine tiefgreifende Art und Weise, die mich selbst überraschte.

Es ist mir peinlich, das zuzugeben – und ich fühle mich auch nicht gut damit. Aber zuerst bemerkte ich beim morgendlichen Anziehen, dass etwas anders war. Ich stieg in Jeans, die voller Farbflecken waren und rund um die Taschen verkrustete Stellen hatten, da, wo ich mir den Leim von den Fingern gewischt hatte. Mit zusammengedrückten Brüsten wand ich mich in einen Sport-BH und zog ein Tank Top, ein T-Shirt oder, je nach Wetter, ein langärmeliges T-Shirt darüber. Auf meinen abgetragenen Turnschuhen klebten grauweiß getrockneter Zement, Farbkleckse und noch mehr Leim. Die langen Haare band ich mir zu einem Knoten, dann checkte ich, ob ich meine Ohrstöpsel dabeihatte, und startete in den Tag.

Ich sah schmuddelig aus und dicklich. Ich sah eben aus wie jemand, der mit den Händen arbeitet. Ich fühlte mich wie ein Junge.

Ich bin keine kleine Frau. Ich bin einigermaßen kräftig gebaut und habe Kurven. Ich schätze mich glücklich, von den Körperbilddämonen bislang in Ruhe gelassen worden zu sein, die einem das Spiegelbild verzerren und manche Frauen dazu bringen, ihr eigenes Fleisch zu verabscheuen. Mir gefällt es, dass ich stark bin. Ich mag die Muskeln meiner Beine, den Oberschenkel- und den Wadenmuskel, und ich finde es toll, dass ich mit meinen Beinen kilometerweit rennen kann. Ich spanne meinen Bizeps vor dem Spiegel an und bin stolz auf seine Schwellung und die davon ausgehende Stärke. Ich finde es toll, dass ich Brüste habe. Mir gefällt die Kombination aus hart (Beine, Schultern, Rücken) und weich (Brust, Bauch). Mir gefällt, wie Kraft und Weichheit ineinanderfließen. Virginia Woolf hat geschrieben: »Es ist fatal, einfach ein Mann oder eine Frau zu sein. Es wäre besser, Frau-männlich oder Mann-weiblich zu sein.« Dieses starke Verlangen, beide Geschlechter in seinem Körper und Geist zu haben, diese mentale Fruchtbarkeit, hat auch für mich eine tiefempfundene Gültigkeit.

Aber mit vom Sport-BH abgebundenen Brüsten in Arbeitskluft zu stecken und die Tage mit Körper- und Handwerkerarbeit zu verbringen, Werkzeug wie Bandmaß und Hammer zu halten, mit der Säge Holz zuzuschneiden und mit Nagelpistolen und Bohrern zu hantieren, veränderte dann doch meine Selbstwahrnehmung, mein sexuelles Selbst, meine weibliche Subjektivität. Ich finde es furchtbar, das zuzugeben. Ich finde es schrecklich, dass bei mir schon eine dreckige Jeans und eine Bohrmaschine reichten, um mir das Selbstgefühl als Frau kaputt zu machen. Ich fühlte mich entsexualisiert.

Entsprechend bewegte ich mich durch die Welt, ohne diesen gewissen Möglichkeitsfunken abzustrahlen. In meiner sämtliche Kurven verbergenden Arbeitskleidung war die Energie, die früher von mir ausgegangen war und die ich von Männern in meiner Umgebung oft zurückbekommen hatte, nicht mehr da, genauso wie jegliches sexuelle Begehren. Mir fiel auf, dass mir niemand mehr auffiel. Und mir fiel auf, dass ich niemandem mehr auffiel. In der Redaktion, in der ich gearbeitet hatte, hatte die Luft geknistert vor Koketterie, reihenweise wurde sich verknallt und miteinander geflirtet. Ich hatte Jeans und enge Rollkragenpullis getragen, aber kein Make-up.

Mit Wimperntusche und Lidstrich fing ich erst an, als ich dreißig war – ein paar Monate, nachdem ich bei Mary angeheuert hatte. Es war mir nicht sofort klar, aber das Schminken war ein angenehmes Gegengewicht. Es gab Tage, an denen ich mich danach sehnte, nach Hause zu kommen, mich über meinen Freund zu beugen und ihn zu küssen – und dabei nicht nach Sägemehl und Schweiß zu riechen, sondern nach Parfüm. Ich versuchte, die Gefühle auszugleichen, die sich bedingt durch Klamotten und Arbeit in mir regten, und ging, sobald ich zuhause war, unter die Dusche, wusch mir das Sägemehl von Haut und Haaren, zog mir eine enge Jeans, einen Spitzen-BH und ein tiefausgeschnittenes T-Shirt an, tuschte mir die Wimpern und trug Lidstrich auf. Schon immer hatte ich in den Spiegeln öffentlicher Toiletten anderen Frauen liebend gern beim Schminken zugesehen und stellte jetzt fest, dass es mir selbst auch Spaß machte, gerade, weil ich es erst mit dreißig lernte und nicht schon mit dreizehn.

Da der Sex-Schalter in Arbeitsklamotten ausgeschaltet war, versuchte ich, ihn in meiner Freizeit wieder anzuschalten, indem ich das Feminine an mir so betonte, wie ich es vorher noch nie getan hatte. Ich stellte fest, dass Fraulichkeit und meine Sexualität auf eine Art miteinander verquickt waren, wie ich es nicht erwartet hätte. Es erschütterte mich, dass äußerliche Signifikanten tatsächlich etwas Innerliches verstellten. Ich ertappte mich dabei, in Gegenwart von Installateuren und Elektrikern vorsätzlich frühere und gegenwärtige Freunde zu erwähnen, um alle wissen zu lassen, dass ich eine Frau war, die auf Männer stand. Es fühlte sich zwanghaft an, und ich frage mich, ob ihnen das nicht auch auffiel.

Nach Feierabend stellte ich mir vor, wie die Klempner auf mir drauf waren. Ich dachte an ihre starken Arme und ihre rauen, dicken Fingerkuppen. Ich hatte gar nicht erst versucht, mit ihnen zu flirten. Während der Arbeit war es so, als sei ich neun Jahre alt, zurückgekehrt in eine Zeit, bevor Sex mich anregte. Aber nach der Arbeit schlichen sie sich in meine Gedanken. Ich stellte mir ihr Gewicht vor und wie die Stärke ihrer Hände und Arme wohl als Muskelfleisch aussehen würde. Ich hatte Fantasien von dem Älteren, mit dem wir immer mal wieder zusammenarbeiteten, dem Kahlköpfigen, wie er groß und stark lang ausgestreckt auf einem Küchenboden unter einem Abflussrohr lag und nach einem Schraubenschlüssel griff – tagsüber ein stinknormaler Bestandteil seiner Arbeit, exakt seine Aufgabe, so sexy wie eine Packung Unterlegscheiben. Später zuhause, weit weg von der Arbeit, wurden meine Gedanken feucht und schwül. Am nächsten Tag auf Arbeit war alles wieder nur kindliche Keuschheit, so, als ob die Bilder vom vorigen Abend nicht existiert hätten.

Genauso wenig dachte ich während der tagtäglichen Arbeit mit Mary über Zahlen nach – zum Beispiel über den prozentualen Anteil von Frauen, die diese Art von Arbeit machen. Während ich Bretter zuschnitt, Sperrholzplatten manövrierte und mit der Nagelpistole hantierte, sann ich nicht darüber nach, wie wenige Frauen diesen Job machen, und welch kleiner Teil dieser wenigen dann noch hetero ist. Es gab nur uns, Mary und mich, beide stark, eine mit Ahnung von der Materie, aber zusammen konnten wir tun, was zu tun war.

Tatsache ist: Die Tischlerei ist Männersache. Was nichts anderes bedeutet, als dass die meisten Tischlerarbeiten statistisch gesehen von Männern gemacht werden. Im Bericht des Statistischen Bundesamts der USA steht 2011, dass Bauberufe in 97,6 Prozent aller Fälle von Männern und in 2,4 Prozent der Fälle von Frauen ausgeübt werden. Dieses Berufsfeld ist auf der behördlichen Liste das mit dem größten geschlechtsspezifischen Ungleichgewicht, größer noch als im Ingenieurswesen oder in der Architektur, größer als in der Landwirtschaft, dem Fischereigewerbe und der Forstwirtschaft, größer sogar als in Brandbekämpfungsberufen.

Manche Schätzungen gehen sogar von einer noch größeren Diskrepanz aus. In ihrem Artikel »Gender Differences in Occupational Employment« schreibt Barbara H. Wootton in der *Monthly Labor Review*, dass »die am deutlichsten hervortretenden geschlechtsbezogenen Unterschiede in der Präzisionsfertigung, im Handwerk und bei Reparaturberufen zu finden sind. 1995 waren beispielsweise nur ein Prozent aller Automechaniker und Schreiner Frauen.«

Diese statistischen Daten scheinen sich in den letzten Jahren nicht sonderlich geändert zu haben. Der in Washington ansässige Think Tank »Institute for Women's Policy Research« (IWPR) untersucht in seiner Publikation »Separate and Not Equal? Gender Segregation in the Labor Market and the Gender Wage Gap«, in welchen Berufen erwerbstätige Frauen arbeiten und wie sich diese Felder im Laufe der Zeit verändert haben. Es wird der Anstieg von Frauen in bestimmten Berufsfeldern ab den frühen 1970er Jahren bis 2009 beobachtet. 1972 waren nur 1,9 Prozent aller Zahnärzte Frauen; 2009 waren es schon 30,5 Prozent. Im gleichen Zeitraum stieg der Frauenanteil bei den Postboten von 6,7 auf 35 Prozent. Nur in den Bauberufen haben sich die Zahlen nicht sehr verändert. Weibliche Tischler machten 1972 ganze 0,5 Prozent aller in diesem Bereich Beschäftigten aus, und 2009 waren es auch nicht mehr als 1,6 Prozent. Die Tischlerei ist zudem einer der »weißesten« Berufe. Im November 2013 stand im *Atlantic*, dass Schreiner zu 90,9 Prozent weiß sind. Laut dem betreffenden Artikel haben Gewerkschaften und Innungen eine »komplizierte und oft unschöne Geschichte mit dem Thema ›Hautfarbe‹, die dazu beigetragen hat, dass Schwarze und Hispanoamerikaner von diesen begehrten Berufszweigen ausgeschlossen sind«.

Susan Eisenbergs Buch *We'll Call You If We Need You: Experiences of Women Working Construction – Wir rufen an, wenn wir Sie brauchen: Erfahrungen von Frauen im Baugewerbe* dokumentiert, was Frauen auf Baustellen zwischen 1975 und 1990 erlebt haben. Teils als Oral History, teils als Dokumentation führt dieses Buch detailliert auf, welchen Belästigungen und welcher Missachtung Frauen in den Bauberufen damals ausgesetzt waren. Eine MaryAnn Cloherty beschreibt darin beispielsweise, wie sie nach einem neunmonatigen, der Lehre vorgeschalteten Ausbildungsprogramm eine Schreinerei aufsucht. »Der Personalverantwortliche dort sagte mir rundheraus: ›In den Sechzigerjahren sind uns die Farbigen reingedrückt worden, und wir sollen verdammt sein, wenn wir uns jetzt auch noch die Tussis reindrücken lassen.‹«

Eisenberg, selbst Elektrotechnikmeisterin, beschreibt aber auch ausführlich, mit wie viel Stolz und Leidenschaft diese

Frauen ihren Beruf ausübten – und wie zufrieden sie mit ihm waren. So zufrieden, wie großzügige, geduldige und sie mit offenen Armen aufnehmende männliche Kollegen und Mentoren mit ihnen.

Das IWPR führt die »ablehnende Umgebung« in vielen männerdominierten Handwerksberufen als einen Grund dafür an, warum so wenige Frauen Zugang zu diesen Berufen finden. »Umfangreiche Studien haben ergeben, dass die Entscheidung für einen Beruf, in dem eines der beiden Geschlechter die deutliche Minderheit der Beschäftigten stellt, oft von Sozialisation, Informationsmangel oder deutlich direkteren Barrieren erschwert wird.« Wenn man keine Frau kennt und auch von keiner Frau gehört hat, die einen bestimmten Job macht, dann ist diese Art Job eben nicht die naheliegendste Option, wenn man erstmalig darüber nachdenkt, welchen Beruf man ergreifen will. Und ich glaube, dass es genauso, wie es Berufe gibt, von denen Männer möglicherweise ihre Männlichkeit in Frage gestellt sehen (Krankenpfleger, Dentalhygieniker, Sekretär), eben auch für Frauen Berufe gibt, die Fragen aufwerfen in Bezug auf ihre jeweilige Fraulichkeit. Auch wenn ich über den geringen Frauenanteil in diesen Jobs nicht allzu oft in einem allgemein-soziologischen Sinn nachdachte, so stellte ich doch fest, dass die Arbeit sowohl meine Vorstellungen als auch meine Wahrnehmung von Weiblichkeit und Sexualität auf die Probe stellte.

Wir fielen auf. Wenn wir im Holzlager Bretter aussuchten, einen Rollwagen mit Trockenbauplatten beluden oder im Baumarkt umgeben von großen Bauarbeitertypen in Overalls und schweren Arbeitsstiefeln Zementsäcke hoben, bekamen wir nicht nur neugierige Blicke. »Na, was habt ihr denn Schönes vor?«, bekamen wir mal von einem in Orange gewandeten Baumarktkassierer zu hören – als wären wir fünfjährige Mädchen, die Eisstiele auf Bastelpapier kleben.

»Eine Küche renovieren«, gab Mary sachlich und korrekt zurück und zog die Kreditkarte aus ihrem Portemonnaie. Sie legte nicht die Spur von Verteidigungshaltung oder Aggressivität an den Tag. Ich hoffte, dass mein Blick eine andere Sprache sprach.

Hin und wieder sprach ein Mitarbeiter im Baumarkt Mary mit »Sir« an. »Suchen Sie etwas Bestimmtes, Sir?« Ich stand oft kurz davor, für sie die Initiative zu ergreifen und laut zu rufen: »Sie wollten sagen: *Ma'am*, richtig?« Aber geäußert habe ich nie etwas – Mary kann ihre Kämpfe schließlich selbst ausfechten. Ich bin mir noch nicht mal sicher, ob sie das überhaupt als Kampf empfindet. »Nein, nein, ich kenne mich aus«, gab sie in einer solchen Situation meist nur zurück, völlig unbeeindruckt. Als ich in der dritten Klasse war, wurden mir die Haare kurz geschnitten. Am Tag nach dem Friseurbesuch hielt ich in der Schule einer Lehrerin die Tür auf, und sie sagte zu mir: »Danke, der Herr.« Ich war erschüttert, mir fehlten die Worte. *Herr*? In ihren hochhackigen Schuhen klackerte sie an mir vorbei, und ich blieb aufgewühlt und mit einem großen Durcheinander im Kopf zurück. Wer bin ich? Bin ich etwa nicht, was zu sein ich glaubte? Der Kommentar der Lehrerin raubte mir die Verlässlichkeit meiner Selbstwahrnehmung. Ich kann mich bis heute daran erinnern, wie klein und schwach ich mich damals dort an der Tür fühlte, ich kann die Verwirrung und die Angst immer noch nachempfinden. Jedes Mal, wenn jemand Mary für einen Mann hält, halte ich wieder als Drittklässlerin eine Tür auf und fühle mich durch die Verwechslung von den Füßen auf den Kopf gestellt. Mary scheint das überhaupt nichts auszumachen. Ihr Interesse, in die Kategorie ›Frau‹ zu gehören, ist einfach nicht so groß. Ich aber hänge offenbar stärker an meiner Fraulichkeit, als mir bislang bewusst gewesen war.

Eines Morgens – wir luden gerade Ipé-Bretter für einen Veranda-Aufbau auf unseren Rollwagen – bemerkte ich im Holzmarkt zwei junge Typen mit dicken Carhartt-Jacken. Einer wies mit dem Kinn in unsere Richtung und flüsterte seinem Kumpel etwas zu, und sie lachten wie Schulmädchen. Ich will mir gar nicht vorstellen, was er gesagt hatte. Mein erster heißwangiger Impuls war, mir ein Brett Eisenholz zu schnappen und es ihnen gegen die Schienbeine zu schlagen. Stattdessen schnurrte ich im Vorbeigehen leise »Hey, Jungs!« und zog aufreizend eine Augenbraue hoch.

Waren wir irgendwo unterwegs, war ich ständig in Alarmbereitschaft und wartete nur auf skeptische Blicke und herablassende Bemerkungen. Wenn ich grade etwas entspannter drauf war, sagte ich mir, dass nicht alle dieser großen Bauarbeiter mit den Pick-ups und Muskeln Arschlöcher waren, und dass es tatsächlich außergewöhnlich war, zwei Frauen dabei zu sehen, wie sie Holz aufluden. Die Jungs, die Mary für bestimmte Aufträge mit ins Boot holte, kannten sie und arbeiteten oft schon seit Jahren mit ihr zusammen, sie waren daran gewöhnt, gemeinsam mit einer Frau einen Job zu machen. Was nicht bei allzu vielen Männern der Fall ist. Also bitte: Wenn ihr starren wollt, nur zu! Ich hoffte einfach, dass allein unsere Anwesenheit und unser Anblick – wie wir Rollwägen beluden, Gipsbetonplatten vom Stapel zogen, druckbehandelte Kanthölzer stapelten und Zementsäcke schulterten – dem einen oder anderen, und sei es nur für einen kurzen Moment, die Augen öffnete für die Möglichkeit, dass auch Frauen diese Art Arbeit tun.

Ich kann mich an zwei Situationen erinnern, in denen wir größere, stärkere Männer dazu brachten, uns mit zusätzlicher

Muskelkraft auszuhelfen. Das eine Mal brauchten wir Unterstützung, um eine Glasschiebetür in den zweiten Stock zu bugsieren. Marys Exchef hatte damals gerade ein Stück weiter die Straße runter zu tun und konnte so schnell mit einem seiner Jungs den großen, starken Mann für uns spielen. Wären zwei muskulöse Frauen mit gutem Raumgefühl in der Gegend gewesen, hätte es genauso gut geklappt.

Das andere Mal steckten wir richtig in der Klemme. Wir waren dabei, eine große neue Veranda für ein Haus auf einem Hügel in Jamaica Plain zu bauen, und brachten den Tag damit zu, Pfostenlöcher zu graben. Jedes Loch sechzig Zentimeter breit und über einen Meter zwanzig tief, um unter die Frosttiefe von Massachusetts zu kommen. Wir gruben und gruben und wechselten uns ab mit dem Lochspaten. Wir schwitzten und buddelten, und die Sonne über dem nach Süden ausgerichteten Haus machte uns über den Tag hinweg mürbe.

Noch während wir gruben, roch es nach Zwiebeln. Wir buddelten Knollen aus und durchstießen mit unseren Schaufeln Wurzelwerk und kleine Zusammenballungen von Zwiebeln. Von einem kleinen Busch Zitronenmelisse, über den wir auf unserem Weg zum in der Einfahrt parkenden Wagen ständig hinwegsteigen mussten, wehte uns Zitrusduft an. Da wir ihn dabei zertraten und mit den Schuhen die Blätter zerrieben, traten Öle aus und verbreiteten den Geruch nach Limonade, Zitrusfrische und Entspannungsseife. Angeblich soll Zitronenmelisse die Stimmung heben und die geistige Leistungsfähigkeit steigern. Keine Ahnung, ob da was dran ist, aber der Duft war eine willkommene Alternative zu den Gerüchen, die uns an derart heißen Tagen meist am dichtesten umgaben: Erde, Schweiß und Sonnenmilch. In diesen Wochen lernte ich, dass Alkohol ein probates Mittel ist gegen Verwirrung und Furcht, dass es einen temporär davon befreit, über etwas nachdenken zu müssen, mit dem man sich gerade unmöglich konfrontieren kann. Auch Löcher in die Erde zu graben und dabei den Gestank von Zwiebeln in der Nase zu haben, funktioniert in dieser Hinsicht. Ich war zu jener Zeit dankbar darüber, jeden Tag zur Arbeit gehen und mich im Tun verlieren zu können.

Es war Freitagmorgen, und die Luft schon zum Schneiden. Wir waren ungefähr fünfundsiebzig Zentimeter tief, als wir auf einen Stein stießen. Auf Steine waren wir schon häufiger gestoßen. Wir hatten dann immer so lange um sie herumgegraben, bis wir sie herausholen konnten. So gruben wir auch um diesen herum, aber er war groß und saß felsenfest, wir bekamen ihn noch nicht mal seitlich gegriffen. Wir versuchten es mit Stemmeisen, Schaufel, Seilwinde und Vorschlaghammer. Wir setzten unsere ganze Muskelkraft ein. Wir probierten es mit den Leintuchstreifen, mit denen Mary sonst ihr Kanu auf dem Autodach festband. Wir bekamen den Stein nicht einen Millimeter vom Fleck. Wir rackerten uns ab und fluchten.

»Das ist ein einziger, großer Stein«, sagte Mary wieder und wieder, vielleicht, um uns zu versichern, dass nicht wir hier die Schwächlinge waren, sondern dass wir in der Erde auf etwas gestoßen waren, das zu groß war, als dass wir es noch in den Griff bekommen würden.

Während wir gruben, die Köpfe schüttelten und versuchten, den Stein in Stücke zu zerschlagen, machten drei Männer mit Schutzhelmen und Arbeitsstiefeln ungefähr dreißig Meter von uns entfernt Gehweg und Straßenbelag auf, um eine unter dem Asphalt liegende Rohrleitung zu reparieren. Sie rissen die Straße mit einem Bagger auf, der auf den Asphalt eindrosch und sich den Schutt in seine Schaufel schob. Lastwagen röhrten, und durch den Lärm fühlte sich die Luft noch heißer an. Mary wandte sich an den Baggerführer, sagte irgendwas von wegen Hilfe bei unserem Stein. Er zuckte mit den Schultern à la Kann-ich-nicht-machen.

Also befand Mary, uns bliebe nur übrig, für eine Stunde einen Presslufthammer zu mieten und den Stein damit zu zertrümmern. Diese Idee gefiel mir überhaupt nicht. Ich dachte an diese Bauarbeiter, die mit zitterndem Armfleisch und klappernden Zähnen den Presslufthammer ritten wie einen bockenden Esel. Das brauchte ich nicht auszuprobieren.

»Man macht alles irgendwann zum ersten Mal«, sagte Mary aus dem Autofenster heraus, als sie davonfuhr.

Ich hatte gerade angefangen, das nächste Pfostenloch zu graben, als einer der Bauarbeiterjungs zu mir rüber kam. Er hatte dicke, sommersprossige Arme, und die Haare auf seinen breiten Schultern wurden schon weiß. Sein Kinn war bewachsen mit weißblonden Bartstoppeln, und unter seiner orangenen Netzarbeitsweste trug er: nichts. Ich konnte seinen Schweiß riechen, und es gefiel mir. Er fragte mich, wie wir so vorankämen, und sagte, ich solle bloß genug Wasser trinken. Lachend sagte ich zu ihm, das solle er auch nicht vergessen. Dann erzählte ich ihm von dem Stein und zeigte in das Loch.

»Das ist ein dickes Ding«, sagte er. Mit den Händen auf den Hüften, beide dreckig und verschwitzt, standen wir da in der Sonne und schauten in das Loch. In diesem Moment traf ich eine Entscheidung. Manchmal wollen sich große starke Männer ja wie große starke Männer fühlen, und da sagte ich etwas, das ich eigentlich nicht sagen wollte. Aber ich sagte es trotzdem:

»Schätze, wir sind einfach nicht stark genug.«

Und er sah mich an und meinte: »Wir helfen euch, den Stein rauszukriegen.«

Er ging zu dem Baggerführer und deutete auf mich. Der Bagger rollte auf mich zu, ich sprang aus dem Weg, die Bagger-schaufel grub sich in die Erde und hob ohne jedes Problem unseren Stein heraus, einen riesenhaften Felsbrocken, sicher an die hundert Kilogramm schwer. Ich bedankte mich bei den Jungs, die ebenfalls einen überaus zufriedenen Eindruck machten.

Ich rief Mary an, um ihr zu sagen, dass wir den Pressluft-hammer nicht mehr brauchten. Als sie wieder da war, erzählte ich ihr, was passiert war, und lachend bedankte sie sich dafür, dass ich mich ein bisschen ins Zeug gelegt hatte.

Der nächste Schritt unseres Projekts unterstrich, wie zäh und taff wir waren. Als alle Löcher gegraben waren, versenkten wir die Bodenhülsen darin, die aussehen wie große Ausgaben von Paketrollen aus Karton. Den Raum drum herum verfüllten wir mit lockerer Erde. Dann kam der Beton. In jede Bodenhülse musste Beton, genauso wie in den Sockelrahmen am Fuß der Treppe.

Wir rissen die Zementsäcke auf, hielten den Atem an, schüt-teten das steinige Pulver und den Sand in einer großen Plastik-wanne zusammen und nahmen den Gartenschlauch, um alles zu wässern. Mit der Schaufel mischten wir von je einer Seite der Wanne Sack für Sack den Zement an. Wir stießen und kne-teten ihn mit den Schaufelkanten, wir schoben und hoben ihn hin und her und machten ihn gleichmäßig feucht, nicht zu viel und nicht zu wenig. Ich hatte eine Atemschutzmaske auf, Mary nicht. Keine von uns beiden glaubte daran, dass wir in einem durchkommen würden. Manchmal stellte sich bei der Arbeit so eine Art Ferienlagergefühl ein, so einfach und fast spielerisch fühlte sich alles an. Ob die verunklarte Geschlechtszugehörig-keit zu diesem Gefühl beitrug oder eher von diesem Gefühl ausgelöst wurde, kann ich nicht sagen. Aber es gab Momente, in denen sich Arbeiten anfühlte wie eine Reise zurück in eine Zeit, als ich noch keine Brüste hatte.

Wir waren mit den vier Eckpfosten fertig, bevor die Sonne die Bäume an der Einfahrt berührte, die die Drei-Uhr-Schattenlinie markierten. Wir hatten noch ein paar Stunden vom Tag übrig.

»Und, was meinst du?«, fragte Mary.

Ich nahm die Maske runter, wischte mir mit dem T-Shirt Schweiß und Schmutz vom Gesicht, spuckte auf den Gehweg und sagte: »Lass uns weitermachen.«

»Aber so was von«, sagte Mary.

Und so mischten wir Zement, hebelten die Schaufeln vor und zurück, und Regenbögen standen im Tröpfchennebel des Wasserstrahls. Das kieselige Geräusch von in der Wanne hin und her gedrückten Steinchen und Sand klang nach am Strand von Wellen überspültem Gestein und später, als Mary mehr Wasser zugab, nach nassem Schlabbern. »Was meinst du, wie viele Säcke brauchen wir für den Sockel?«, fragte sie.

»Sechs vielleicht?«

»Und das mal zwei.«

Wir mischten an und gossen, mischten an und gossen. Trotz Arbeitshandschuhen holte ich mir eine Blase am Finger, die irgendwann aufriss und eine klebrige Wärme in meine Hand ergoss. Der Sockelrahmen am Fuß der Treppe füllte sich. Als der Beton endlich die Oberkante der hölzernen Verschalung erreicht hatte, klatschten Mary und ich uns ab. Alles in allem luden, entluden und mischten wir an diesem Tag über 1 200 Kilogramm Zement. Fast eineinviertel Tonnen.

»Krass!«, meinte ich erschöpft.

»Nicht schlecht für zwei Mädels.«

»Nicht schlecht für zwei was-auch-immer.«

Eine Begegnung bei einem Kücheneinbau brachte dann schließlich doch noch ein bisschen Sex in den Job. Wir arbeiteten in Framingham, einer Stadt knapp vierzig Kilometer südwestlich von Boston. Normalerweise machten wir nichts mit einer derart langen Anfahrt, aber Job war Job – trotz vierzigminütigem Hin- und Rückweg. Das Haus stand unauffällig am Ende einer Vorstadtsackgasse. Alle Häuser hier sahen gleich aus, die einzigen Unterschiede ließen sich bei der Farbe des Außenanstrichs, der Machart der Fensterläden und der Wahl der Vorgartenbepflanzung ausmachen. Wir gingen vor wie immer: Wir fliesten den Boden, brachten die Einbauschränke an und kämpften mit den Kranzprofilen. Der Großteil unserer Arbeit war bereits getan, als Pete, ein gutaussehender Arbeitsplatten-aus-Granit-Typ, mit seinem LKW eintraf, um Maß zu nehmen und Schablonen anzufertigen für das Stück Stein, das er als Arbeitsplatte zuschneiden würde.

Er hatte dunkle, lockige Haare und ein unbefangenes Lächeln. Als er sich über die Arbeitsfläche beugte, um etwas auszumessen, fiel sein T-Shirt in die Mulde, die seine Muskeln entlang der Wirbelsäule bildeten. Er hatte Arme wie die Statue eines griechischen Diskuswerfers. Gleich zu Beginn dieser Saison hatte ich mir das Handgelenk gebrochen, als eine junge Frau, während ich eines Nachmittags mit dem Fahrrad von der Arbeit nach Hause fuhr, plötzlich die Tür ihres BMWs geöffnet hatte und ich dagegen geprallt war. Das hier war mein erster Job, nachdem der Gips wieder runter war, und ich trug einen schwarzen Stützverband ums Handgelenk. Pete fragte mich danach und erzählte dann ziemlich großspurig, wie ihm vor kurzem die Achillessehne gerissen war.

»Die Ärzte haben gesagt, es würde acht Monate bis zu einem Jahr dauern, bis alles verheilt ist«, sagte er und zog das

Maßband einmal quer über die Küchenschränke. »Weißt du, wie lang's gedauert hat? Drei Monate. Ich war nach drei Monaten wieder am Start. Wer seinen Körper kennt, wird schnell wieder gesund. Dann schafft man das. Man muss nur seinen Körper kennen.«

Es gefiel mir, dass wir über Körper sprachen und darüber, sie zu kennen. Es hatte sofort etwas Physisches und Intimes. Ich erzählte, was mein Orthopäde mir mal zum Thema Schmerz gesagt hatte – dass Schmerz manchmal auch sein Gutes haben kann. Er ließ das Band ins Gehäuse zurückschnellen, als hätte ich etwas gesagt, worauf er nur gewartet hatte. Mit dem Rücken zu mir, diesem starken Rücken, meinte er: »Es zeigt eben, dass man noch am Leben ist.« Dann wandte er sich mir zu, schaute mir in die Augen und sagte: »Manchmal muss man das einfach wissen.«

Und dann zwinkerte er mir zu, drehte sich wieder um und maß aus, wo die Spüle hin sollte. Eigentlich war das alles zu glatt und zu lässig, einfach zu viel des Guten, aber ich musste wider Willen lächeln, mein Magen plumpste mir warm pulsierend zwischen die Hüften, und ich freute mich schon darauf, wenn er mit seinen Granitplatten wiederkommen würde. Wie weit solche winzigen Augenblicke der Erhitztheit gehen können – ein kurzer Augenkontakt, eine Hebung der Atmosphäre, der schnelle Puls von geteilter Intimität und eine Energie, die hin- und herfließt. Nicht mehr als ein kurzes Gespräch, kaum eine Minute. Ich würde zwar nicht mit diesem Mann auf dem kalten, glatten Granit vögeln, den er herbringen würde – aber es war nicht so, dass ich mir das nicht vorstellen konnte.

In der folgenden Woche stand er wieder in der Küche, die Granitplatte war zugeschnitten und konnte eingepasst werden. Ich warf ihm einen strahlenden Blick und ein ebensolches Lächeln zu, so, wie ich es in Kneipen schon tausende von Malen Jungs und Männern, Freunden und Unbekannten gegenüber getan hatte. Und ich bekam beides umgehend von ihm zurück. Zusätzlich zu einem »Schön, dich zu sehen!«. Mehr war nicht. Eigentlich also war da gar nichts außer der allereinfachsten Interaktion zwischen zwei Menschen, aber die Energie war wieder da, dieser hin- und herzuckende Blitz. Und in diesem Moment wusste ich, dass dieser Blitz so stark war wie eh und je, dass er keine Kraft eingebüßt hatte und eine kraftvolle Antwort hervorrief. Ich musste es nur schaffen, mir diese Energie, die ich ja auch hatte, wenn ich keine abgetragenen Turnschuhe an den Füßen und kein Stemmeisen in der Hand hatte, wieder zu erschließen. Vielleicht machte dieser lockenköpfige Arbeitsplattenmann jeder Frau schöne Augen. Wahrscheinlich sogar. Aber mir wurde so immerhin klar, dass ich die Energie auch im Arbeitsmodus zielgerichtet einsetzen konnte – und gespiegelt bekam. Und so kehrte ein Gefühl der Fülle zu mir zurück, ein körperlich-geistiger Inbegriff von Woolfs Frau-Männlichem.

Man kann bauen – und man kann Mist bauen. Letzteres passierte mir sehr oft. Ein Patzer folgte auf den anderen. Nach dem Kücheneinbau mit dem Arbeitsplattentypen ging es bei uns weiter mit einem Job in Lexington, einem Städtchen, in dem streng auf die Einhaltung der Zebrastreifen-Regeln geachtet wird und Geschichtsinteressierte von Stadtführern in Minutemen-Kostümen zu historisch bedeutsamen Orten geführt werden. Wir waren hier, um das Erdgeschoss eines alten Kutschenhauses zu renovieren – neue Böden, neue Wände, neue Küche, neues Bad, ein paar neue Fenster, viele Türen und die Wandverkleidung. Es war ein umfangreicher Auftrag. Das Haus stand direkt neben einem alten Friedhof, auf dem es massenhaft sehr kleine Grabsteine aus dem 18. Jahrhundert gab. An einer Stelle standen schon ganz wackelige Steine, die einen fast perfekten Kreis beschrieben, was nur noch zusätzlich für geisterhafte Gruselstimmung sorgte. Einmal pro Stunde kam einer der Minutemen mit seiner Touristengruppe vorbei und zeigte ein Grab, das direkt neben einem großen Fenster lag, hinter dem wir mit lautem Krachen neue Dielenbretter verlegten. Jeder dieser Minutemen hatte die volle Montur eines Milizangehörigen aus der Kolonialzeit am Leib. Die Vorstellung, wie diese Jungs am Ende des Arbeitstages in ihr Auto stiegen und den dreieckigen Hut auf den Beifahrersitz legten, machte mich traurig. In zwei verschiedenen Zeiten zu leben hat etwas Einsames. Eines feuchtheißen Nachmittags hatte einer der Minutemen eine Dose Limo in der Hand. Was mich daran störte, war noch nicht mal der harsche Anachronismus, sondern – und dieses Gefühl kam für mich wie aus dem Nichts – dass man auf Friedhöfen keine Limo trinken sollte.

Mary ließ mich die Innenseiten eines Einbau-Schlafzimmerschranks mit Profilen und Dekorleisten versehen. Der Schrank hatte eine merkwürdige Trapezform und stand auf unebenem Boden vor einer schiefen Wand. Ich versuchte den richtigen Schnittwinkel für ein Stück Sockelleiste zu finden, das innen am Boden entlang von der Schranktür bis in die rechte, vordere Schrankecke laufen sollte – das man also nur sehen würde, wenn man aus dem Inneren des Schranks hinaus ins Schlafzimmer blickte. Es war aber noch nicht mal ein begehbarer Kleiderschrank, sondern nur ein ganz normaler Schrank, in den man hineingriff, um sich ein frisches Hemd oder das Cordkleid vom Drahtbügel zu nehmen. Wenn man sich nicht gerade im Schrank versteckte, würde man also dieses Stück Holz nie im Leben sehen. Ich versuchte, das Stück bündig an den Boden, bündig an die Schrankwand und bündig an das andere Stück Sockelleiste zu bringen, gegen das es in der Ecke stieß. Das ist ja bei Sockelleisten eigentlich immer das Ziel. Aber an manchen Tagen erreicht man es eben leichter als an anderen.

Ich ging in die Garage, wo wir unsere Sägen aufgestellt hatten. Diesen Weg zwischen Schrank und Garage – über den neuen Dielenboden, durch die Küche, an dem kleinen Gäste-WC unter der Treppe vorbei und raus in die Garage – ging ich, während ich die Leistenstücke zuschnitt und nachbesserte, wieder und wieder. Frustration flackerte in mir auf. Wen schert es schon, ob dieses Stück passt oder nicht? Niemand wird es jemals sehen. Was für eine Zeitverschwendung. Meine Motivation brach ein. Ach, reicht's jetzt nicht, ist das nicht gut genug, trotz dem Spalt zwischen Holz und Boden? Ach, lass doch die viel zu breite Fuge da in der Ecke, die kleisterst du einfach mit zusätzlichem Kitt zu.

Ich machte nur halbblattbreite Schnitte, ich rasierte Scheibchen vom Holz, nahm höchstens ein Grad pro Mal weg. Also ein Grad weg an der rechten unteren Ecke, wo meine Leiste auf das andere Leistenstück traf. Es passte, saß eng und gut. Aber der Boden war gewellt, sodass sich das Stück von rechts nach links kippeln ließ wie eine Wippe. Ich lag auf der Seite, meine Beine hingen aus der Schranktür, und fuhr mit meinem dicken, flachen Bleistift über die ganze Länge der Leiste, immer schön den Erhebungen und Senken des Bodens nach. Meine Linie zeigte mir, wo ich wie viel vom Holz wegnehmen musste. Abrasieren und wieder abrasieren. Endlich lag es flach auf dem Boden auf.

»Es dauert Jahre, bis man das richtig gut kann«, sagte Mary, als ich mit meinem Leistenstück kopfschüttelnd an ihr vorbei zu den Sägen ging.

Aber wenn dann zwei Stücke perfekt aneinanderpassten, wenn sie dem unebenen Boden passgenau folgten, wenn nirgendwo mehr eine Lücke klaffte, wenn man sie andrückte und sie einfach schön fest saßen, dann jubelte ich. Was für eine Freude!

Ich weiß nicht, ob Mary mir an jenem Tag eine Lektion erteilen wollte. Etwas in mir denkt, dass sie wusste, wie schwierig es bei den ganzen Bodenunebenheiten und Wandschrägen werden würde. Noch diese ganze Nicht-Sichtbarkeit, Abgelegenheit, die meine Aufgabe ja auch nicht gerade einfacher, sondern zu einer Probe in technischer wie auch irgendwie mentaler Hinsicht gemacht hatte. Vielleicht hatte es aber auch einfach nur getan werden müssen, und Mary selbst hatte Wichtigeres zu tun gehabt. Sie hörte mich fluchen. Sie sah mich hin- und herrennen. Aber sie sagte kein Wort und ließ mich selbst einen Lösungsweg finden. Ich verschnitt Stücke. Ich setzte einen Schnitt zu viel, nahm zu viel weg, machte ganze Stücke unbrauchbar. Unser Brettdehner stand immer mit in der Werkstatt!

Aber wenn Mary zum Schrank gekommen wäre, klaffende Lücken und wippende Leisten gesehen und dann gesagt hätte: »Ach, scheiß doch drauf, ist nur ein Schrank, wen juckt das schon« – ich weiß nicht, ob ich wirklich allzu viel Erleichterung empfunden hätte. Kurzfristig vielleicht schon – *ein Glück, ich bin aus dem Schrank raus* –, aber geschummelt ist geschummelt. Wenn man es aber schafft, Konzentration und Aufmerksamkeit aufzubringen für ein Stück, das keinerlei Rolle spielt und das – wenn überhaupt – nur sehr selten gesehen werden wird, wenn man es schafft, das gut hinzubekommen, dann macht sich der Rest der Arbeit, also alles, was wichtig ist und gesehen werden wird, quasi von allein.

Auf einem der Wege zu oder von den Sägen in der Garage veränderte sich etwas. Aus Ungeduld wurde Selbstzweck, ich hatte eine Mission. Hatte ich erst noch nichts als ein verworrenes Fadenknäuel wahrgenommen, das ich am liebsten einmal quer durch den Raum gepfeffert hätte, war es mir jetzt plötzlich möglich, die beiden losen Enden zu sehen und ihnen langsam, geduldig und gewissenhaft durch ihre Verwicklungen zu folgen, bis zu dem Punkt, an dem sich ein knotenfreier Faden leuchtend zwischen meinen Fingern spannte. Es wird schon werden. Ich werde das schaffen.

Sollte der oder die zukünftige Hauseigentümerin irgendwann mal in den Schrank schauen, wird ihm oder ihr nicht auffallen, dass diese Stelle gut gemacht ist. Darauf würde ich wetten. Wäre sie allerdings schlecht gemacht, hätte Lücken und abstehende Holzecken, würde sie viel schneller auffallen, und dann würden Fragen aufkommen über die Qualität der restlichen im Haus verrichteten Arbeit. Ein unkritisches Auge lernt schnell, was alles falsch sein kann, was schlampig, unachtsam und ohne viel Bemühen gemacht worden ist.

Deswegen sind auch Dekorleisten im Inneren eines Schrankes wichtig. Vielleicht würde dieser Schrank eines Tages einem unordentlichen Teenager gehören, der durchgeschwitzte Trikots vom Fußballtraining, alte Socken, feucht-sandige Strandhandtücher und zerfetzte Schulhefte so in ihn hineinwirft, dass der ganze Kram die Holzleisten verdeckt. Ja und? Die Leisten würden verschwinden. Das war sogar ziemlich wahrscheinlich. Das Wissen, eine übergroße Lücke mit einem schmierigen Klumpen Kitt geschlossen zu haben, hätte mich sicher nicht nächtelang wachliegen lassen. Aber die Befriedigung und die ruhige Gewissheit darüber, dass ich alles richtig gemacht hatte und dass das irgendwie von Belang war, war es wert. Und egal, ob Mary es so geplant hatte oder nicht: Ich war froh, es getan zu haben.

»Fertig«, sagte ich zu Mary, die im Wohnzimmer Fensterrahmen einbaute.

Ich bekam nicht mit, wann sie ihr Werkzeug zur Seite legte und ins Schlafzimmer ging. Aber als sie wieder herauskam, zeigte ihr Daumen nach oben, und sie nickte. Dann wandte sie sich wieder ihrem Werkzeug zu und meinte: »Willst du vielleicht mit den Leisten im Esszimmer anfangen?«

Mit dem Bandmaß stellte ich mich in eine Zimmerecke, direkt neben eines der Fenster, die auf den Friedhof hinausgingen.

In der Schreinerei gibt es keine Rücksetztaste und kein »Strg+Z«. Ein verschnittenes Stück Holz lässt sich nicht neu laden. In meinem alten Job hatte ich es für vollkommen selbstverständlich gehalten, immer alles rückgängig machen zu können. Ein paar Mal schnell geklickt – und alles war wieder heile. Fehler beim Schreinern zu korrigieren verlangte nach ganz neu zu erlernenden kognitiven Fertigkeiten. Fertigkeiten, die mir nicht gerade angeboren waren – die zu erlangen ich allerdings extrem dankbar war.

Bei der Arbeit an just diesem Kutschenhaus setzte ich eine ganz einfache Ausstemmarbeit in den Sand. Ich sollte eine Höhlung machen, wo die Türangel hinkommen sollte. Ich hatte mir den Umriss des Eisenteils seitlich an der Tür angezeichnet und fing an, mit dem Beitel das Holz auszustemmen, mit dem Ziel, überall die gleichmäßige Tiefe von einem Achtelzoll zu erreichen. Unter dem Druck der Beitelkante ringelten sich die Holzspäne wie Geschenkbänder und fielen zu Boden, geräuschlos und dünn wie Papier. Ich fand diese gelockten Späne so schön, dass ich einfach immer weitermachte. Mary kam rein, als ich noch rittlings auf der Tür saß und eine weitere Schicht Hobelspäne abschabte.

Sie setzte die Angel in meine Höhlung und schüttelte den Kopf. Sie saß mehr als ein Achtelzoll zu tief.

»So wird das nicht funktionieren«, sagte sie und gab mir eine Dose mit graubrauner Holzfüllmasse, die ich in das verpfuschte Loch streichen sollte, um dann noch mal von vorn zu beginnen und es diesmal vielleicht richtig zu machen.

Aber schau dir doch bloß mal diese Späne an!, wollte ich sagen. *Sieh doch, wie absolut richtig die sind!*

Das klebrige Zeug in die Vertiefung zu schmieren fühlte sich an, als würde ich etwas erst richtig kaputt machen, es war wie die Besudelung des reinen Holzes mit Chemie und Künstlichkeit. Das Schleimzeug tropfte, klebte und stank. Es machte nicht, was es sollte. Ich schmierte es kreuz und quer und diagonal über die Auskehlung, in die die Angel kommen sollte. Mary kam wieder dazu und beugte sich über meine Schulter.

»Das hier ist doch keine Kuchenglasur«, sagte sie.

Ich meinte nur: »Okay.« Im Hinausgehen sagte sie noch: »Manchmal ist das Wichtigste zu wissen, wann man aufhören muss.«

Kapitel 4

SCHRAUBZWINGE

Über die Notwendigkeit des Druckausübens

Mary und ich rutschten in unser drittes gemeinsames Jahr. Jobs – Badezimmer, Küchen, Veranden, Bücherregale – boten sich, wir nahmen sie an. Der Tagesrhythmus fühlte sich mittlerweile ganz selbstverständlich an, dass ständig neue Aufträge reinkamen, war mir vertraut. Aus Herbst wurde langsam Winter, und der Berg an Bauschutt, der sich in Marys Garten häufte, war ein Beleg für unsere monatelange Schufterei. Jedes Mal, wenn wir einen Auftrag zu einem Ende gebracht hatten, luden wir säckeweise Müll aus Marys Transporter und kippten alles auf diesen Haufen an ihrem seitlichen Gartenzaun, der bereits die Größe eines U-Bahn-Waggons hatte.

»Ich muss das Zeug loswerden, bevor der Schnee kommt«, meinte Mary.

Sie rief die Abrissfirma an, dieselbe, die ihren Kamin demontiert hatte.

Eines Morgens im November tauchten die drei Männer wieder auf, mit dumpfem Poltern sprangen der Vater und die beiden Söhne aus ihrem Laster. Da standen sie dann und nahmen den Berg in Augenschein: Metallrohre, Gipskarton- und Zementplattenstreifen, eine Matratzenfeder, eine Transportpalette, Kanthölzer, flache Bretter, aus einer alten Fliesenwand herausgerissene Kabelage, Holzverschnitt in unterschiedlicher Länge und Dicke.

»Das sind so was wie fünf Tonnen«, meinte der Chef und lächelte unter seinem dicken Schnauzbart. Fünf Tonnen, das hörte sich für mich nach einem Gewicht an, das drei Männer allein an einem Tag unmöglich bewältigen konnten. Der blonde Sohn, der Magere mit den leeren Augen, kletterte oben auf den Haufen. Da stand er mit den Händen auf den schmalen Hüften, ein König des Müllbergs. Er beugte sich vornüber, nahm gleich mehrere lange Bohlen, aus denen dicke Nägel herausragten, und warf das Holz mit metallischem Scheppern hinten auf den Kipplaster. Und das war erst der Anfang. Als sie erst mal losgelegt hatten, hörten sie nicht wieder auf. Holz krachte auf die Ladefläche des Lasters. Trockenmauerstücke zerbrachen in staubige Kleinstteile. Müllsäcke flogen wie Federkissen.

Wieder überließ der Vater seinen Söhnen den Großteil des Hievens und Schleppens. Sie schulterten und warfen, während der Chef das Beladungssystem erörterte, das seit Jahren praktiziert und immer wieder verbessert worden war. Flach und breit kommt zuunterst in die tiefe Ladewanne des Lasters, dann kommen die langen Bretter. Die müssen sauber gestapelt und in eine Richtung ausgerichtet sein. Metall kommt in eine andere Ecke, denn Metall kommt nicht auf die Müllkippe; in Altmetall steckt Geld. Als Nächstes kommen die komischen Dinge und merkwürdigen Formen, und obendrauf die schweren Säcke, damit auf der Straße alles schön an Ort und Stelle bleibt. Wenn einer der Söhne einen Sack voller eingestaubter und mit rostigen Nägeln gespickter Latten aufrecht hinstellte, bekam er vom Chef einen Anpfiff: »Hey, hey! Nein!« Und dann gab er vor, wohin der Sack sollte und warum. Er erklärte das ohne Wut oder Ungeduld. Er wollte es einfach nur korrekt haben – die Söhne sollten verstehen, warum es so korrekt war und nicht anders.

Nachdem er den Ladevorgang detailliert erläutert hatte, redete er über das Für und Wider der hiesigen Müllkippen und Schuttabladeplätze.

»Zur Kippe hier hinten sollte man nicht fahren. Und wissen Sie auch, warum? Weil denen da alles egal ist. Auf der Auffahrt liegen Nägel rum. Wissen Sie, was ich meine? Ich sage Ihnen, da geht's drunter und drüber, man riskiert nur, sich einen Platten reinzufahren, jedes Mal, wenn man da einrollt, riskiert man, dass einem der Reifen platzt. Da sollte man echt nicht hin.«

Eine andere Kippe in der Nähe wiederum nähme alles entgegen.

»Bei denen zählt nur das Gewicht. Die nehmen alles, einfach alles. Und damit meine ich auch Leichen.«

»Jetzt machen Sie mal halblang«, sagte ich.

Mit geradezu feierlich ernsthaftem Gesicht sah er mich an. »Glauben Sie, so was gibt es nicht? Glauben Sie das wirklich? Natürlich kommt so was vor.«

Wie sich herausstellte, waren fünf Tonnen nicht zu viel für drei Männer an einem Tag. In weniger als einer Stunde war jedes Brett und jeder Sack auf den Laster geladen, die Erde unter dem Haufen nackt und Marys Garten wieder leer.

Der Chef fuchtelte in Richtung Ladung.

»Sehen Sie das? Morgen ist das ganze Zeug hundertfünfzig Meter tief unter der Erde, und zwar in Bangor, Maine.«

Ich fühlte mich, als sei ich in ein Geheimnis eingeweiht worden, von dem ich nichts hatte wissen wollen. Müll in einem Grab, Leichen auf der Schutthalde, die Überreste unserer Arbeit tief unter der Erde, wo sie vor sich hin rotteten, in den Boden einsickerten und unsichtbaren Schaden anrichteten – genau den Schaden, den sie bei der Arbeit auch unserem Körper zufügten. Ein altbekanntes Unwohlsein trat auf den Plan.

Während mir die Arbeit immer vertrauter wurde, wurden auch die Ängste, die mich kurz vor dem Einschlafen überrollten, zu alten Bekannten – Ängste, die etwas zu tun hatten mit dem Staub, den Sporen und den Giften, denen wir bei der Arbeit ausgesetzt waren. Das Letzte, was ich oft vor dem Einschlafen in der Dunkelheit hinter meinen Lidern noch sah, waren durch Licht und Luft tanzende Staubpartikel, deren Bewegungen von Krankheit und Bedrohlichkeit kündeten. Wenn ich hustete, dachte ich sofort: *Das ist es, das erste Anzeichen der Tumoren, die in meinen Lungen wachsen.*

Mary hielt mich für eine Schwarzseherin und zog mich beizeiten auf nette Art wegen meiner Nervosität auf. Was völlig in Ordnung war. Sie sagte, ich solle mir doch mal die Männer ansehen, mit denen wir zusammenarbeiteten und die ebenfalls nie Atemschutzmasken trugen. Sie versuchte, sich in meine Ängste hineinzuversetzen, was sehr lieb von ihr war. Wenn wir in ihrer Kellerwerkstatt arbeiteten, gingen wir – wenn es nicht gerade regnete – zum Schleifen und Schmirgeln raus. Das Anmischen des Fliesenmörtels übernahm häufig sie, weil sie wusste, wie sehr ich mich vor dem Staub ekelte. Zweifellos wünschte sie sich, mit einer weniger ängstlichen Person zusammenzuarbeiten, denn ständige Vorsichtsmaßnahmen können Dinge erheblich verlangsamen. Aber ich machte mir ja auch Sorgen um sie.

Halb im Scherz brachte sie das Argument an, das Rauchen schütze ihre Lungen vor schlimmerer Vergiftung. Sie selbst trug nur äußerst selten eine Schutzmaske. »Da kommt schon nichts rein«, meinte sie gern mal, »ich habe nicht umsonst so viele Jahre geraucht.«

Ein Teil von mir nahm ihr diese Art magischen Denkens tatsächlich ab.

In meiner Vorstellung waren ihre Lungen von einer schwarzglänzenden, festen Kraterlandschaft überzogen. Aber in Mikroskop-Ansicht sah ich eben auch vor mir, wie kleinste Partikel in ihre Lungen gesaugt wurden, winzige Fiberglasstacheln, arsenhaltige Stückchen druckbehandeltes Holz, Formaldehyd aus dem Klebstoff von Sperrholz und Zementteilchen, die sofort aushärten, wenn sie mit Wasser in Kontakt kommen. Ich sah diese ganzen Dinge in Richtung ihrer geschwärzten Lungen schweben, wild umherwirbeln und dann von der schwarzen Schicht abprallen. Zutritt verboten.

Der klebrige Teer in selbstgerollten Zigaretten bietet keinen Schutz. Auch wenn ich das natürlich wusste, hatte ich das Gefühl, dass meine eigenen rosafarbenen Lungen ohne diesen schwarzen Schutzschild fast noch anfälliger waren.

Ich machte es mir zur Gewohnheit, die Warnungen auf sämtlichen Produkten und Materialien durchzulesen. In den Sicherheitshinweisen so gut wie jedes Herstellers stand irgendwo: *Beinhaltet Chemikalien, die nach Erkenntnissen des Bundesstaats Kalifornien krebserregend sind.*

»Wie gut, dass wir in Massachusetts leben«, sagte Mary dazu meistens.

Als sie überlegte, einen kleineren Auftrag anzunehmen, bei dem auch isoliert werden sollte, meinte sie, sie würde sicherlich zusammenbrechen und dann an ein Beatmungsgerät kommen. »Ich kann das mit dem Isolieren einfach nicht mehr machen. Ich kriege davon juckenden Ausschlag rund um den Mund.« Sie witzelte, dass sie mir bald einen Ganzkörperschutzanzug besorgen würde, und ich sagte, dass ich das ziemlich gut fände.

»Siehst du? Du musst dir überhaupt keine Sorgen machen«, sagte sie. »Ich habe jetzt einen Ausschlag. Der Körper sagt einem schon, wenn irgendwas nicht in Ordnung ist.«

Ich äußerte mich nicht zur Fähigkeit des Körpers, dunkle Geheimnisse manchmal auch für sich zu behalten.

Eines Nachmittags im Spätsommer, ein paar Monate vor

dem Novembermorgen mit den Entrümpelungsmännern, saßen Mary und ich während der Pause im Garten einer Auftraggeberin und sahen den Vögeln beim Hin- und Herflattern zu. Celine, die Hauseigentümerin, gesellte sich zu uns. Sie ließ einen Kommentar ab von wegen, ich trüge ja immer eine Schutzmaske, Mary dagegen nie.

»Ihr seid doch allem so stark ausgesetzt. Und ihr wisst noch nicht mal, mit was ihr da in Kontakt kommt«, meinte sie. Sie machte sich ihren eigenen Joghurt, weil sie den in Gläsern aufbewahren konnte, statt im Geschäft Plastikbecher kaufen zu müssen, aus denen sich Chemikalien lösten.

»Irgendwas kriegt mich so oder so«, sagte Mary und tat das Thema mit einem Schulterzucken und ihrer üblichen sachlichen Nonchalance ab. Aber ich hörte eine tiefer sitzende Resignation heraus. Sie räumte mit ihrer Antwort einerseits ein: *Ja, eines Tages werde ich sterben, keine Ahnung, wie oder wann.* Anderseits lag aber auch etwas Abweisend-Abschätziges darin: *Klar, vielleicht werde ich von einem Eisbären gefressen oder von einer menschenfressenden Schnecke.* Sie aschte ihre Zigarette ab und zertrat die Glut. »Nur meine Lungen sollen es bitte nicht sein. Das ist das Einzige, was ich wirklich nicht will.«

Was? Ich wollte sie schütteln. Du willst nicht, dass es deine Lungen sind? Dann wach bitte mal auf. Rauch, wenn du unbedingt rauchen willst, aber trag wenigstens einen verfluchten Mundschutz! Auf meinen ersten Unglauben und meine Frustration folgte eine gewisse Befangenheit – sie hatte etwas Ehrliches gesagt, etwas, das sie verletzlich zeigte, und das überraschte mich.

Ich fragte mich, ob auch ihr in den Augenblicken vor dem Einschlafen die Staubwolken erschienen. Ich fragte mich, ob sie sich wegen ihres Hustens Sorgen machte. Holz, Mörtelstaub, Kunstfasern, Rauch und Teer – das sind die Dinge, die Mary verfolgen, die sie irgendwann einholen und am Ende auch kriegen werden. Sie atmet sie ein. Vielleicht ist es nicht direkt ein Todeswunsch, sondern etwas, das eher der Empfindung ähnelt, wie sie Joseph Conrad in der Erzählung »Der geheime Teilhaber« zu fassen bekommt: Ein Mann wirft sich hier selbst über Bord und entkommt so einem Schiff. Die Besatzung hält das für Selbstmord. Er aber sieht es anders: »Mögen Sie denken, was Sie wollen, aber ich hatte nicht vor, mich zu ertränken: Ich wollte schwimmen, bis ich unterginge – und das ist nicht dasselbe.«

Als die Schrottjungs an jenem Vormittag weg waren, standen der leere Platz und die nackte Erde in Marys Garten für das inoffizielle Ende der Saison. Von Mitte November bis Ende des Jahres kamen nur noch wenige Aufträge rein, danach war es ganz vorbei. Die Leute wollen in Zeiten von Chaos und Durcheinander kein zusätzliches Chaos und Durcheinander um sich herum; Hammerschläge sind nicht die beste Begleitmusik für Thanksgiving-Feiern und Weihnachtsfreuden. Mary und ich befestigten ein paar Dinge in ihrem Keller, verstauten Werkzeug, stapelten Schraubenkistchen fein säuberlich in Boxen, wischten und machten Ordnung. Während wir noch herumstanden und plauderten, hatte ich in jeder Hand eine Jorgensen-Schraubzwinge, ließ sie um meine Hand kreisen, kurbelte sie dabei zusammen und wieder auseinander, ließ die hölzernen Zwingen gegeneinanderdrücken, fest und noch fester, dann löste ich sie wieder. Diese Schraubzwingen sind aus Ahornholz und Stahl, und man zieht sie fest, indem man die Griffe dreht, als würde man mit den Händen Fahrradpedale bedienen. Richtig festgezogen, üben sie starken Druck aus, sie eliminieren noch den kleinsten Zwischenraum zwischen zwei Holzstücken.

Ihre raumauslöschende Kraft war eine weitere Überraschung für mich – so einfach und doch so stark.

»Für die nächste Zeit ist nichts in der Pipeline«, meinte Mary.

Ich kurbelte an den Zwingen, zog sie erneut stramm. »Ruf mich einfach an, wenn du mich brauchst.« Ich hängte die Zwingen an die Werkzeugwand, wo sie dann zusammen mit den anderen Werkzeugen baumelten. Das Wort *clamp*, also *Zwinge*, stammt ab von dem altdeutschen Wort *klam*, das »pressen« oder »drücken« bedeutete. Auch die fest verschlossenen Schalen von Muscheln (Englisch: *clams*), die aussehen wie schweigend zusammengepresste Lippen, haben ihren Namen daher.

Ich freute mich auf die Entschleunigung, die Auszeit zu Beginn des Winters. Es war wie eine Atempause, hier und da kam noch irgendein kleiner Auftrag rein, aber richtig und ernsthaft wieder losgehen würde es erst im neuen Jahr.

An jenem Tag verabschiedeten wir uns voneinander, wünschten uns »Happy Thanksgiving« und viel Glück beim Durchstehen des Feiertagswahnsinns und machten aus, vor Weihnachten noch mal zu telefonieren.

In jenem Winter fiel in Boston extrem viel Schnee, jede Woche kamen ein paar Zentimeter dazu. Das neue Jahr war angebrochen, und ich wartete darauf, von Mary wegen des nächsten großen Jobs zu hören. Aber es kam kein Anruf. Ich hinterließ Nachrichten auf ihrem Anrufbeantworter: *Hey Mary, wollte nur mal hören, ob in den nächsten Wochen irgendwas geht. Ruf doch mal zurück.*

Aber der Rückruf blieb aus.

Die Tage waren kurz und verschneit. Hohe Schneebänke zu beiden Seiten verengten die Straßen, und in der ganzen Stadt tobten wüste Schlachten um Parkplätze. Verkehrshütchen und Klappstühle markierten reservierte, frei geschaufelte Stellen.

Ich las und schrieb und machte lange Schneespaziergänge – es gibt schlechtere Arten, seine Zeit zu verbringen. Ich ging lange aus und trank immer gern noch ein Bier mit. Ich musste schließlich nicht früh aufstehen, es gab keinen Grund, warum mein Körper ausgeruht oder mein Kopf klar zu sein hatten.

Ich dümpelte herum, wurde wieder etwas fülliger. Meine vom Sägen-Schleppen, Hammer-Schwingen und Gegen-den-Bohrer-Halten gestählten Muskeln wurden schwächer, erschlafften geradezu durch mangelnde Benutzung. Die Tage flossen ineinander.

Unproduktive Phasen sind unbedingt wertvoll. Zeiten geringer Produktivität können ein Luxus des Lebens sein. Auch wenn von außen besehen kein Beweis erbracht wird für Aktivität oder schaffendes Tun – nichts wird geschrieben oder gebaut –, sind sie trotzdem nicht vertan; schließlich werden im Kopf Probleme gewälzt und Rätsel gelöst. Und man hat in solch ruhigen Phasen die Möglichkeit, den emotionalen Schmierfilm abzukratzen, der sich im Laufe der Zeit so ansammelt und übers Gehirn legt. Schließlich lässt man auch Felder brachliegen, damit die Erde in der übernächsten Saison wieder fruchtbar ist. Aber nur weil wir keine Maisstängel und keinen sich im Wind wiegenden Weizen sehen, heißt das ja nicht, dass unter der Erdoberfläche nichts Nützliches geschieht.

In einem Gedicht mit dem Titel »The Summer Day« schreibt Mary Oliver darüber, wie sie durch Felder läuft und im Gras kniet – und dabei »müßig ist und beseligt«: »Sag mir, was sonst hätte ich tun sollen? / Denn stirbt nicht alles irgendwann, und viel zu bald?«

Oliver schrieb dieses Gedicht 1990, in einer Zeit, als noch die wenigsten Menschen Mobiltelefone hatten. Wer hat zwanzig Jahre später, inmitten des allgemeinen besessenen Rasens und

Hetzens, noch die Zeit, müßig und beseligt zu sein? Wer – außer Dichtern – lässt sich noch einfach so ins Gras fallen? Es mag so aussehen, als sei man faul, wenn man einfach nur durch ein Feld läuft, aber Oliver sagt: Denk doch noch mal drüber nach. Wer weiß, was in der Stille geschieht? Wer kann erraten, was es Aug' in Aug' mit der Heuschrecke alles zu erfahren und zu lernen gibt? Und sie erinnert uns an das, was wirklich zählt: »Denn stirbt nicht alles irgendwann, und viel zu bald?« Da ist das Gras. Da sind Heuschreck, Fuchs und Blume. Und da bist auch du, ja, und ich.

Wir können nicht jeden Moment festhalten, aber es tut gut, mal einen Schritt zurückzutreten und die eigenen Pläne zu überdenken. Mal in der Wiese zu knien, mit Freunden in der Kneipe zu lachen und sich die wirbelige Maserung der Dielen anzusehen. Klar, das ist jetzt kein besonders origineller Ratschlag. Aber damit sich solche Bracheperioden sinn- und lustvoll anfühlen, müssen sie von Erfolg, von Tun und Produktivität gerahmt sein wie von Bücherstützen.

Die Pause in jenem Winter damals war keine Zeit der Brache. Sie hatte nichts Fruchtbares oder Gewinnbringendes. Dass man es schaffte, für etwas, wofür man im Normalfall zwei Tage brauchte, neun Tage zu brauchen oder einen ganzen Tag für etwas zu benötigen, das eigentlich in einer Dreiviertelstunde getan sein könnte, ließ ein Gefühl der Nutzlosigkeit entstehen. Wieder und wieder stieg in mir die Frage hoch: *Und jetzt?* Ich wusste nicht, wann – oder ob überhaupt – es jemals wieder Arbeit geben würde, und ich ließ zu, dass diese angstvolle Unsicherheit mich davon abhielt, die ruhige Zeit produktiv oder wertvoll werden zu lassen.

Je mehr du tust, desto mehr bekommst du getan. Ich kann mich nicht erinnern, wann ich zum ersten Mal auf dieses Sprichwort gestoßen bin, aber ich weiß, wann ich seinen wahren Kern erkannte. Mein Vater verlor 2001, wenige Monate nachdem ich mit dem College fertig war, seinen Job. Ich wohnte zu diesem Zeitpunkt schon nicht mehr bei meinen Eltern, aber mein jüngerer Bruder erzählte mir, wie sich die Szenerie zuhause vor dem Hintergrund dieser plötzlichen Arbeitslosigkeit ausnahm: Vor dem Computer hockend, schlug mein Vater mit Spielen wie Backgammon und Solitaire sowie dem Herumlesen in Angelforen, durch die er ziellos scrollte, die Zeit tot. Das ständige Mausklicken aus dem Büro bekam am Abend noch Verstärkung, wenn bei jedem nächsten Schluck die Eiswürfel im Scotch-Glas klingelten.

Anfänglich bemühte er sich noch. Lebensläufe wurden hervorgeholt, auf Stand gebracht und verschickt, mit alten Freunden wurde zu Mittag gegessen und Kaffee getrunken. Nach und nach verebbte dieser Elan. Alle Entschlossenheit schien sich in Luft aufzulösen. Vielleicht hielt er es für aussichtslos, im Alter von fünfundfünfzig Jahren noch einen passenden Job zu finden, vielleicht bedeutete das Ausbleiben von Rückmeldungen auf seine Bewerbungen der Anfangszeit auch, dass es sich sowieso nicht lohnte, nach einem zu suchen. Von meinem Standpunkt als Zweiundzwanzigjähriger aus konnte ich die Hoffnungslosigkeit meines Vaters nicht erkennen. Für mich sah es eher so aus, als hätte er sich schlichtweg mit der Situation abgefunden – was merkwürdig und erschreckend war. Falls er überhaupt Furcht und Scham empfand – beides ja starke Anreize zum Aktiv-Werden –, dann waren sie in ein tiefes Loch gestoßen worden, weit unterhalb der Frosttiefe, wo sie jetzt unter schwarzer Erde begraben lagen, sodass jeder Nachweis ihrer

Existenz im Dunkel verschwunden, von Würmern zerfressen und der Verrottung anheim gegeben war, unerreichbar selbst für ihn.

»Und was hast du heute so vor, Dad?«, fragten wir damals.

»Ich habe um drei einen Zahnarzttermin«, kam dann von ihm, und wir warteten auf mehr. Aber wenn man eben nicht mehr zu tun hat, dann kann eine Zahnreinigung durchaus ein Tagwerk sein. Zum Termin zog er seinen Anzug an, nahm seine lederne Brieftasche mit und ließ die Welt wissen, dass er ein Mann war, der eine fünfundachtzig Dollar teure Krawatte trug. Damals kam mir das vor wie Heuchelei. Er blätterte durch alte Ausgaben des *Time Magazine* und machte den anderen im Wartezimmer etwas vor. Er machte der Zahnhygienikerin und der Zahnärztin etwas vor, als sie ihm die Zähne mit Zahnseide reinigten, ihn ausspülen und ausspucken ließen. Er machte dem Autofahrer etwas vor, der auf der Rückfahrt im Wagen neben ihm an der Ampel stand. Ich kannte die Wahrheit. Zumindest dachte ich das, mit der ganzen Empörung und dem Selbstbewusstsein einer Tochter, die seit weniger als einem Jahr ihre Miete selbst berappte. Die Krawatte und die Brieftasche waren eine Lüge, die die Menschen glauben machen sollten, dass dieser erfolgreiche Geschäftsmann nach seiner Zahnreinigung direkt zurück ins Büro fuhr.

Es gibt so viel, was ich damals noch nicht wusste. Erst nachdem ich meinen Job in der Zeitungsredaktion aufgegeben hatte, wurde mir bewusst, wie zentral er für meine Identität geworden war: Mein Selbstverständnis und die Art, wie ich mich anderen Menschen präsentierte, drehte sich um die Arbeit. *Was bin ich denn jetzt?*, fragte ich mich, als ich arbeitslos war. Und davor lagen weniger als zehn Jahre. Das Arbeitsleben meines Vaters hatte mehr als dreißig Jahre gedauert. Eine stark eingespielte

Gewohnheit und ein massiv erhärtetes Selbstbild. Und dann brach ihm beides über Nacht einfach weg. Den Horror, den Job (und damit einen Großteil seines Selbstverständnisses) in seinem Alter zu verlieren, konnte ich mir damals überhaupt nicht vorstellen. Kein Wunder, dass er alles tat, um zumindest nach außen das Bild aufrechtzuerhalten. Kein Wunder, dass er einen Anzug anzog, die Brieftasche holte und sich eine seiner Lieblingskrawatten vom Halter nahm. Vielleicht war es im Grunde weder eine Lüge noch Heuchelei, sondern einfach die Weiterführung dessen, für das er sich hielt – und für das er gehalten werden wollte.

Monate gingen ins Land. Mein Vater hatte immer noch keine Arbeit. Am Telefon sagte meine Mutter leise zu mir: »Er ist einfach immer da, nie geht er aus dem Haus.« Sie fing an, um halb fünf morgens aufzustehen, um noch etwas Zeit allein im Haus zu haben, bevor sie zur Arbeit fuhr. Mir vorzustellen, wie sie in der Dunkelheit vor der Dämmerung fertig geduscht und angezogen allein mit ihrem Kaffee am Tisch saß, macht mich auf eine Art und Weise traurig, für die ich keine Worte habe. »Das ist der beste Teil vom ganzen Tag«, sagte sie.

Gibt's da mittlerweile ein handfestes Problem?, fragte ich mich besorgt. *Sollte er nicht wirklich arbeiten gehen?* Ich fragte meine Mutter: *Sagst du eigentlich mal zu ihm, heeeyy, halloo, besorg dir mal einen Job?* Sie wolle ihm damit nicht in den Ohren liegen und meckern, gab sie zurück. Wenn sie einmal damit anfinge, ihn darauf anzusprechen, werde sie nicht drum herumkommen, jeden Tag nachzufragen. Mir erschien das irgendwie nicht richtig. Auch wenn ich damals wirklich wenig wusste über Beziehungen und Arbeitslosigkeit, hatte ich doch das deutliche Gefühl, dass ihre Art, damit umzugehen, falsch war. Wieso brachte sie nicht genügend Willenskraft auf, um einfach mal bei ihm nachzufragen – und dann mit etwas zeitlichem Abstand wieder? Nicht rumzumeckern erschien mir zwar ein gut gemeinter Ansatz zu sein, aber hat jemand, der die Stunden seines Tages damit zubringt, Backgammon-Steine auf einem Bildschirm hin- und herzuschieben, nicht einen kleinen Anstoß verdient? Ließe sich das Wörtchen *meckern* mit seinen Konnotationen von ehelicher Bevormundung und grauenvoll lästiger Gattin nicht gegen ein Wort wie *herausfordern* oder wenigstens das neutrale *fragen* auswechseln? Nie fragte sie ihn, wie es mit der Jobsuche voranging, ob er irgendwo positive Rückmeldung bekommen oder vielleicht auch mal hieran oder daran gedacht hatte. Sie machte ihm keinen Druck, sie ermutigte ihn aber auch nicht. Weder ein *Ich drücke dir die Daumen* noch ein *Jetzt komm aber mal in die Puschen.* Er interpretierte ihr Schweigen als Desinteresse, und in seiner Stimme schwang ein Vorwurf mit, als er mir mal sagte, wie viel es für ihn geändert hätte, *wenn Mom einfach mal nachgefragt hätte.*

Mit der tiefen Traurigkeit, die mit der Erkenntnis einhergeht, dass die eigenen Eltern fehlbar sind, wurde mir als Zweiundzwanzigjähriger bewusst, dass hier alles schieflief. Natürlich hätte meine Mutter bei ihm nachfragen müssen, durchaus auch mit einer gewissen Dringlichkeit. Und natürlich hätte mein Vater auch völlig unabhängig davon, ob meine Mutter nachfragte oder nicht, in der Lage sein sollen, sich zur Jobsuche zu motivieren.

Er hatte eine Phase, in der er Scones buk. Ein Tetrapak Buttermilch, die dick und säuerlich riechend in ihrem Pappkarton schwappte, war eine ganze Zeit lang eine regelmäßige Konstante in der Kühlschranktür. Und vormittags lag ein ganzer Schwung noch warmer, teigiger Dreiecke in den Geschmacksrichtungen Ingwer-Zitrone, Blaubeere, Rosine und Orangenschale auf einem Backblech und kühlte aus. Neben der gerade aus dem Ofen geholten Fuhre stapelten sich wie Zierkissen drei weitere Dutzend an den vorangegangenen Tagen gebackene Scones in Plastikbeuteln auf der Küchentheke. Sie waren lecker. Nicht so trocken, fad und die Flüssigkeit aus dem Mund ziehend, wie Scones gern mal sind, sondern locker und flockig, fein aromatisiert, fast herzhaft, ja köstlich. Es gab nur einfach so derart viele davon. Ich kann nachvollziehen, dass es sich produktiver anfühlen kann, ein Blech Scones zu backen, als einen sinnlosen Sechzig-Stunden-Job zu machen. Das Ergebnis ist messbar, in materieller Hinsicht konkret, dazu nützlich. Teig hat etwas Essentielles. Aber kann Backen wirklich erfüllend sein? Möglicherweise war es das für ihn – eine Zeit lang. »Wir sind komplett eingesconet«, witzelte mein Bruder und deutete auf die ganzen Beutel unter dem Küchenfenster.

In jenem Winter, als ich in Cambridge auf Marys Anruf wartete, nicht arbeitete und auch nicht wusste, wann es wieder Arbeit geben würde, fehlte mir eine Aufgabe. Ich wollte mich einbringen, wollte einen nützlichen Beitrag zur Welt leisten. Ein Bücherregal zu bauen oder einen Boden zu verlegen machte zwar sicherlich die globale Klimaerwärmung nicht rückgängig, war aber auf jeden Fall besser als das, was ich in jenem Winter tat: eingewickelt in eine Decke auf dem Sofa herumzulümmeln, mit leerem Blick und ohne, dass irgendetwas richtig bei mir ankam, auf den Laptop zu starren und Meinungen, Bilder, Nachrichten und weißes Rauschen langsam nach oben rollen und hinter dem oberen Bildschirmrand verschwinden zu sehen. Als ob alles zusammen hinter dem Gerät eine unsichtbare Klippe hinunter ins Nichts stürzte. So zogen die Stunden vorbei.

Mein Vater weigerte sich, Jobs anzunehmen, die für sein Empfinden unter seinem Niveau lagen, selbst in Branchen, die ihn eigentlich interessierten. Als Mensch, der schon sein ganzes Leben lang leidenschaftlich gern Bücher las, rümpfte er über die Idee, in einer Buchhandlung zu arbeiten, nur die Nase. Als gewissenhafter Gärtner mokierte er sich über die Idee, in einer Gärtnerei zu arbeiten. Wenn mein Bruder und ich ihm solche Vorschläge unterbreiteten, war er beleidigt. Sein Stolz hinderte ihn daran zu erkennen, dass es durchaus wertvoll sein kann, Teil von etwas Größerem zu sein, dass es nicht ehrenrührig ist, jemandem dabei zu helfen, das passende Buch zu finden, oder jemandem zu zeigen, wie man eine üppige Hortensienblüte hinbekommt. Für solche Jobs war er sich zu gut. Stattdessen machte er lieber gar nichts.

Wenn der nächste Tag immer auch eine Option ist, ein undefinierter, unbesetzter Ort, dann ist der Druck, Dinge erledigt zu kriegen, nicht besonders groß. Man lässt die Dinge liegen und liegen, die Tage fallen wie von einem Stück übriggebliebenen Kiefernholzes abgehobelte, aufgekehrte und weggeworfene sich kringelnde Holzspäne zu Boden.

Als ich damals mal übers Wochenende zuhause war, kam ich durch das Arbeitszimmer, wo mein Vater gerade im Internet surfte. Er sagte etwas über Blaubarsche. Ich ging einfach weiter, ganz verwirrt von dem scheußlichen, neuen Gefühlsmix, den sein Anblick in mir auslöste: Mitleid und Frust, Enttäuschung und ein bohrender Schmerz. Als die hereinbrechende Dämmerung später an jenem Nachmittag einen zarten Rotton über den Himmel goss, sah ich meinen Vater durchs Fenster, wie er mit seiner Fliegenfischer-Angel im Garten stand. Da stand er auf dem Rasen, die Angel über der rechten Schulter, und übte mit nach vorn gestrecktem rechtem Arm und abrupter Drehung des Handgelenks, seine Rute durch die Luft schnellen zu lassen und mit dem Köder präzise auf einen imaginären Fluss zu zielen.

Wieder und wieder warf er die Angel und ließ die Leine zucken. Ich sah zu, wie er sie in Richtung des Zauns auswarf, und hörte, wie die Rute zischte, als sie durch die Luft des frühen Abends fuhr.

Ich fragte mich, ob er überhaupt jemals angeln ging.

Während jener Monate, aus denen irgendwann Jahre wurden, kam meine Mutter manchmal nach Hause, nachdem sie in der Vorschule, die sie leitete, Kinder unterrichtet hatte, und mein Vater kam die Treppe herunter in die Küche und sagte zu ihr: »Die Milch ist alle.« Meine Eltern ließen sich scheiden.

Mein Schlaf wurde immer unruhiger. Flacher, unsteter Schlaf kam immer erst nach stundenlangem Grübeln. Was soll ich morgen machen? Wie soll ich meine Miete bezahlen? Was machen Bleifarbe, Asbest und Holzstaub in mir drin? Ich hatte viel Zeit und schaute tief in mich hinein. Was ich dabei sah war: nichts. Die Dunkelheit war vollkommen, und ich fragte mich, wo da drinnen ich wohl stecken mochte.

Während ich noch bei der Zeitung gearbeitet hatte, hatte ich eifrig Geld gespart, bescheiden gelebt und das angehäuft, was ich für ein kleines Vermögen gehalten hatte. Aber das war so gut wie aufgebraucht. Parallel zu dem Betrag auf meinem Kontoauszug sank meine Zuversicht. Wie hatte es so weit mit mir kommen können?

Mir fehlte die Arbeit. Mary fehlte mir. Ich vermisste das Gefühl, eine dicke Bohle Brasilianischen Nussbaums in den Händen zu halten. Ich vermisste es, mit müden Muskeln, hungrig und dreckig nach Hause zu kommen. Ich vermisste das Gefühl der wohlverdienten Erschöpfung. Mir fehlte das befriedigende Gefühl, wenn am Ende des Tages etwas an einem anderen Punkt war als zu Beginn, wenn irgendetwas weitergegangen war. Ich wollte wieder Dinge bauen. Ich wollte Geld verdienen.

Fragezeichen und nutzlos vertane Zeit fügten sich ein in die Mauer aus ständig spürbarer Angst, Selbstzweifeln und handfester Krise. Meine Ersparnisse waren fast aufgebraucht, als ich mitbekam, dass bei meiner alten Zeitung eine Redaktionsstelle zu besetzen war. Zurückzukehren an den Platz, den ich verlassen hatte – schon der Gedanke daran war verbunden mit einem beklemmenden Gefühl, einer stillen Scham. Aber der Reiz des festen Gehalts, der gesicherten Krankenversicherung und des Gefühls, wieder Teil von etwas zu sein, war stärker als die Scham. Und vielleicht könnte ich ja nebenher immer noch ein bisschen schreinern. Ich rief meinen alten Chef an – und fühlte mich dabei geschlagen und elend – und sagte zu ihm: *Ich hätte wirklich großes Interesse, ich würde unglaublich gern zurückkommen.* Mit leicht spöttischer Genugtuung in der Stimme gab er zurück: »Das Schreinerding war's also doch nicht für dich?« Ich stand an einer Straßenecke in Beacon Hill, direkt neben einem Luxus-SUV in der Größe eines Nilpferds, und sah zu, wie Kinderwägen, schicke Mütter und kleine Hunde die Charles Street hoch und runter glitten. Als ich ihn das sagen hörte, biss ich die Zähne zusammen und schloss die Augen. Schreinern *war* mein Ding. Ich hatte diese Arbeit – so hart, schmutzig und manchmal vielleicht auch giftig sie war – ins Herz geschlossen; das Problem war nur, dass es nicht *genug* Arbeit gab. Wie ich da so mit dem Telefon am Ohr auf dem Gehweg stand, wurde mir klar, um wie vieles lieber ich in einem feuchten Keller Teppichböden abziehen würde, als dorthin zurückzukehren, von wo ich schon mal aufgebrochen war. Aber das dringende Bedürfnis, Geld und eine Krankenversicherung zu haben, sowie meine Tage mit einem irgendwie gearteten Sinn zu füllen, überwog meinen Stolz. Und ich sagte: »Ich würde einfach gern zurückkommen.«

»Also, wir würden uns freuen, wenn du wieder zu uns zurückkämst«, meinte mein alter Chef. Es würde nur ein paar Tage dauern, bis alles in die Wege geleitet sei.

Ich stand auf dem Gehweg und zitterte. In einem schmalen Sträßchen, das kaum breit genug war für ein einzelnes Auto, ging die Straßenbeleuchtung an, künstliche Flämmchen in den Laternen. Das flackernde Licht an den Ziegelsteinwänden gab einem aber tatsächlich das Gefühl, in einer anderen Zeit zu sein – könnte es nicht tatsächlich erst 1850 sein? Die Mütter mit ihren Perlen, Kinderwägen und kleinen Hunden liefen an mir vorbei. In der kalten Luft füllten sich meine Augen mit Wasser.

Auf dem Nachhauseweg versuchte ich mir einzureden, dass es genau das war, was ich wollte. Ich erinnerte mich an die üblen Jobs und die Momente, in denen ich das Schreinern gehasst hatte. Denk an die haitianischen Schwestern, befahl ich mir: Das Haus war auf dreißig Grad hochgeheizt gewesen, der Sohn hatte eine Magen-Darm-Grippe und auf dem Boden im Flur und im Waschbecken im Bad war Kotze. Erinnere dich dran, wie wir unten im Keller, bevor wir den neuen Bambusboden verlegen konnten, den dreckigen, alten Teppich abziehen mussten, und dass es im Keller genauso warm war wie im übrigen Haus und der Teppich den ganzen Raum mit muffigem Gestank erfüllte. Denk dran, wie Mary an der neuen Treppe arbeitete, während du den Teppich rausreißen durftest, wie du sie beneidet hast mit ihrem Bandmaß und ihrem Holz, während du an diesem senffarbenen Ding gezerrt hast. Denk an den Abrieb und den ganzen scheinbar magnetisch von deinem Gesicht angezogenen Staub, wie dir der Schweiß über die Schläfen rann, während du versucht hast, mit dem Cutter durch den groben Filz und die Teppichunterseite zu kommen – als würdest du einen Muppet häuten. Erinnere dich daran, wie dir die Tackerklammern in die

Arme stachen, als würdest du von tausend Dämonen gebissen. Erinnere dich daran, wie sehr du diesen Tag gehasst hast.

Und ich versuchte, liebevolle Gedanken zu hegen für die Zeitung, die ich hinter mir gelassen hatte: dass dort immer noch Leute arbeiteten, die ich mochte und schätzte, zumindest ein paar, und dass ich wieder ständig würde schreiben können. Dass ich wieder über die in Smoots vermessene Brücke würde gehen können (was mir mit Abstand als das Reizvollste an der Sache erschien). Ich dachte an das regelmäßige Gehalt und die Möglichkeit, auf meinem Sparkonto Geld zurückzulegen. Ja, das war schon der richtige Weg, es war in Ordnung, wieder dorthin zurückzukehren, es war kein Scheitern. (Mein Hirn sendete trotzdem ständig: *Gescheitert!*)

Zwei Wochen später hatte sich mein alter Chef immer noch nicht wieder bei mir gemeldet. Und dann hörte ich, dass sie jemand anderes eingestellt hatten.

Ich war niedergeschlagen und verwirrt, aber meine Enttäuschung und meine Wut rührten nicht daher, dass ich bei dem Job übergangen worden war, sondern dass mir niemand Bescheid gesagt hatte. Das Problem war gar nicht so sehr, dass ich nicht gut genug war. Sondern dass man mich, viel schlimmer, einfach vergessen hatte.

Wenn ich nachts wach lag und Ablenkung brauchte von den sich festkrallenden Gedanken, die im Dunkeln immer noch lauter lärmten und meinen Herzschlag beschleunigten, dachte ich darüber nach, was für ein Haus ich für mich selbst bauen würde. Ich lag im Bett und entwarf Grundrisse, errichtete Wände, plante Fliesenböden, Bücherregale und Schlafzimmerfenster, Küchenschränke, Küchentheken und Vorratskammern, grübelte über Türschwellen, Lichteinfall und Wärme. Mit Mary war ich in so vielen verschiedenen Häusern gewesen, und mit dem, was ich dort gesehen hatte, arbeitete ich jetzt. Im Kopf ging ich alle Jobs durch, die wir gemacht hatten, Wohnungen, die mir gefallen und auch nicht gefallen hatten. Ich fing immer mit dem Ständerwerk an, ich sah das Gerüst vor mir und die tragenden Balken, die quer über den Boden liefen. Auf die Balken legte ich die Schalungsplatten, dann den Unterboden, darauf ein Parkett aus Hartholz, aus Kirsche vielleicht oder aus rustikal gemaserten breiten, alten Kieferndielen. Ich konnte den Holzhammer in meiner Hand liegen fühlen, ich hatte ein Bild davon, wie schwierig es war, Brett direkt an Brett zu legen. Ich hatte die pneumatische Nagelpistole vor Augen, und hörte den dumpfen Knall, wenn man den Gummikopf des Hammers auf den Gummiknopf der Pistole niedersausen ließ. Es gibt kaum ein befriedigenderes Geräusch – und auch keine befriedigendere Tätigkeit – als diesen Knall, wenn der Nagel ins Holz getrieben wird. Böden verlegen macht zufrieden. Denn ein Raum verändert sich von Grund auf, wenn sich in ihm statt Beton oder einer Unterbodenkonstruktion, also seiner unfertigen, schmutzigen Eingeweide, plötzlich weiches, fertig verlegtes Holz mit Knoten, Augen und wellenförmigen Wirbeln befindet. Die Farbe wird mit der Zeit intensiver. Wie Narben graben sich Kratzer und Kerben hinein, das Leben hinterlässt seine Spuren und nutzt das Holz ab.

In Gedanken positionierte ich nachts Wände und Fenster, rahmte sie mit Kanthölzern und Hammer und Nägeln, setzte über eine ganze Wandbreite mehrere Fenster, dicke Binder darüber, um das Gewicht der Wand gut zu verteilen. Nach dem Fenstereinbau kamen die Trockenbauwände, die Isolierung, der Putz und die Farbe. Ich sah vor mir, wo die Tür zur Küche hinkommen sollte, im Geiste schnitt ich schon die Sockelleisten zu und füllte die Nagellöcher mit Spachtelmasse. Ich entwarf einen Kaminofen und machte mir klar, dass ich für den Einbau einen Maurer anheuern müsste. Über die Badewanne im Obergeschoss setzte ich ein Dachfenster, wie ich es in einer Wohnung gesehen hatte, in der wir große Bücherregale eingebaut hatten. In meiner Fantasie ging ich von Zimmer zu Zimmer, um die perfekte Raumfolge zu finden. Ich wollte richtige Zimmer haben, also Wände und Türöffnungen, funktional getrennte Räume, und keine Küche, die erst ins Ess- und dann ins Wohnzimmer überging. Die Veranda auf der Gartenseite würde ich aus Brasilianischem Nussbaum machen und dann dem Holz dabei zusehen, wie seine sirupartige Zimtfarbe langsam zu einem verwaschenen Grau wurde, ähnlich den Dachschindeln von Häusern an der Küste.

Solche Gedankenspiele ließen mein Hirn nachts ruhig werden.

In ihrem Essay »Vom Nachhausekommen« schreibt Joan Didion über die Rückkehr in ihr Elternhaus: »Von der neurotischen Trägheit gelähmt, die entsteht, wenn man bei jeder Bewegung, hinter jeder Ecke, in jedem Schrank der eigenen Vergangenheit begegnet, laufe ich ziellos von Zimmer zu Zimmer. Ich beschließe, ihr ins Auge zu sehen und räume eine Schublade aus, den Inhalt verteile ich auf dem Bett. Ein Badeanzug, den ich im Sommer, als ich siebzehn war, trug. Ein Absagebrief von *The Nation*, eine Luftaufnahme des Geländes, auf dem 1954 ein Einkaufszentrum entstehen sollte, das mein Vater dann doch nicht baute.«

Als meine Eltern sich trennten, nahm meine Mutter sich eine Wohnung in einer Kleinstadt an der Küste von Maine. Unsere Fotoalben sind alle bei ihr. Wenn ich sie besuche, sehe ich mir die Alben an, nachdem meine Mutter ins Bett gegangen ist – so wie Didion, die in einer alten Kommode herumstöbert.

Mein Vater mietete etwas in einer Stadt an der Südküste von Massachusetts. Seinen gesamten Besitz lagerte er ein. Er zog in ein möbliertes Haus. Die Löffel fremder Menschen zu benutzen fühlte sich für ihn nach einer gewissen Zeit vielleicht wie zuhause an. Für mich tat es das nie.

Für mich wurde das Haus meiner Großmutter zu dem Ort, der sich noch am ehesten nach einem Zuhause anfühlte. Innerhalb seiner Wände befand sich mein gesamtes Leben. Und nicht nur mein Leben, sondern das Leben meiner gesamten Familie: meiner Mutter, meiner Eltern in der Zeit ihres Zusammenseins, meiner Brüder und, in geringerem Ausmaß, auch das meiner Cousins und Cousinen, meiner Tanten und Onkel. Es war die Geschichte einer ständig größer werdenden Familie, die hier an diesem Ort gebündelt war. Wenn ich zu Besuch kam, wanderte ich immer von Zimmer zu Zimmer. Ich öffnete sämtliche Schubfächer und suchte nach Schätzen, nach Dingen, die Erinnerungen auslösten, nach Verbindungen. Ein gerahmtes Foto, das auf einem Regal über einem Schreibtisch ganz hinten steht, zeigt meine Mutter, ihre vier Geschwister und deren Ehepartner, zu einem Zeitpunkt, als alle gerade erst anfingen mit dem eigenen Leben, noch bevor die Kinder kamen. Sie sind an Weihnachten bei meiner Großmutter zusammengekommen, die Teller, die von einem großen Festmahl zeugen, sind noch nicht vom Tisch abgeräumt worden. In der Bildmitte befindet sich meine Großmutter, die schlanker und größer aussieht – und sehr angespannt. Würde man dieses Foto heute noch einmal aufnehmen, wären vier der fünf Ehepartner nicht mehr dabei: Einer ist gestorben, drei andere haben sich scheiden lassen. Verwandtschaft funktioniert wie eine Schraubzwinge. Sie presst uns zusammen und eliminiert den Abstand, auch wenn wir uns diesen Abstand noch so sehr wünschen: Das Blut macht alles zu eng und klaustrophobisch, es fühlt sich an wie ein in den Eingeweiden rumorender, drückender Hunger, eine Art beklemmender Mangel. Aber wir hängen aneinander, komme, was wolle, an irgendeiner Stelle berühren wir uns immer.

Im März fuhr ich zum Haus meiner Großmutter. Sie wohnte inzwischen nicht mehr dort, sondern lebte mit verwirrtem Geist und rüstigem Körper in einem Heim für betreutes Wohnen in Bedford, Massachusetts. Das Haus aber war weiterhin im Familienbesitz. Mir war daheim die Decke auf den Kopf gefallen, schon die Wände meiner Wohnung schienen mir allzu vertraut: In ihren Dimensionen verzerrt, waren sie mit der Unnachgiebigkeit eines Schraubstocks täglich näher an mich herangerückt und dabei immer kraftvoller geworden. Mir ging das Wort *Flucht* durch den Kopf – nicht im Sinn eines schönen Urlaubs in den Tropen, sondern eher im Sinn von Gefängnisausbruch. Das Haus meiner Großmutter war mein Lieblingsort, aber den Punkt, an dem ich es vor mir nicht rechtfertigen konnte, mir selbst etwas Gutes zu tun – eine Zeit lang hatte ich das Gefühl gehabt, keine Pause, keinen Tapetenwechsel und keinen Spaß verdient zu haben –, hatte ich längst überschritten. Stattdessen war ich jetzt in einem Stadium der Verzweiflung, die mit dem sicheren Wissen einherging, dass es notwendig war, mal wegzufahren, und sei es nur für ein paar Tage.

Die Dachbodendielen im Haus meiner Großmutter sind breit. Aus gelbem Kiefernholz, drei Zentimeter dick, zwischen zwei und drei Meter lang und über einen halben Meter breit. Als Kind hatte ich im Sommer dort oben übernachtet. Spinnweben hingen schwer vom Staub von den Balken, und das nächtliche Knarzen, dieses Seufzen und Quietschen des unter Last stehenden Holzes, rührte von Gespenstern. Freundliche Gespenster zwar, aber dennoch Gespenster. Eine Stiege führt hoch zu einer

Luke im Dach, einer schweren Falltür, die sich zum Himmel hin öffnet. Als Jugendliche habe ich abends dort oben Stunden verbracht. Auch jetzt roch der Dachboden nach Holz und Staub, nach etwas Trockenem, Altem und in seiner Lebendigkeit Eindringlichem, das einem ganz anders auf den Pelz rückte als die Wände meiner Wohnung.

Auf die an den Wänden und unter dem hohen Spitzdach angebrachten Bretter trifft die Wendung *Früher hat man's ganz anders gemacht* voll zu. Denn solche Bretter kann man heute schlichtweg nicht mehr machen. Für derart breite Bretter braucht man nämlich entsprechend dicke Bäume, aber die dicken Bäume haben wir längst gefällt und den jungen lassen wir nicht genug Zeit, um so dick zu werden und Jahr für Jahr neue Ringe anzusetzen. (Man stelle sich vor, wir würden an jedem Geburtstag irgendwie markiert oder körperlich gezeichnet – nicht nur durch ein paar Fältchen um die Augen oder nachgebendes Bindegewebe, sondern durch etwas, das sich zählen und messen ließe.)

In Bilderrahmen steckten alte Fotos von Menschen, deren Namen ich noch nie gehört hatte und die schon lange tot waren. In einer Ecke stapelten sich alte Steppdecken, Koffer mit rostenden Schließen, ein Ausziehbett und kaputte Stühle, die aus den unteren Etagen des Hauses heraufgebracht worden waren. Am tollsten war es hier oben während eines Regengusses, wenn die Tropfen über einem prasselten als nasse, stetig gleichbleibende Regenhymne, die klang, als schlügen kleine Flügel aufs Dach. Dem Wind verlieh das Haus ebenfalls eine laute Stimme. Irgendwann konnte ich anhand der Höhe des Heultons oder des Klage- bzw. Flüstergeräuschs bestimmen, aus welcher Richtung er blies.

In einer Ecke des Dachbodens lehnte inmitten aufeinandergetürmter, eingestaubter Kisten und alter Koffer ein Dielenstück, knapp zwei Zentimeter dick und ungefähr einen Meter lang. Mit seinen vierzig Zentimetern Breite musste es vor mindestens hundertfünfzig Jahren aus einem umfangreichen Baum aus altem Bestand geschnitten worden sein. Auf einer Seite hatte es eingeschnitzte Markierungen, alle sechs Zoll eine Kerbe. Als ich wieder abreiste, nahm ich es mit.

Als ich mit dem Brett unter dem Arm durch die Stadt lief, musste ich mir ein paar blöde Kommentare anhören.

»Na, gehen Sie surfen?«, witzelte einer.

»Oho, die Frau muss sich aber mal *richtig* langweilen«, kalauerte ein anderer.

Ein älterer Mann mit Schnauzbart fragte: »Was für ein Holz ist das?«

»Kiefer«, sagte sein Begleiter, bevor ich antworten konnte. Er hatte eine Adlernase, und über seinem glatten Kahlkopf lagen ein paar weiße Haarsträhnen. Er war für das Wetter passend angezogen. Ich fragte ihn, ob er wisse, was es mit den Markierungen auf sich hatte.

»Ja«, sagte er und erklärte, dass man früher oft mitsamt seinem Haus umgezogen war und die Kerben den Arbeitern beim Aufbau geholfen hatten, die richtige Stelle für jedes Stück Holz wiederzufinden.

Ich nahm das Brett mit nach Hause und verbrachte einige Stunden damit, es mit Sandpapier zu behandeln, Staub und Schmutz abzutragen und die raue Oberfläche wieder glatt zu schleifen. Holzstaub hing in Schwaden in der Luft, und es roch wie auf dem Dachboden. In meinen Nasenlöchern brannte es, als unter der aufgerauten, unbehandelten Oberfläche etwas Helles, Weiches zum Vorschein kam. Holzringe und -wellen traten hervor. Sie waren unter der von einer ungeschliffenen Säge vor mehr als hundert Jahren verursachten groben Schnittkante verborgen gewesen. Dunkle Knoten wurden dunkler, Holzaugen zeigten sich. Während ich mit dem Schleifpapier Schicht um Schicht abtrug, schienen Wirbel und Wellen aus der Oberfläche herauszutreten wie die Kämme einer Sanddüne. Ich rieb und rieb, und das erst noch staubig dunkle Rotbraun des Holzes hellte auf, die Wirbel, Ringe und Maserungslinien bekamen eine lebendig rosarote Lachsfarbe. Nach stundenlanger Arbeit mit stetig feinkörniger werdendem Schleifpapier fuhr ich mit der Hand über das Holz, und es fühlte sich an, als fasste ich Samt an oder eine Wange, Babyhaut. Dass Holz, wenn man sich nur ein wenig Mühe mit ihm gibt, plötzlich so weich werden kann, überrascht mich immer wieder aufs Neue. Es ist ein Wunder der Wandelbarkeit und begeistert mich restlos. Da ist etwas immer noch dasselbe – aber doch vollkommen anders. Mit einem abgerissenen Stück Stoff – ein ausrangiertes, weiches pinkes Tank Top – brachte ich eine Politur aus Kunstharz, Tungöl und Leinöl auf das Holz auf. Mit ihrer Essignote roch die Politur nach Cidre, dazu kam noch der scharfe, sengende Geruch von Terpentin. Sie sah aus wie Honig aus dem Glas. Ich trug sie auf, und das Holz schien sie geradezu aufzusaugen. Erneut änderte sich die Farbe. Die Braunrot-Töne traten wieder kräftiger hervor, so, als wären sie einer magnetischen Anziehungskraft von oben unterworfen, und aus dem hellen Farbton wurde die tiefsatte Farbe des Herbstes. Die Augen und Astlöcher wurden schwarz wie Pupillen, und die Wellen und Ringe nahmen ein sattes Dunkelorange an, das sich vor der Grundfarbe des Holzes ausnahm wie Feuer. Dann brachte ich noch stählerne Haarnadel-Beine an. Das Stück Holz vom Dachboden meiner Großmutter ist heute ein Tisch. Die eingekerbten Markierungen befinden sich auf der Unterseite, als Geheimnis und Erinnerung daran, dass sich so gut wie alles wieder zusammensetzen lässt.

Anfang April griff ich zum Telefon mit dem festen Entschluss, Mary anzurufen und ihr mit Nachdruck klarzumachen, dass ich mir, sollte es in absehbarer Zeit keine Arbeit geben, einen anderen Job suchen müsste. Als ich nach ihrer Nummer suchte, zögerte ich. Eigentlich wollte ich diesen Anruf nicht machen. Mit der durchaus möglichen Antwort – *Nein, sorry, da läuft gerade nichts, du musst dich um dich selbst kümmern* – wollte ich nicht konfrontiert sein. Ich starrte auf Marys Namen auf meinem Telefondisplay. Um den nötigen Mut aufzubringen, stellte ich mir vor, wie ich ihr von dem Tisch erzählte, den ich gebaut hatte, was mir als hinreichender Grund für den Anruf erschien. Ich drückte ihren Namen.

»Ja verdammt, wie geht's dir?«, fragte Mary, ohne Hallo zu sagen.

»Ähm, okay. Ganz okay. Lange nichts gehört …«

»Ich wollte dich gerade anrufen. Ich habe einen Job, im South End. Montag geht's los. Könnte schön schräg werden. Passt dir halb neun?«

Ja, sagte ich zu ihr. Ja. Halb neun passte.

Kapitel 5

SÄGE

Wie man einen Teil vom Ganzen trennt

An jenem Montagmorgen parkten wir vor einem Haus in einer von schmucken Klinkerreihenhäusern und Bäumen gesäumten Straße im Bostoner South End, einem Viertel mit hohen Mieten und reihenweise guten Restaurants und Galerien. Die Wohnung lag ein paar Straßen ab von der Geschäftigkeit der Tremont Street, auf der sich das Boston Center for the Arts mit seiner Cyclorama-Halle und den Künstlerateliers, das Boston Ballet, eine Austernbar, eine auf Boheme-Feeling abzielenden unterirdischen Bar und diverse Boutiquen mit teurem Nippes drängen. Die Haustür war zu, und Mary hatte noch keinen Schlüssel.

Sie klingelte. Nichts tat sich. Sie klingelte noch einmal und sagte dann: »Könnte ein Problem sein.« Wir waren beide in Anwesenheit der anderen etwas verlegen, immerhin hatten wir uns fast ein halbes Jahr nicht gesehen. Mary zog ihr Telefon heraus und rief die Frau an. Niemand ging ran. »Wir sind jetzt vor Ihrem Haus und würden gern rein. Bis dahin!«, sprach Mary auf den Anrufbeantworter.

Wir standen noch ein paar Minuten auf der Treppe herum. Der Morgen war kühl, aber es war die Art Kühle, die schon die kommende Frühlingswärme ahnen ließ. Der in Massachusetts ewig andauernde Winter war vorbei. Noch zeigten sich keine Blütenknospen oder erstes Grün an den Bäumen, aber lange würde es nicht mehr dauern. Die Luft war weich und raunte der künftigen Blüte zu: Komm! Ich drückte wieder auf die Klingel. Wir konnten es oben im ersten Stock schellen hören. Und endlich vernahmen wir auch Schritte, die die Treppe herunterkamen, dann ging die Tür auf. Da stand eine Frau mit zerrauften Haaren und dicken, aufgequollenen Tränensäcken unter den Augen, der die Schlafanzughose auf der Hüfte hing und das T-Shirt von der Schulter rutschte. »Hallo, Nidhi«, sagte Mary, »tut mir leid, dass wir Sie geweckt haben.«

Ohne ein Wort zu sagen, drehte Nidhi sich um und stieg wieder die Treppe hinauf. Wir hinterher. Sie ging in ihre Wohnung und wandte sich nach rechts in den Flur. »Ich schlafe noch«, sagte sie und schloss die Tür zu ihrem Schlafzimmer.

Wir hatten den Auftrag von einem Immobilienmakler bekommen, einem Bekannten von Mary. Wir sollten die Wohnung auf Vordermann bringen: Einbauschränke und Handläufe reparieren, durchhängende Einbauregale wieder gerade machen, ein paar halbfertige Malerarbeiten zu Ende bringen oder übermalen (»Wahrscheinlich eine manische Episode«, sagte Mary über eine Stelle mit knallpinker Farbe), das Badezimmer mit Muskelschmalz instand setzen und einen neuen Waschtisch einbauen. Alles in allem: die Wohnung ein bisschen aufpeppen, bevor sie auf den Markt geworfen werden sollte. Dieses Aufpeppen hatte sie aber auch nötig. Ein guter Job, um nach der langen Pause wieder reinzukommen – viele kleine Reparaturen und einfache Sachen, die schnell von der To-do-Liste gestrichen werden konnten, nichts allzu Anspruchsvolles.

»Du hättest mal letzte Woche hier sein sollen«, flüsterte Mary. »Überall lag Müll rum. Man konnte sich überhaupt nicht bewegen.« Ich spürte die Nähe des Etwas-zusammen-Tuns. Damit sich dieses Gefühl der Kameradschaftlichkeit wieder einstellte, brauchte es nach Monaten der Trennung nur ein vertrauliches *Ich erzähl dir jetzt mal was* beim Ausladen und Hochschleppen. Und Mary erzählte noch ein bisschen mehr. Ein professioneller Aufräumcoach arbeitete mit der Frau, aber sich durch ihre Wohnung zu bewegen war – obwohl einige Fortschritte zu verzeichnen waren – immer noch eine Herausforderung. Hier ein paar Lampen, dort ein paar Holzkisten, Mülltüten auf Haufen, Kartons, auf denen *!!!zerbrechlich!!!* stand, noch ein Karton, auf dem ein Aufkleber mit der Aufschrift »selten benutzte Unterwäsche« klebte, Haarspraydosen, Haarreifen, ein Korb voller Sonnenbrillen, Spiegel – diverse Spiegel, auch sehr, sehr große –, die in riskanten Winkeln an der Wand lehnten und verzerrte Spiegelkabinett-Reflektionen entstehen ließen. Es war eigentlich ein heller, klarer Morgen, aber hier drinnen war es so düster wie kurz vor Einbruch der Nacht. Die Vorhänge waren zugezogen, und über den Vorhängen selbst hingen zusätzlich dicke, dunkle Handtücher. Dahinter, also direkt auf den Fensterscheiben, klebten alte Schallplattenhüllen. Auf einem alten R.E.M.-Albumcover war Michael Stipe zu sehen, noch mit Brille und vollem, welligem Haar. Die Luft kam einem vor, als säße sie seit Wochen ungelüftet hier drinnen fest.

»Keine Ahnung, ob ich sie als Messie bezeichnen würde«, flüsterte Mary, als wir mit unseren Werkzeugeimern, Abdeckplanen und zwei Eimern Farbe die Treppe hinaufstiegen. Klar, bei Messies, die man im Fernsehen sieht, liegen unter Bergen von zerbrochenem Geschirr, Stoffmustern und alten Puppen gleich verwesende Katzenkadaver. Diese Wohnung hier schockierte einen nicht auf diese Art, aber es war offensichtlich, dass es hier um mehr ging als um das Chaos vor einem bevorstehenden Umzug.

»Wegen dem Umzug habe ich wieder mit dem Rauchen angefangen«, sagte Nidhi, als sie gegen Mittag immer noch im Schlafanzug, aber mit immerhin nicht mehr ganz so verwüsteter Frisur, aus ihrem Zimmer kam. »Ich hatte vor zehn Jahren aufgehört.« Sie zog nach Pennsylvania, um in der Nähe ihrer Mutter zu sein. »Ich habe hier dreizehn Jahre gewohnt«, sagte sie. »Zeit für eine Veränderung.« Ihre Worte klangen eingeübt – als ob sie sich selbst noch zu überzeugen versuchte oder die Äußerung eines anderen wiederholte.

Im Umgang mit dem Werkzeug fühlte ich mich unbeholfen, völlig aus der Übung, und nachdem ich Sägen und Werkzeugeimer die Treppe hochgetragen hatte, schlug mir das Herz hart in der Brust, und mein Atem ging schnell. Aber es fühlte sich gleichzeitig vertraut an, so, als kochte man ein Rezept, das man eine ganze Weile nicht zubereitet hat – man erinnert sich zwar an das Messer und wann das Salz dazukommt, aber plötzlich zögert man, es melden sich leise Zweifel, man kommt aus dem Tritt und fragt sich: *Stimmt das, ist jetzt wirklich das dran?* Ich durchwühlte den Eimer nach einem Schraubenzieher und schnitt ein Stück Kantholz zu. Der Raum füllte sich mit dem sauberen Geruch nach Kiefernholz, und ich dachte: *Natürlich erinnere ich mich.* Ein leises Lächeln lag auf meinem Gesicht. Und in meinem Finger steckte ein Splitter.

Mary bat mich, doch zu versuchen, ein paar zusammenbrechende Bücherregale im Schlafzimmer instand zu setzen. Vorn an eins der Regale war ein Blatt Papier geheftet. In einer sauberen, zuversichtlichen Handschrift, die sicherlich zu einem Menschen gehörte, der anderen dabei half, ihr Leben zu organisieren, waren untereinander einige Fragen aufgelistet – Kriterien, nach denen sortiert und aufbewahrt werden sollte:

Ist es noch modern? Hat es eine gute Qualität? Ist es in Ordnung, kann ich mich darin zeigen?
Habe ich es im letzten Jahr mal angehabt?
Passt es zu mindestens drei Outfits, die ich besitze?

Wie viele ähnliche Teile habe ich bereits? Das beste aus-
suchen und die Zahl der Teile, die aufbewahrt werden, von
vornherein einschränken!
Ist es etwas Besonderes?
Steht es für das, was ich bin? Fühle ich mich wohl darin?
Passt es mir? Sehe ich gut aus darin?

Ich stellte mir vor, wie Nidhi mit der Liste in der Hand eine
Halskette mit kaputtem Verschluss, eine alte Duschablage oder
eine Strickjacke aus dem Secondhand-Laden mit losen Knöp-
fen aufhebt. Behalten oder wegschmeißen. Schatz oder Schund.
Bleiben oder gehen.

Ich musste an ein Bild aus dem Fotoband *Moving Out* von
Robert Frank denken. Ein über weite Teile unscharfes Schwarz-
weißbild zeigt im Vordergrund einen Felsen mit etwas Schnee
darauf. Zwei Telefonmasten flankieren das Bild, verschwom-
mene Stromkabel ziehen sich quer über die Horizontlinie. In
scharfem Kontrast tritt das Weiß des Schnees auf dem Stein
vor dem mittelgrauen Hintergrund des restlichen Bildes als
leuchtende Form hervor. Es ist weniger Landschaft als vielmehr
Abstraktion. Ein Stimmungsbild. Die Atmosphäre ist harsch,
ähnlich einem stillgestellten Sonntagnachmittag im Februar,
wenn es den Anschein macht, als würde der Winter noch ewig
weitergehen. Mit einem Pinsel oder der Fingerspitze sind auf
das Foto die Worte STILLHALTEN Weitermachen gekritzelt. Die
Buchstaben sehen aus, als seien sie mit Blut geschrieben worden.

»Das Sonnenlicht macht mich fertig«, sagte Nidhi.

Schonend meinte Mary: »Aber zum Streichen müssen wir die
Handtücher und Wandbehänge runternehmen.«

»Der Vormittag ist immer schwierig für mich. Das haben Sie

wahrscheinlich schon gemerkt.« Sie lachte. Sie war sympathisch, ein bisschen nervös, aber freundlich. Sie bedankte sich bei uns, dafür, dass wir ihre Wohnung wieder in Schuss brachten. Sie gab ihre Meinung zur Wandfarbe ab, meinte, bei dem Beige im Flur sei sie nicht so sicher.

»Ich sollte doch einfach hierbleiben.«

»Sie muss sich so langsam an den Gedanken gewöhnen, dass das hier nicht mehr lange ihre Wohnung sein wird«, sagte Mary später zu mir, als wir auf der Treppe vor dem Haus saßen und Mittagspause machten.

So ganz hatten wir unseren Rhythmus noch nicht wiedergefunden, wir waren noch in der Wiedereingewöhnungsphase. Es fühlte sich an, wie nachts durch ein Haus zu laufen, in dem man sich früher mal sehr gut auskannte. Man hat zwar noch eine ungefähre Erinnerung daran, wo das Sofa stand und wie man es schafft, nicht an diese eine Tischecke zu stoßen, aber das Gefühl bleibt trotzdem unbeholfen, und man streckt lieber die Hand aus, um nicht doch noch gegen eine Wand zu rennen.

»Wir brauchen einen klaren Kopf«, sagte Mary. »Und deine Muskeln zurück.«

In Nidhis Küche war die Arbeitsfläche neben dem Kühlschrank mit einer klebrigen schwarzen Schmiere überzogen. Mäuseköttel lagen in Pfannen und Töpfen auf dem Herd und als kleine Häufchen in den dunklen Ecken der Arbeitsfläche. Ein ganzer Küchenschrank war voll mit nur halb ausgetrunkenen Limodosen. Die Front einer kleinen Schublade neben dem Ofen war locker, auch der Griff baumelte nur noch lose daran. Als ich die Schublade aufmachte, um von innen alles wieder festzuschrauben, stieß ich auf fünfzehn, vielleicht zwanzig orangefarbene Pillendöschen aus der Apotheke, manche bis oben voll mit Tabletten, andere so gut wie leer. Mary stand auf der Leiter und richtete die Türen an Hängeschränken über dem Kühlschrank wieder gerade. Ich sah zu ihr hoch.

»Ich weiß«, sagte sie, »sieh einfach nicht hin.«

Ich wollte ja gar nicht hinsehen. Aber natürlich wollte ich das eigentlich doch. Ich wollte Hinweise darauf bekommen, was diese Frau eigentlich hatte. Was diese Pillen – diese vielen Pillen – eigentlich in Ordnung bringen sollten.

Zunächst brachte ich die Schublade in Ordnung. Sie schloss wieder reibungslos, lief sauber auf ihren Schienen, die Front war befestigt und der Griff wieder festgeschraubt.

Zeit in den Wohnungen anderer Menschen zu verbringen war mit das Beste an der Schreinerei, und nach der langen Zeit in meiner eigenen Wohnung war ich jetzt ganz besonders dankbar dafür, wieder sehen zu dürfen, welche Sorte Müsli andere Leute aßen, wie sie sich ihren Kaffee brühten, welche Bilder an ihren Wänden hingen und welche Bücher sie auf den Regalen stehen hatten. Die Bücher bekamen immer als Erstes meine Aufmerksamkeit. Immer, wenn Mary nach draußen ging, um eine zu rauchen, und manchmal auch, wenn ich eigentlich eine Türschwelle einbauen sollte, schaute ich mir an, was bei anderen auf den Regalen stand. Und ich warf Blicke auf alles, was offen auf dem Schreibtisch lag – Post-its mit Telefonnummern, ein Foto des Paares, als es noch jünger war, eine aus der Zeitung ausgeschnittene Traueranzeige. »Hör auf mit der Schnüffelei«, sagte Mary immer. Haben sie Katzen? Kinder? Ist das Bett gemacht? Würde ich hier wohnen wollen? Würde ich so leben wollen?

Hat jeder Mensch den Impuls, bei anderen Leuten ins Fenster zu schauen? Was ist es doch für eine kleine, sehr besondere Freude, andere in einem Augenblick ihres alltäglichen Lebens zu sehen, einen Blick zu erhaschen auf jemanden, der über einer dampfenden Pfanne am Herd steht, der die Ecken des Bettlakens über eine Matratze zieht, sich die Zähne putzt oder sich gerade den Pullover auszieht. Die Schreinerei gestattete einem diesen Blick ins Leben anderer Menschen – und noch nicht mal einen nur flüchtigen Blick in ein hell erleuchtetes Fenster, sondern einen Blick, der durch die Eingangstür in die Zimmer hinein ging.

Im Türrahmen zu Nidhis Küche klebte ein knallpinkes Post-it, auf dem stand: »Warum musst du immer alles bewerten?«

Der Spruch selbst barg eine Wertung, die sich gegen alle richtete, die diesen Zettel lasen. Es war eine nicht besonders nette Mahnung: Woher nimmst du dir das Recht, was glaubst du eigentlich, wer du bist? Dabei machte es mich sowieso schon nervös, dass sie uns dabei zusah, wie wir uns in ihren Privaträumen aufhielten und sie darüber langsam kennenlernten. Wenn man eine Notiz braucht, die einen daran erinnert, dass man nicht immer alles bewerten soll, stehen die Chancen gut, dass man der Gewohnheit, immer alles zu werten, noch stark frönt. Es machte mir stärker bewusst, wie ich mit Nidhi umging – und wie Mary mit ihr umging. Wenn man in der Wohnung anderer Menschen arbeitet, betritt man die Privatsphäre von Fremden, und eine merkwürdige Intimität stellt sich ein.

Nidhi ertappte mich dabei, wie ich ein Foto an ihrem Kühlschrank betrachtete, auf dem eine schöne Frau mit strahlenden Augen und vollem Haar auf einer Verandabrüstung saß. Die Frau auf dem Bild lächelte nicht, aber sie sah trotzdem glücklich aus, und das Licht ging in Richtung Abendlicht.

»Das ist meine Mutter. Ist sie nicht schön?«

»Ja, allerdings.«

»Sie wird einfach nicht älter. Auch mein Vater sieht noch ziemlich jung aus. Er geht jeden Tag dreizehn Kilometer laufen. Ich habe gute Gene. Für wie alt halten Sie mich denn?«

Ich schätzte sie auf Ende dreißig, befürchtete aber, dass ihre Tränensäcke und ihr müder Mund das Ergebnis der Pillenschublade waren und sie durch die Tabletten vorzeitig gealtert war. Ich zog ein paar Jahre ab.

»Dreiunddreißig?«

»Ha!«, sagte sie mit einem Lachen. »Hab ich's nicht gesagt. Gute Gene. Ich bin vierundvierzig.« Sie machte einen überaus zufriedenen Eindruck, und mich beschlich das Gefühl, dass sie dieses Spiel mit vielen Leuten spielte.

Im Flur zum Schlafzimmer stand in zwanzig Zentimeter hohen, auf die Wand gekritzelten Kreidebuchstaben: »In Lulu ist es 6 Stunden später!!!« Ihre Schwester lebte auf Hawaii, das hatte sie irgendwann mal erwähnt. Ob sie sie immer wieder viel zu früh am Morgen anrief?

Wir übermalten den Schriftzug an einem Dienstag.

Ungefähr eine Woche, nachdem wir mit ihrer Wohnung fertig waren, bildete ich mir ein, Nidhi auf der Straße zu sehen, mit einer riesigen Sonnenbrille auf der Nase und einem großen schwarzen Hund an der Leine. Es war komisch, ihr außerhalb des Wohnungskontexts zu begegnen, und ich war zu nervös, um Hallo zu sagen. Ich schaute runter auf meine Füße und wechselte die Straßenseite. Keine Ahnung, ob sie mich gesehen hat. Ich weiß nicht mal, ob sie's überhaupt war.

So begann eine Saison, die danach wie im Flug verging. Im Spätsommer bekamen wir den Auftrag für die Totalrenovierung einer Küche. Nichts an dieser Küche – in einer hübschen Wohnung im zweiten Stock in Cambridge – würde unverändert bleiben. Sie würde einen neuen Boden und neue Einbauschränke bekommen. Neue Arbeitsflächen. Neue Küchengeräte. Eine Tür würde versetzt werden und eine Vorratskammer eingebaut.

Herd und Spüle sollten von der einen auf die andere Seite des Raumes umziehen, und das bedeutete die Neuverlegung der Rohrleitungen. Es war ein richtig großer Job, und Marys Begeisterung war ansteckend.

Die Wohnung gehörte Alice und Bettina, zwei Frauen Anfang fünfzig. Bettina stammte aus dem Schwarzwald, war kräftig gebaut und auf teutonische Art und Weise groß. Sie hatte einen leichten deutschen Akzent. Beim Sprechen zog sie ihr Kinn in Richtung Brust, was trotz ihrer Körpergröße den Eindruck entstehen ließ, dass sie von unten zu einem heraufschaute. Sie strahlte eine gewisse Nachgiebigkeit aus, was ihre imposante Erscheinung abschwächte und ihren Studierenden an der Universität, an der sie lehrte, sicherlich gefiel. Alice wiederum war auf kleine, rundliche Art und Weise raumgreifend, ihre dicken Brüste hingen BH-los da wie Münzsäcke. Von Anfang an war klar: Die Küche war Alices Sache. Sie hatte sie geplant und würde auch diejenige sein, die auf dem gastronomietauglichen Herd Fleisch briet und auf der marmornen Küchentheke köstlichen Plätzchenteig auswellte. Außerdem arbeitete sie von zuhause aus, weswegen wir sie wohl viel zu sehen bekommen würden.

Eine irre Hitze lastete auf der Stadt, und es wurde immer noch heißer. Im Juli vergeht man in Boston vor Hitze und Sommergestank. Die drückende Luft macht jede Umarmung und jedes Kleidungsstück zur Tortur. Die Hitzegrade empfand ich wie unsichtbare Ruten, die sich dicht gebündelt und schwer vor Schwüle auf die Haut legten und zuschlugen, wenn man sich bewegte. Ich schwitzte und schwitzte und war ganz benommen vor Hitze.

An unserem ersten Tag bei Alice und Bettina entluden wir den Transporter und brachten das Werkzeug hoch in den zweiten Stock. Wir gingen schnell, und unsere Last fühlte sich leicht an, weil wir sie mit der Dynamik und dem Optimismus trugen, die ein neuer Job mit sich bringt.

»Du musst dir mal die Fliesen ansehen, die Alice bestellt hat«, meinte Mary und rieb Daumen und Zeigefinger aneinander, so à la *Die haben was gekostet!* »Sie sind wunderschön. Ich sage Leuten, die eine neue Küche planen, immer, sie sollen sich für eine Sache entscheiden, für die sie dann richtig Geld ausgeben. Entweder die Einbauten, die Fliesen oder eine neue Kücheninsel, egal.«

Fliesenlegen war das Erste gewesen, was ich je zusammen mit Mary gemacht hatte, und es war immer eine meiner Lieblingstätigkeiten bei unseren Jobs geblieben. Ich fand es reizvoll, wie groß die Unterschiede sein konnten. Jede Fliesenart hatte eine ganz eigene Persönlichkeit und eignete sich für einen ganz bestimmten Platz. Winzige weiße, runde Mosaikfliesen sehen als Bodenbelag in einem kleinen Badezimmer gut aus. In einer großen Diele mit hohen Decken wiederum sind großformatige Fliesen gut aufgehoben, auf denen Schuhe mit Absatz dann ein schönes Echo machen. Eine lapislazuliblau gefliese Küchenarbeitsplatte bringt Wärme in den Raum. Auch die Haptik von Fliesen ist sehr unterschiedlich und reicht von glänzend-glatt über erdig-mattiert bis hin zu geriffelt oder dezent gezahnt. Und die Farben variierten: vom Sonnenuntergangsterrakotta über den Schieferton von Strandkieseln bis hin zum reinweißen Versprechen von Klarheit und aufgeräumtem Leben.

Als wir alle Werkzeuge nach oben getragen hatten, nahmen wir den Raum in Augenschein. Die alte Küche war schon ausgebaut, Geräte, Schränke und Bodenbeläge waren entfernt worden, der Raum war leer – bis auf den Kühlschrank, der als einziges noch darin stand und noch verrückt werden musste, bevor wir beginnen konnten. Mary gab mir einen kurzen Abriss über die anstehenden Arbeitsschritte und besprach mit mir, was wo hinkommen sollte. Der Kühlschrank rechts an die Wand, links daneben die Spüle, der Herd direkt gegenüber vom Kühlschrank mitten in die Küchenhalbinsel, die ausgehend vom Zwischenraum zwischen den beiden Fenstern an der Wand uns gegenüber in die Küche hineinragen sollte. Rechts und links von dieser Halbinsel sollten kurze, von Küchenschränken gesäumte Gänge entstehen. An die linke Wand kämen offene Regale, ein Stück Marmorplatte unter das Fenster links, und vor der Tür, die auf die Gartenterrasse hinausging, sollte eine Art Vorratskammer entstehen. Nickend hörte ich Marys Ausführungen zu und versuchte angestrengt, mir alles an seinem Platz vorzustellen. Es braucht Übung und Fantasie, um sich einen eingerichteten, funktionalen Raum vorzustellen, während dieser noch völlig kahl ist. Man starrt in die Leere, und es scheint so gut wie unmöglich, dass dieser Ort irgendwann mal wieder eine richtige Küche sein soll. Aber ich konnte das Potenzial durchaus auch erkennen.

»Jetzt räumen wir erst mal den Kühlschrank aus dem Weg«, meinte Mary.

Ich legte den Arm um die Kühlschranktür, um das Ding gut zu fassen zu kriegen, wobei die Tür versehentlich aufging. Sofort ließ uns ein massiver, grauenvoller Gestank rückwärts taumeln. Die Säuerlichkeit von umgekippter Milch mischte sich mit dem fauligen Hauch akuter Verwesung, was einen abgestandenen, plastikartigen Geruch ergab, so, als ob die Elektrik selbst verrottet wäre. Als schwärzlich kriechender Flaum überzog ein Schimmelpilz alle Regalböden und Schubladen. Alice und Bettina waren für ein paar Wochen nach Deutschland gefahren, um dem Chaos der Renovierung zumindest streckenweise aus dem Weg zu gehen, und hatten vor ihrer Abreise den Stecker des Kühlschranks aus der Steckdose gezogen. Aber sie hatten zwei Joghurtbecher und ein Stück Emmentaler vergessen, und die Temperaturen hatten sich seit ihrer Abreise vor einigen Tagen relativ gleichbleibend um die dreißig Grad bewegt. In einer Schublade traf Mary dann noch auf eine schleimig-grüne Pampe, nicht mehr zu identifizierende, pflanzliche Materie.

Anstatt den Kühlschrank schnell zu verrücken und mit dem Einbau des neuen Türrahmens zu beginnen, verbrachten Mary und ich eine Stunde damit, den Kühlschrank zu schrubben. »Nimm die Schubfächer mit in die Badewanne«, sagte Mary zu mir. Während ich mit Wasser, Sagrotan und einem grünen Schwamm den Schimmel vom Plastik wusch, dachte ich darüber nach, wie oft ein neues Projekt holprig losgeht. Wenn ich Leuten erzähle, dass ich für eine Tischlerin arbeite, haben die meisten zweifellos als Erstes helle Hobelspäne, den heimelig-weihnachtlichen Geruch von Kiefernholz und die meditative Ruhe der handwerklichen Tätigkeit vor Augen. Aber hier stand ich und schrubbte in der Badewanne fremder Menschen Schimmel aus einem Kühlschrank-Gemüsefach. Die Arbeit hat zu Beginn eines neuen Jobs oft wenig mit dem zu tun, was man mit einer Schreinerlehre oder Tischler-Know-how in Verbindung bringt. Sie besteht vor allem aus Unerwartetem.

Aber ist das woanders nicht auch meistens der Fall? Wenn wir uns vorstellen, wie andere Menschen leben, denken wir doch ebenfalls nur an die spannendsten Aspekte, die dramatischsten oder einfach die *lebendigsten*. Ein Chirurg in der Notaufnahme, der einem Mann nach einem Autounfall ein Bein wieder annäht. Eine Malerin, die mit farbig beklecksten Unterarmen ein großes Porträt vollendet und dann mit dem Modell ins Bett steigt. Ein Bauer, der nach einem Erntetag nachhause kommt und einen erdigen Sack mit frischen Möhren oder Zwiebeln auf den Tisch wirft. Manchmal ist unsere Vorstellungskraft aber auch unser Feind, und zwar immer dann, wenn wir unsere aktuelle große Liebe ganz lebensecht in früherer leidenschaftlicher Interaktion mit jemand anderem vor uns sehen oder die Existenz eines anderen Menschen, verglichen mit unserer, als so viel spannender imaginieren.

Aber natürlich verbringen die meisten Menschen ihre Zeit damit, sich zu überlegen, was sie zum Abendessen machen sollen, und – nicht zu vergessen – neue Küchenrollen zu kaufen. Vielleicht ist unsere Romantisierung ein Akt der Hoffnung – der Hoffnung darauf, dass es tatsächlich möglich ist, ein ganz anderes Leben zu leben, in der Arbeit genug Herausforderung und Zufriedenheit zu finden, einen vor Lust entflammten Körper zu haben oder ein Gespräch zu führen, das bis weit in die Nacht dauert und bei dem mit stetig leiser werdenden Stimmen immer wahrhaftigere Dinge gesagt werden. In unseren Vorstellungen von den Erfahrungen anderer Menschen steckt der Ehrgeiz, selbst ein möglichst erfülltes Leben zu führen. *Du bist Schreinerin! Muss toll sein, Sachen zu bauen!* Ja, ist es. Manchmal aber auch nicht.

Nach drei Tagen waren wir endlich so weit, dass wir mit dem Boden anfangen konnten. Am Abend zuvor hatte Mary mich angerufen: »Hör mal, ich muss morgen noch ein paar Erledigungen machen. Zwischen neun und zehn werden die Fliesen geliefert. Die stellen sie bestimmt unten an die Treppe. Könntest du da sein und sie schon mal hochbringen? Dann machst du für morgen Schluss und wir sehen uns am Dienstag wieder.«

Ein paar Kartons mit Fliesen hochtragen und dann Schluss machen? Super.

Also hockte ich bei Alice und Bettina auf der Treppe vor dem Haus und wartete auf den Fliesenlieferanten. Kurz vor zehn kam er mit seinem Laster vorgefahren, die Schultern wie Melonen, von der Stirn tropfte ihm der Schweiß.

»Heiß, was?«, sagte er, fing an, die Kisten abzuladen, immer zwei auf einmal, und sie unten an die Treppe zu stellen. »Hilft dir denn jemand, Schätzchen? Oder bringst du alle allein nach oben?«

»Allein.«

»Gibt's hier einen Aufzug?«

»Nein.«

»Na, dann weißt du ja, was du heute zu tun hast. Immer schön cool bleiben.«

Er kletterte auf seinen Laster und fuhr dröhnend weiter zur nächsten Auslieferung.

Wer bitte braucht denn einen verdammten Aufzug?

Wie der Beginn einer Festung standen fünfundzwanzig Fliesenkartons plus zwei Dreißig-Kilo-Säcke Zement am Treppenabsatz. Was die Fliesen anbelangte, hatte Mary Recht gehabt: Es waren wunderschöne, zwölf auf zwölf Zentimeter große Quadrate, schiefergrau wie geschliffener Stein, und keine zwei gleich. Manche hatten kleinere Hubbel und Kuhlen, manche waren von Streifen helleren Graus durchzogen, wie die Maserung mancher Felsen am Strand. Schon wie sie da in ihren Schachteln lagen, konnte man sich leicht vorstellen, wie es sich anfühlen würde, barfuß auf ihnen stehend am Sonntagmorgen Rühreier zu machen oder sich abends auf Zehenspitzen schleichend vorm Ins-Bett-Gehen noch ein Glas Wasser einzugießen. Ich betrachtete die Fliesenstapel. Also dann. Viele Male hin- und herlaufen, aber wahrscheinlich konnte auch ich zwei Schachteln auf einmal tragen, wie der Fliesenlieferant.

Ich hob einen Karton an – *ach du Scheiße!* – und stellte ihn gleich wieder ab. Dann musste ich lachen. Zwei Kartons auf einmal tragen würde ich also nicht. Ich konnte das Gewicht gar nicht glauben. Jede Schachtel war nicht größer als ein Kastenbrot, wog dabei aber fünfzehn Kilogramm. Zwischen mir und dem zweiten Stock lagen dreißig Treppenstufen. Und die Temperatur lag jetzt, um zehn Uhr morgens, schon leicht über dreißig Grad.

Ich begab mich in den Maultier-Modus. Karton für Karton mit gleichmäßigen Schritten die Treppe hochgetragen, dann wieder runtergesaust, um die nächste Ladung zu holen. Karton auf die Arme, hoch damit, anschließend wieder hinunterhüpfen. Es hatte hypnotische Qualität. Ich war ein hirnloser, ausschließlich körperlicher Körper, der sich hinauf- und hinunterbewegte. Ich brauchte nichts als Muskelkraft, Geduld und den Willen, diese Sache erledigt zu bekommen. Ganz ähnlich der Aufgabe, schimmelige Kühlschrankfächer sauber zu machen: langweilig, notwendig, viel zu wenig von vornherein mitgedacht.

Der Kartonstapel am Fuß der Treppe wurde kleiner, am Treppenabsatz oben dagegen wuchs er in die Höhe. Noch zehn Kisten, noch vier, noch eine – dann fiel mir auf, dass ich die beiden Zementsäcke nicht bis zuletzt hätte übrig lassen sollen. Ich überwand an jenem Tag achthundertzehn Treppenstufen und bewegte vierhundertfünfzig Kilogramm, fast eine halbe Tonne. Die aus dieser Anstrengung resultierende Befriedigung unterschied sich deutlich von dem mir bekannten Gefühl, wenn hinter eine Buchrezension oder ein Porträt pünktlich zum Abgabetermin der Punkt gesetzt war.

Einen Text fertig geschrieben zu haben war für mich immer

verbunden gewesen mit einem Gefühl der Erleichterung, gekoppelt mit einer gewissen Ausgelaugtheit, es stellten sich eine kurze Entleertheit und Gereiztheit ein, übellaunig und hohl. Nach einer Textabgabe spürte ich hinter den Augen immer eine Art von Stechen, und die erste Person, die mir in diesem Zustand begegnete, bekam ein angespanntes Lächeln und eine gewisse Unaufmerksamkeit von mir. Je vollständiger ich für eine Weile nur in der Welt des Schreibens existiert hatte, umso weiter weg fühlte ich mich von der um mich herum existierenden Welt, und der Schritt zurück machte mich immer mürbe, vor allem, wenn der Text – was natürlich nicht oft vorkam – nur so aus mir herausgeströmt war, in jenen seltenen Momenten, in denen die Worte kommen und sonst nichts. Aber so gut wie sofort nach dem Beenden eines Textes ließ das Leuchten auch schon wieder nach, und ich nahm nichts mehr wahr außer den Schwachstellen.

Das Arbeiten mit Mary war anders. Auf alles, was wir gebaut hatten, sah ich mit Zufriedenheit und Stolz zurück, sogar auf Dinge, die das gar nicht verdient hatten. Die Bücherregale für den reichen Psychiater mit dem Flügel waren zweifelsohne die besten Bücherregale, die jemals gebaut worden waren. Einen besseren Bambusboden als den, den wir in einem Kellerraum verlegt hatten, um ihn zu einem Schlafzimmer zu machen, hatte die Welt noch nicht gesehen – völlig unabhängig davon, dass der Boden die Farbe von Pflastern hatte. Die Verandatreppe in Somerville: Stundenlang könnte ich sie hoch und wieder hinunterlaufen – genau so muss eine Treppe sein.

Beim Heben und Schleppen dieser Fliesenkartons, mit angespannten Muskeln, konnte ich nicht anders, als zu merken, dass ich schwitzte und keuchte. Als ich den letzten Karton und den allerletzten Zementsack neben der Tür zur Küche abstellte, fühlte ich mich geradezu beschwingt. Als ganzes Selbst empfand ich mich ehrlicher, brauchbarer – und gebrauchter. Ich musste mich nicht mit Hängen und Würgen zurück in die andere, richtige Welt holen. Ich war die ganze Zeit über da gewesen. Ich zog das T-Shirt aus und wrang den Schweiß über dem Waschbecken im Bad aus.

Dann rief ich Mary an. »Fertig«, sagte ich.

»Woohooo! Du musst ja klitschnass sein, Mädchen. Trink bloß genug Wasser und geh heute Nachmittag irgendwo schwimmen. Wir sehen uns morgen in alter Frische – und aller Frühe.«

Ich witschte die Treppe hinunter und schloss hinter mir ab. Als ich an jenem Tag von der Arbeit aufbrach, hatte ich den Eindruck, weiter in die Ferne blicken zu können. Auf dem Nachhauseweg ging ich durch schwere Luft, Schweiß lag den Menschen feucht auf der Stirn. Anzugshemden klebten Passanten auf Rücken und Brust, und die Blätter an den Bäumen schienen noch satter grün zu sein, fast wohlwollend, als ob sie sich der Hitze gewahr wären und ganz diensteifrig Schatten spenden wollten. Ich lächelte jemandem auf der anderen Straßenseite zu, und er lächelte zurück. Alles war okay, und alles würde okay sein. Die kleinen Problemchen und Wehwehchen waren nichts weiter als das – klein eben – und verflüchtigten sich angesichts einer viel größeren und viel stärker strömenden Verbundenheit mit dem Leben selbst. Mauern stürzen ein, und zwar jene, die uns den Blick aufeinander verwehren, den Blick auf die Blätter und den Himmel, Mauern, die uns abspalten vom bewussten Lebendig-Sein.

Und diese Kartons waren scheißschwer gewesen, und ich war froh, mit ihnen durch zu sein.

Eigentlich aber war ich zu jenem Zeitpunkt über das Stadium, nur Sachen-Schlepperin zu sein, schon hinaus. Statt Mary einfach zu helfen oder ihr bei ihrem Tun nur zuzusehen, war ich für gewisse Teile eines Projekts auf mich selbst gestellt.

Für die Vorratskammer ließ Mary mich beispielsweise einfache Schränke aus Birkensperrholz bauen, die hinterher in dem kleinen Durchgangsbereich zwischen Küche und Terrasse quasi verschwinden würden. Mit der Tischsäge schnitten Mary und ich dünne, quadratische Sperrholzplatten in entsprechende Stücke (wir setzten Längsschnitte, parallel zur Holzfaser). Mit der Kreissäge schnitt ich entsprechend noch die Seiten- und Kopfteile für die Korpusse zurecht und fügte alles mit Holzleim und Nagelpistole zusammen. Nach jedem Schuss aus der Pistole stieg ein feuersteinartiger Geruch auf. Ich setzte die Kästen so auf den Boden, dass sie aussahen wie hohe Zäune um einen großen Sandkasten, und befestigte an jeder Rückseite eine noch dünnere Sperrholzplatte, damit die Korpusse nicht wackelten. Wer von einer Schachtel Tiefkühlstieleis den Boden und den Deckel abschneidet und nur noch den Seitenrand stehen lässt, der kann sich vorstellen, was passiert, wenn man diesen hin und her bewegt. Und genauso instabil wären Einbauschränke, wenn sie nicht durch Rückenteile gestützt würden.

Die Schränke und Regale brauchten Verblendungen, um das hässliche, unfertige Aussehen des Sperrholzes zu kaschieren. Sperrholz besteht ja aus sehr dünnen Holzplatten, die quer zur Maserung aufeinander geleimt werden – die Maserung jeder neuen Platte verläuft in die andere Richtung wie die der vorigen, was die Platte insgesamt unanfällig macht gegen Biegen, Quellen, Schrumpfen und Splittern. Sperrholz ist robuster als natürliches Holz, aber trotzdem sehr viel kostengünstiger als Massivholz. Für die Fliesen hatte Alice richtig was springen lassen, beim Vorratsraum aber hatte sie gespart. Es war aber auch absolut naheliegend, bei diesen Schränken, die man niemals von der Seite sehen würde, mit Sperrholz zu arbeiten.

Um die Sperrholzkanten vorne verschwinden zu lassen, schnitt ich Zierleisten aus Pappelholz zu, etwas breitere für die Schränke, etwas schmalere für die Regale. Pappel ist ein sahnefarbenes Holz mit grünen Wirbeln, das manchmal noch einen Streifen in der Maserung hat, der an die letzten Augenblicke eines Sonnenuntergangs im Winter erinnert. Pappel ist ein recht kostengünstiges Hartholz, dabei aber unanfällig für Dellen und Kratzer in einem vielbenutzten Raum wie einer Vorratskammer. Die Einteilung in Weich- oder Hartholz hängt davon ab, wie der jeweilige Baum seine Fortpflanzung bewerkstelligt. Um die Geister des Biologieunterrichts in der Mittelstufe wieder heraufzubeschwören: Bedecktsamer, deren Samen in einem geschlossenen Fruchtblatt stecken – typischerweise also sommergrüne, Laub abwerfende Bäume –, sind Harthölzer, beispielsweise Mahagoni, Walnuss, Eiche, Teak und Esche. Zum Weichholz gehören Kiefer, Fichte, Zeder, Redwood und sämtliche Koniferen, die allesamt Nacktsamer sind, denn deren Samen fliegen nackt mit dem Wind. Weichholz wächst schnell und ist im Normalfall billiger als Hartholz. Hartholz ist typischerweise dichter – mit der Ausnahme von Balsaholz, aus dem man diese zweiteiligen, sommers immer im Garten abstürzenden Flugzeuge macht.

Ich maß aus, zeichnete an und schnitt zu. Sechs Regalborde für jeden Schrank, dazu Leisten an die Vorderkanten. Alles in allem also vier Korpusse, zwei Sockel, vierundzwanzig Regalbretter und achtundfünfzig Zierleistenstücke – hundertzehn Holzteile für diese Einbauschränke. Danach kamen das Schleifen, Grundieren und Lackieren. Und dann waren aus Sperrholzplatten und Pappelbrettern vier Schränke geworden, robuste, nützliche Dinger.

»Hey, Mary!«, rief ich von der Gartentür aus. »Komm doch mal her!« Vor Stolz fast platzend stand ich neben meinen Schränken. Mary kam lächelnd zu mir und schlug mit mir ein. Wir berührten oder umarmten uns nicht sehr häufig, und unsere High Fives waren immer etwas unbeholfen und dabei sehr ernsthaft. Ich wurde rot. Ich hatte ein ganz bestimmtes, ungewohntes Gefühl dabei – obwohl es mir auch nicht gänzlich unbekannt war: Es war ein lange nicht empfundener, ganz kindlicher Stolz.

Aber da war auch noch mehr. Ich empfand nicht nur dieses Schau-mal-was-ich-gemacht-habe-Frohlocken, sondern eine noch tiefere Befriedigung. Ich hatte an einem Arbeitstag vier große Schränke gebaut, die rechtwinklig waren und hielten. Schwitzend standen Mary und ich gemeinsam davor. Die Sonne hing schwer im Westen und schien sich noch einmal aufzublähen, bevor sie dann ganz gewichtig unterging. Ich hatte das Gefühl, dass etwas geschehen war, das seine Richtigkeit hatte. Erst war da nichts gewesen, dann waren da Küchenschränke, deren Regalböden benutzt werden würden: für Müslischachteln und Bohnendosen, für Kuchenbleche und Küchenkrepp, für Haferflocken, Sirup und Gewürzgläschen. Als wir in der stehenden Hitze dieses Spätnachmittags auf der Gartenveranda eine Pause machten und ich zu ihr sagte, wie sehr ich diese Schränke liebte, lächelte Mary erst. Dann lachte sie und sagte: »Sie sehen aus wie Särge in Übergröße.«

Ein paar Tage später erreichte die Hitzewelle ihren Höhepunkt. Die Installateure fluchten. Der ältere von beiden, der breitschultrige Ben mit dem runden Kahlkopf, lag mit ausgestreckten, dicken Armen auf dem Rücken unter der Küchenspüle. Perlenketten aus Schweiß lagen auf seiner Kopfhaut wie Edelsteine. Beim Tasten nach Rohren und Ventilen machte er die Augen zu – und dann lag da dieser schwere, erwachsene Mann mit geschlossenen Augen auf dem Boden und der Schweiß perlte von seiner glatten Kopfhaut. Er schloss die Augen, weil er so besser fühlen konnte, und ich musste daran denken, dass wir deswegen ja auch beim Küssen die Augen schließen. Als er sich wieder hochstemmte, hinterließ sein feuchter Rücken einen dunklen Fleck auf den Schieferfliesen, einen Schweißschatten, der so schnell trocknete wie Steine am Strand in der Sonne.

James, der jüngere der beiden Installateure, war im Keller und brüllte irgendwas wegen der Wasserleitungen in ein rauschendes Walkie-Talkie. Mary befand sich in dem Zwischenboden über der Küche. Auf dem Bauch liegend, verlegte sie ein Lüftungsrohr, das von der profiküchengroßen Abzugshaube über dem Herd nach oben in die Decke, dann dreieinhalb Meter durch den lichtlosen Kriechzwischenraum und schließlich durch die Außenwand nach draußen führte. Als sie den Schalter umlegte, der den Ventilator anwarf, der Dunst und Fett vom Herd nach oben saugen sollte, klang es, als würde ein Düsenjet starten. Mary versuchte, mit dem Metallrohr klarzukommen, und war schwer beschäftigt. Wenn die Installateure nicht redeten, die Bohrer nicht kreischten und die Hammerschläge pausierten, hörte man sie vor sich hinsummen.

Der Tag begann mit einem Gespräch über Schweine.

»Wie läuft's auf dem Hof?«, fragte Mary James.

»Ich habe gerade zwei Schweine, die beide über dreihundert Pfund auf die Waage bringen. Schwerer darf man sie nicht werden lassen, sonst schmecken sie nicht mehr.« Er sprach davon, dass sie demnächst zum Schlachter kämen, um dann als Wurst in Ein-Pfund-Beuteln zurückzukommen. »Du glaubst nicht, wie viele dieser Ein-Pfund-Tüten wir schon zuhause haben. Alle

Eisschränke sind voll damit.« Außer seinem Bernhardiner bekommen die Tiere bei ihm keine Namen. Er hatte mal eine Kuh namens Meadow, und die Meadow-Burger waren köstlich, aber »ein bisschen traurig« war's eben schon auch.

»Hattest du nicht auch mal ein Wildschwein?«

»Du meinst diesen Keiler? Ja, ein hinterhältiges Vieh.« Er hatte sich gegen den Keiler mal mit einem Kantholz verteidigen müssen. Ein schönes Bild: Dieser massige Installateur, wie er einem drahthaarigen, wild dreinblickenden Untier mit hervorquellenden Augen und einem ebensolchen Bauch ein Stück Holz über den Schädel zog. Auch er selbst hatte einen leicht wilden Blick, etwas Ungeduldiges und Trauriges an sich. Ich hörte gern zu, wenn er über seine Schweine sprach.

»Denkst du immer noch drüber nach, raus aufs Land zu ziehen?«, fragte er Mary.

»Ich versuche immer mal wieder, Emily davon zu überzeugen, irgendwo an der Bundesstraße zwei eine Farm zu kaufen.«

»Solltet ihr machen.«

»Entweder das oder gleich nach Alaska.«

Wir holten die Werkzeuge, die wir für den Tag brauchten, und die Hitze fühlte sich um neun Uhr vormittags bereits an wie eine Widersacherin.

»Das wird heute viel Gefluche geben«, hatte Mary schon am Morgen gesagt, als sie die Luke zum Kriechboden geöffnet hatte. Dieser Satz gehörte zu ihren festen Redewendungen. Aber an jenem Tag war er mehr als zutreffend.

Ich befand mich im rückwärtigen Treppenhaus, mein Rücken war längst schweißnass. Ich hatte einen klaren Arbeitsauftrag von Mary bekommen: Ich sollte einen Kanal für die Rohrleitungen bauen, die vom unteren Treppenabsatz bis hoch zur Decke liefen.

»Einen Kanal?«, hatte ich nachgefragt, als sie mir das so gesagt hatte.

»Im Grunde ein Gehäuse, in dem die Rohre verschwinden. Also eine hohe, schmale, dreiseitige Box.« Ich sah sie ausdruckslos an. »Ein Versteck für die Leitungen.« Wir standen auf der Treppe und sahen uns die Rohre an. Es waren vier, manche dicker, manche dünner, eins umhüllt von Plastikschaum. Die Eingeweide des Hauses lagen an dieser Stelle offen, und ein Leitungskanal würde sie verschwinden lassen. Mary erklärte: »Eine senkrechte Verkleidung nennt man Kanal, aber wenn waagrecht unter der Decke Leitungen oder Rohre versteckt werden müssen, ist es eine Untersichtverkleidung. Aber als Erstes müssen die Rohre Brandschutz bekommen.« Und das hieß, in und rund um die Löcher in Boden und Decke, da, wo die Rohre durchliefen, einen giftigen orangeroten Schaum zu sprühen, der sich aufblähte wie verbrannter Mäusespeck. Der Schaum kam aus einer Sprühdose, die aussah, als würde sie Luftschlangen sprayen. Wenn dieser Schaum aufgequollen ist, härtet er aus und bremst die Ausbreitung eines Brandes von Stockwerk zu Stockwerk.

»Kein Problem.«

Ich nahm Maß. Ich schnitt das Holz zu. Ich heftete die drei Leisten mit Leim und der Nagelpistole aneinander. Mary hatte Recht: Es entstand eine lange, schmale, dreiseitige Box. Verglichen mit der Hölle, in der Mary eine Etage weiter oben steckte, hatte ich einen einfachen Tag. Ich transportierte mein Leitungsversteck wie ein Ruder über der rechten Schulter und gab Acht, auf meinem Weg durch die Küche und hinunter ins rückwärtige Treppenhaus nicht gegen Türrahmen oder Küchenschränke zu stoßen.

Ich lehnte das Ding an die Wand. Über mir befand sich der

offenstehende Zugang zum Kriechzwischenraum, und Flocken der Isolierung segelten nach unten, als Mary ein Stück weiter rutschte. Ein paar blieben auf meinem Arm kleben. Ein Fitzelchen landete sogar auf meiner Lippe. Ich versuchte, es auszuspucken.

»Ist nur Zeitungspapier«, kam es von oben.

Das glaubte ich nicht. Ich stellte mir eher eine Mischung aus Zeitungsschnipseln, Mäusepisse, Überbleibseln von Nagetiernestern, Asbestresten und ganz allgemein krebserregendem Staub vor. Ich wollte dieses Giftzeug nicht auf den Lippen haben, und meine Versuche, es mir von den schweißnassen Unterarmen zu wischen, machten meine Sorge nur größer, dass ich es mir so nur noch tiefer in die Poren rieb. Diese Angst überfiel mich jetzt regelmäßig: Wenn wir Zement anmischten, wenn wir abschliffen oder beizten und ganz besonders wenn wir Wände einrissen – ständig machte ich mir Gedanken darüber, was in mich hineingelangte und welchen Schaden es dort anrichtete.

»Kannst du mir mal ein Flachschlitz-Bit geben?«, rief Mary von oben. Sie war die Ärztin, ich die Schwester. Ich krabbelte die Leiter hoch und zwängte mich durch das Loch. Die Hitze in dem Raum legte sich so eng um mich, als ob ich in einen Toaster gesteckt worden wäre. Mary arbeitete beim Licht einer Campinglaterne, die sie aus ihrem Keller zuhause mitgebracht hatte. Staub und Isolierung bedeckten ihre Arme, ihren Hals und ihr Gesicht. Ich reichte ihr das Bit. Was ihren Körper anbelangte, legte Mary einfach eine gewisse Furchtlosigkeit an den Tag.

»Ich bin froh, dass wir mit dem hier bis zum heißesten Tag des Jahres gewartet haben«, sagte sie.

»Tut mir leid, dass nicht genug Platz für uns beide ist.«

»Von wegen.«

»Willst du eine Maske?«, fragte ich und wusste, dass sie keine wollen würde.

»Ich kann ja so schon kaum atmen.«

Ich stieg wieder nach unten, und das Metall eines Leitungsrohres sirrte, als sie es bog und mit einem anderen Rohrabschnitt verband. Ben, der Installateur, kämpfte immer noch mit der Küchenspüle. Um einen besseren Hebel zu haben, hielt er einen bestiefelten Fuß in die Luft. James schlug im Keller mit einem Schraubenschlüssel auf die Rohre, was sich wie helles Glockenklingeln anhörte.

Ich stand am Fuß der Treppe, hob die Leitungsverkleidung an und ging langsam damit auf die Rohre zu. Sie passte genau, hatte rechts und links exakt den richtigen Abstand zu den Rohren. Ich drückte, um sie flach an die Wand zu kriegen, aber sie steckte fest. Ein über sieben Zentimeter breiter Spalt klaffte zwischen Wand und Box, und zwar auf ganzer Höhe zwischen Treppenfuß und Decke. Hatte ich mich doch vermessen? Hatte ich mich, was den Abstand zwischen unterster Stufe und Zimmerdecke anbelangte, vertan? Ich fuhr das Bandmaß nach oben aus, seitlich an meiner Verkleidungsbox entlang: Sie war einen Tick weniger als zwei Meter achtzig hoch. Dann maß ich erneut die Deckenhöhe aus. Exakt zwei Meter achtzig. Ich stemmte mich mit ganzem Gewicht gegen den Leitungskanal. Nichts. Er rührte sich nicht. Ich trat dagegen. Er saß fest.

Ben und James unterhielten sich über ihre Funkgeräte:

»Gefunden?«

»Jepp, gefunden.«

»Drüben beim Heizkessel?«

»Ja, ich hab's gefunden.«

»Alles in Ordnung?«

»Mal abgesehen von der Tatsache, dass ich mir hier unten den Schwanz abschwitze, ist alles in Ordnung.«

Zweimal gemessen, einmal geschnitten. Dieses Schreinersprichwort gemahnt uns an gute Planung, an Akkuratesse, an die Wahrscheinlichkeit, dass man Zeit, Geld und Material verschwendet, wenn man die ersten Schritte zu hastig oder mit mangelnder Konzentration angeht. Marys Exchef hatte häufiger den Witz gebracht: »Jetzt habe ich zwei Mal geschnitten, und es ist immer noch zu kurz!« Als ich ihn zum ersten Mal gehört hatte, musste ich lachen. Das Leben vergibt einem mehr als ein Kantholz. Zweimal gemessen – sechstausend Mal gemessen. Ich ging in die Hocke und betrachtete den Treppenabsatz – und sah endlich, woran es lag: Eine winzige Aufquellung, da, wo zwei Dielenbretter aneinanderstießen, aber der Hubbel war hoch genug, dass meine Leitungsbox daran hängenblieb. Allem Treten, Körpereinsatz und Drücken mit meinem ganzen Gewicht zum Trotz: Sie wollte einfach nicht über den Buckel rutschen und sich glatt an die Wand schieben lassen. Ich hatte schon gelernt, dass Maßnehmen nicht immer absolut ist und dass ein richtig platzierter, schneller Schlag manchmal überstehende Zentimeterbruchteile inexistent machen kann. Die Zahlen sagen das eine, die Biegsamkeit und Beweglichkeit von Holz das andere. Manche Stücke und Stellen zeigten sich durchaus kompromissbereit.

Hier war es nicht so. Der Schweiß tropfte mir vom Kinn. Ich musste einfach ein kleines Stückchen von meiner Verkleidung wegnehmen, und das bedeutete, ich musste sie wieder herausziehen, sie wieder auf die Schulter bugsieren und zurück auf die Gartenterrasse manövrieren, wo die Sägen standen.

Rumms. Krach. Ich war gegen den Türrahmen gekommen.

»Nimm doch die Schleifmaschine«, kam es von oben.

Von der hinteren Veranda aus hatte man einen Blick auf die Rückseiten der Häuser im Central-Square-Viertel, in dem es durchaus Rumhänger und Junkie-Grüppchen gibt und wo es in Kircheneingängen nach Pisse stinkt. Verglichen mit dem Rest von Cambridge mit seinen Yoga-Studios und Joghurt-Läden mutet dieses Viertel noch entschieden urban an, ist rauer, dreckiger, unberechenbarer. Ich konnte in kleine Gärten mit im Wind schaukelnden Taglilien und üppig blühenden Hortensien schauen. Der alte Mann nebenan verbrachte jeden Morgen auf seiner Terrasse, mit der Zeitung und einem turmhohen Glas Orangensaft in der Hand. Ich winkte. Er hob das Glas in meine Richtung. Er trug eine kurze Hose, aber kein Hemd, und das weiße Haar auf seiner Brust hob sich von seiner dunklen Haut ab. Schräg gegenüber im zweiten Stock wohnte eine ganze Clique junger Leute. Am Balkongeländer lehnten mehrere Fahrräder. Entlang der Dachkante hatten sie eine bunte Lichterkette gehängt, als Aschenbecher benutzten sie eine alte Milchtüte. Jeden Nachmittag rauchte ein Mädchen im Tank Top dort eine Zigarette. Wenn wir nachmittags gegen fünf zusammenpackten, waren immer ein paar Leute draußen auf dem Balkon, und das zischende Poppen von Kronkorken machte mir Durst auf ein Bier. Eine orangefarbene Katze pirschte über die Gartenterrassen.

Ich schliff die Ecke meines Leitungskanals an der Stelle ab, wo sie auf die Wölbung traf, und dann schmirgelte ich entlang der gesamten Unterkante Holz ab, passte jedoch auf, dabei nicht zu viel wegzunehmen. Irgendwann am Anfang unserer gemeinsamen Zeit hatte Mary, als wir mal beide in einer Badewanne standen und Fliesen legten, etwas gesagt, das bei mir hängengeblieben war: »Für mich ist Holz wie Fleisch. Vom Holz kann man immer noch irgendwo ein Fitzelchen wegschneiden, und Fleisch kann man immer noch ein bisschen länger braten. Also: Beim Fleisch blutig anfangen. Beim Holz lang.« Immer, wenn ich mich der Säge nähere, kommt mir dieses *Beim Fleisch blutig anfangen* in den Kopf, als Mantra des Ausmessens.

Als eine hauchdünne Schicht Sägemehl die Bretter der Gartenterrasse rund um meine Füße bedeckte, stellte ich die Schleifmaschine wieder aus. Ich fuhr mit den Fingern über die Kanten und war überrascht und erfreut, wie samtig sich ein frisch abgeschliffenes Stück Holz anfühlen kann. Ich war versucht, mich vorzubeugen und meine Wange dagegen zu drücken, genau wie früher, als ich als Mädchen immer zu Frauen in Pelzmänteln gelaufen war und mein Gesicht an ihren Mänteln gerieben hatte. Dass aus splitterigem Holz etwas werden kann, das sich samtig anfühlt, ist die Art von Verwandlung, der ich sicher niemals müde werden könnte.

Ich lud mir das Ding wieder auf die Schulter und steuerte den ganzen Weg zurück durch die Küche.

»Und du hast Spaß?«, zog mich Ben, der Installateur, auf.

Ich brachte meine Box wieder in Position. Ich schob sie in Richtung Wand. Wieder blieb sie stecken. Ich stand da und starrte sie in wortlosem, wütendem Nicht-wahrhaben-Wollen an. Eine Metallsäge kreischte im Keller und hörte dann wieder auf. In der Küche knisterte Bens Funkgerät. Ich fragte mich: Was würde passieren, wenn ich jetzt einfach gehen würde? Was würde Mary tun, wenn sie von ihrem Kriechboden herunterkäme und ich nicht mehr da wäre?

Mit der Fußspitze tippte ich gegen die Box. Ich fasste sie mit einer Hand ganz unten und mit der anderen so weit wie möglich oben, bog sie in der Mitte durch und stemmte die Füße in den Boden. Es sah aus wie eine unbeholfene Abwehrposition beim Football. Unter Aufbietung meiner gesamten Muskel- und

Willenskraft versuchte ich, die Verkleidung über diese kleine, verdammte Erhebung im Fußboden zu schieben. Es tat sich nichts. »Fuck!«

Mary wurschtelte über mir herum. »Rückwärts wieder raus!«, rief sie herunter.

Mit den Händen auf den Hüften stand ich da und dachte: Das hier sollte einfacher gehen. Es ist doch eine einigermaßen simple Angelegenheit, diese Rohre mit drei Stücken Holz zu verkleiden. Herausfordernd und wichtig war doch eher das, was Ben und James – Gas und Wasser in der richtigen Richtung durchs Haus fließen zu lassen – oder auch Mary taten, die da oben im Dämmerlicht auf dem Bauch lag. Mein Leitungskanal war nichts als Kosmetik und verschlang doch den ganzen Tag.

Mary tauchte aus dem Zwischenboden auf und folgte mir raus auf die Veranda, wo sie sich Staub und Isolierung von der Kleidung klopfte und das Gesicht abwischte. Sie sah aus, als käme sie direkt aus einer Kohlenmine: Dunkler Staub lag um ihre Augen, hatte sich in ihren Mundwinkeln gesammelt und die Falten an ihrem Hals geschwärzt. Sie beugte sich vornüber und strubbelte sich durch ihr kurzes, drahtig-graumeliertes Haar. In Wolken hob sich der Staub von ihr. »Nicht einatmen«, sagte ich. Sie richtete sich wieder auf und rollte sich eine Zigarette.

Als ich erneut die Schleifmaschine gegen die Unterkante meiner Verschalung drückte, sah Mary rauchend zu. Ich schmirgelte die linke Ecke ab, damit die Box endlich über die Delle bis ganz an die Wand rutschte. Dann lud ich mir das Ding wieder auf die Schulter. Mary kam mit und hielt den hinteren Teil fest, damit ich nicht gegen die Wand stieß.

Sie stand oben an der Treppe, als ich die Verschalung absetzte, aufrichtete und auf die Wand zuschob. Und endlich rutschte sie bis zur Wand durch. Der Kasten schloss auf ganzer

Länge bündig ab. Die Rohre verschwanden. Vorher waren sie gut sichtbar gewesen – dick und farbig, wie sie waren – und hatten dazu eingeladen, sich zu fragen, was wohl durch sie hindurchfloss: Gas, Wasser oder Scheiße? Es überraschte, wie gründlich die Tarnung durch die hölzerne Säule funktionierte. Die Verschalung fiel vor der Wand so gut wie gar nicht auf – wenn Alice und Bettina in den Keller liefen, um Pullis oder Tennisschläger zu holen, würden sie keinen zweiten Gedanken an sie verschwenden.

»Schön«, sagte Mary. »Aller guten Dinge sind drei.«

Ich war erleichtert, dass ich endlich fertig war. »Das hätte irgendwie einfacher sein sollen.«

»Hast du dran gedacht, den Brandschutzschaum auf die Rohre zu bringen?«

Ich schloss die Augen. Die kleine Sprühdose mit ihrer dünnen, strohhalmförmigen Düse stand einen halben Meter von mir entfernt auf einer Treppenstufe – da, wo sie den gesamten Vormittag über gestanden hatte. Mir stieg das Blut in die Wangen, und mein Herz machte sich in meiner Brust bemerkbar und schlug auf eine Art, als riefe es mir zu: *Raus hier! Schnell weg!* Es war zu heiß, und mein Geduldsfaden war von beiden Enden angekokelt worden.

»Du Drecksding«, sagte ich zu dem Fußboden.

Ich hatte nicht dran gedacht. Ich hatte es vergessen, obwohl Mary mir gesagt hatte, dass ich es als Allererstes tun sollte. Aus zwei dummen Gründen war ich ihrer Anweisung nicht gleich nachgekommen: Erstens war ich ganz erpicht darauf gewesen, mich mit dem Holz zu beschäftigen, weil ich das interessanter fand. Und zweitens hatte ich keine Lust gehabt, die Leiter ins Treppenhaus zu tragen, mich zu strecken und ganz weit oben, da, wo die Rohrleitungen in der Decke verschwanden, Schaum hinzusprühen. Ich hatte einfach zuerst das mit dem Holz und danach, vor dem Einsetzen des Leitungskanals, das mit dem Brandschutz erledigen wollen. Weil ich mich so faul und kindisch verhalten hatte, hätte ich die Verkleidung jetzt am liebsten genommen und die Treppe hinuntergeworfen. Am liebsten hätte ich gegen die Wand getreten und das Holz zerbrochen. Ich wollte schon fragen, ob es nicht vielleicht auch mal in Ordnung wäre, wenn wir jetzt hier einmal eben keine Brandschutzmaßnahmen ergreifen würden. Ich fühlte mich wie eine Idiotin und wollte, dass dieser Tag bald zu Ende ging.

Mary lachte. Wegen der Hitze und dem ganzen Frust, wegen dem Kriechraum und dem Treppenhaus, wegen dem Staub und Schweiß überall und weil hier etwas zwar nicht ganz richtig, aber auch nicht komplett schiefgelaufen war.

»Das sind so Tage ...«, sagte sie nur.

Wie Recht sie hatte. Mir war heiß, ich schwitzte und war stinksauer, aber immerhin hatte ich mich nicht den ganzen Tag in Mäusescheiße gewälzt und bei fünfundvierzig Grad Celsius Zeitungsfitzelchen in meine Lunge gesogen.

Zu Marys großartigsten Eigenschaften gehörte, dass ein Fehler für sie nie Grund zum Schimpfen war. Jeder Fehlschlag – von denen es massenhaft gab – war für sie ein Anlass, mir etwas beizubringen. Ich beneidete sie um ihre Geduld und wünschte mir, konfrontiert mit einer durchdrehenden Schraube oder einem Stück Sockelleiste, das sich partout nicht von der Wand hebeln ließ, oft genauso viel Ruhe und Durchhaltevermögen wie sie. Ihr Geduldsfaden – vor allem, wenn er es mit der mangelnden Kooperationsbereitschaft des tückischen Objekts zu tun bekam – war kilometerlang. Ihrer Ansicht nach läuft es an manchen Tagen eben nicht ganz rund, aber vielleicht kommt man ja trotzdem noch auf eine Idee, wie man es hinkriegt.

Die Installateure lachten, als wir – Mary schmutzig, ich mit durchgeschwitztem T-Shirt und finsterem Blick – wieder in der Küche aufkreuzten.

»Herrliches Wetter heute«, meinte Ben süffisant. Die beiden Männer trugen Arbeitshosen und robuste Schnürstiefel, dazu Ledergürtel und langärmelige Hemden mit auf die Brusttasche gesticktem Firmenlogo. Auch ihre Hemden waren feucht. Ben meinte, es sei an allen Ecken und Enden schwierig, überall tauchten Probleme auf. Sie würden morgen weitermachen.

»Wie viel kriegt ihr?«, fragte Mary.

Ben runzelte die Stirn und bewegte die Hand abschätzend hin und her. »Plus / minus zwei zwei.«

Außer, dass sie kostspielig waren, wusste ich nicht viel über Installateurarbeiten. Zweitausendzweihundert Dollar schienen mir, auch in Anbetracht der Frickelei mit dem Neuverlegen der Leitungen in diesem alten Dreifamilienhaus, ein guter Deal. »Nicht schlecht«, sagte ich.

Mary sah mich an und sagte leise: »Zweiundzwanzigtausend.«

Der Schock stand mir ins Gesicht geschrieben, und Ben zwinkerte mir zu.

Mary wechselte das Thema. Sie machte sich lustig über die Hölle, in der sie oben im Zwischenboden gesteckt hatte, und die Männer fragten, warum Alice uns keinen Ventilator zur Verfügung stellte. Ich wischte mir den Schweiß vom Gesicht und versuchte, das Sägemehl von meinen Waden zu klopfen. Es klebte wie Sand auf meiner Haut.

James – der mit dem Bauch und dem wilden Blick – gab mir einen kurzen Klaps auf die Schulter und meinte:

»Aber alles besser als ein Schreibtisch, oder?«

Das stimmte. Es bedeutete aber nicht, dass es nicht auch jede Menge Tage gab, an denen ich am liebsten geschrien hätte wie die Sägen – jede in ihrer ganz eigenen durchdringenden Tonhöhe.

Die Gehrungssäge, auch Kappsäge genannt, kreischt in den höchsten Tönen. Sie macht ein irres, panisch-schrilles Geräusch. Wenn das sich drehende Sägeblatt aufs Holz abgesenkt wird, tut einem sein verzweifeltes Klagen in den Ohren weh, auch, wenn man diese schwammartigen orangeroten Ohrstöpsel trägt, die wir uns mit abgezwackten Spitzen in die Gehörgänge drehen. Von den Sägen, die wir benutzen, scheint die Gehrungssäge die gefährlichste zu sein. Ist sie vielleicht auch, denn die Plastikschutzhülle, die das Sägeblatt bedeckt, ist bei uns abgebrochen, sodass es keine Schutzschicht mehr gibt zwischen dem weichem Fleisch und dem fiesen, sich drehenden Blatt. Vielleicht ist sie das aber vor allem deswegen, weil wir diese Säge am häufigsten benutzen, mir der Umgang mit ihr entsprechend am vertrautesten ist und ich bei ihr deswegen eventuell am unvorsichtigsten bin. Würde die Konzentration auch nur einen Augenblick nachlassen, könnte das bedeuten: Finger auf dem Fußboden, Blut, das in Sägespäne sickert. Daran versuche ich immer zu denken, wenn ich die Hand an den Schalter lege, der das Sägeblatt in die Rotation schickt.

Die Tischkreissäge gibt ein tieferes, monotoneres Röhren von sich. Diese Säge eignet sich für längere Schnitte, dafür, etwas Langes – zum Beispiel eine rechteckige Spanplatte – durchzuschneiden. Und wenn man ein Stück Holz durch die Säge zieht, ähnelt der dabei entstehende Ton dem Summen, das einen bei einem Sommerspaziergang durch eine Wiese umgibt, wo unzählige Insekten ihr unablässiges weißes Schönwetterrauschen von sich geben, ein in der Wärme stehendes Grillenlied. Die Kreissäge ist ruhiger, weniger bedrohlich. Dass sie auf einem vierbeinigen Ständer steht, macht sie außerdem weniger furchteinflößend. Aber jedes Mal, wenn wir beim Aufbau an dem Rad kurbeln, das das Sägeblatt von unten durch die Tischplatte schiebt, kommt einem ein Folterinstrument in den Sinn und man muss an einen gefesselten, geknebelten und zuckenden Gefangenen denken, der zusehen muss, wie das Sägeblatt hochfährt. Noch unheimlicher ist das Bild, das mir in den Kopf kommt, wenn ich direkt vor der Säge stehe und Holz über die Tischfläche schiebe: Ich stelle mir vor, wie sich das Sägeblatt von dem Maschinenteil löst, auf dem es sich dreht, wie es aus dem Schlitz im Tisch hochfliegt und rotierend auf mich zufährt, wie es mich mittig aufschlitzt, durch Eingeweide und Wirbelsäule schneidet, hinten wieder herauskommt und dann wie ein Rad über die Wiese rollt, dabei Regenwurmköpfe von Würmern trennt und sich im Dreck windende Überbleibsel zurücklässt.

Die Tischkreissäge benutzen wir hauptsächlich, um zwei Teile eines Kranzprofils anzupassen, also so zuzuschneiden, dass sie da, wo sie aufeinandertreffen, in einer Ecke zum Beispiel, lückenlos aneinanderstoßen. Weil das Sägeblatt der Kreissäge rund ist und das Holzstück im Winkel geschnitten wird, sieht das Profil von vorne vollkommen unverändert aus, obwohl das Sägeblatt hinten eine Menge weggenommen hat. Das ausgesägte Stück wird also der Rundung des schon vorhandenen Stücks angepasst, bis beide sich glatt umschließen, so, wie sich eine Hand um eine geballte Faust legt. Mit kleinen, sanften Bewegungen drücke ich das Holz vor und zurück gegen das Sägeblatt, und die Säge macht aus etwas, das gerade noch fest, ganz und stabil war, etwas, das vielteilig aufgespalten und so leicht ist, dass es in der Luft schwebt. Ich gehe ganz langsam vor.

Dieses Kappen gelingt mir nicht immer gut. Manchmal reißt

das Sägeblatt ein Stück der Außenkante mit ab und zerstört die weiche Rundung der Kurve, ein Fehler, den man auch von vorne sehen kann und der mit Holzkitt gefüllt und kaschiert werden muss. Manchmal geht alles gut, man arbeitet mit langsamen, fließenden, stimmigen Bewegungen, der Blick heftet sich auf das Stück Holz, das ans Sägeblatt gedrückt verschwindet. Und manchmal verschwindet dann auch alles andere, und übrig bleibt nur die Kurvenlinie, das sich drehende Sägeblatt und die aufstiebenden Späne. Das ist der Moment, in dem alles von mir zurückzutreten scheint, so wie ein Wort, das man zu oft wiederholt, plötzlich komisch klingt und seine Bedeutung verliert. Die Linie verschwimmt mir vor den Augen, ich nehme zu viel weg, und da, wo alles glatt sein soll, ist eine Kerbe. Ich arbeite zuerst immer mit ein paar zusätzlichen Zentimetern, damit Spielraum bleibt, um Fehler auszumerzen und noch mal von vorn zu beginnen. *Beim Fleisch blutig anfangen.*

Die handgeführte Stichsäge, deren dünnes Sägeblatt sich auf und ab bewegt, ist für Kurvenschnitte da. Sie gibt ein dumpferes Geräusch von sich, das klingt wie jemand, der beim Joggen zu sprechen versucht. So, wie ihr Sägeblatt durchs Holz geht – hoch und runter, wie eine Nadel, die Stoff durchsticht –, erinnert sie mich an eine Nähmaschine. Die Säbelsäge dagegen fühlt sich an, als würde man ein Maschinengewehr halten – nur dass eben vorne statt des Laufs das Sägeblatt ist. Wenn dieses Blatt auf Holz trifft und man das Gerät nicht wirklich gut festhält, bricht es aus und ruckt und rumpelt. Es braucht Kraft, um die Säge festzuhalten, fest gegen das Holz zu pressen und dann noch den Hebel zu drücken, der das Sägeblatt erst auf Hochtouren bringt. Ich mag das überhaupt nicht, dieses Risiko, dass die Säge wie ein ungezähmtes Pferd buckelt und austritt. Mary ist in der Lage, sie zu zähmen. Für die Lüftungsanlage von Alices riesenhafter Dunstabzugshaube musste ich für Mary ein langes Stück Lüftungsrohr festhalten – eher: mit Händen und Knien auf den Boden pressen –, während sie es mit der Säbelsäge durchtrennte. Mein ganzer Körper vibrierte. Hinterher kribbelten mir die Finger. Ich spürte dieses merkwürdige Fließen in den Ellbogen, eine Energie, die vom Sägeblatt über das Metall in meine Muskeln und Knochen übertragen wurde, ein bisschen so, als würde man sanft durch einen Stromschlag hingerichtet, es ist ein komisch-fieses Sirren und Prickeln im Körper, das einen die Hand schnell wegziehen lässt.

Die Sägen waren aber nicht das einzige Risiko bei der Arbeit. Bei Alice musste Mary zusätzlich ein Küchenfenster reparieren, bevor wir darunter die marmorne Arbeitsplatte einbauen konnten.

Als ich in die Küche kam, entfuhr mir ein »Heilige Scheiße!«. Denn am Fenster war Mary. Zumindest die untere Hälfte von ihr. Die lag bäuchlings auf einem Thekenprovisorium, sodass Marys Beine in die Küche hineinragten, während die obere Hälfte aus dem Fenster im zweiten Stock vornüber nach unten kippte. Mary riss dicke Streifen Dichtkitt ab und stemmte Stücke der Holzverkleidung von der Außenwand ab. Ihren Oberschenkel hatte sie innen gegen die Wand gehakt und hing nun kopfüber da.

»Kann ich dir vielleicht irgendwie helfen?«

Sie schob sich zurück ins Zimmer und stellte sich auf die Arbeitsplatte. »Ich könnte tatsächlich deine Hilfe gebrauchen«, sagte sie dann. »Komm mal, du musst mich am Gürtel festhalten.«

»Mary, bitte.«

»Das klappt schon.«

Ich habe eigentlich keine Höhenangst, aber als ich zu diesem Fenster ging – das ohne seine Scheiben eher ein gähnendes rechteckiges Loch in der Wand war – und die drei Stockwerke hinuntersah auf den Klinkerweg und den Metallzaun unten, wurde mir schwindelig und mein Magen krampfte sich zusammen. Mir wurde plötzlich deutlich bewusst, wie dünn Wände sind und wie wenig uns von der Welt da unten trennt.

»Los, fass an«, sagte Mary. »Ich muss mich weiter rauslehnen, um an die obere Ecke zu kommen.« Mit dem Stemmeisen klopfte sie gegen die Wand, um mir zu demonstrieren, wo sie arbeiten würde.

Ich stellte mich auf den Boden und versuchte, meine Turnschuhe in den Fliesenboden zu bohren, dann fasste ich Marys Gürtel hinten mit beiden Händen.

»Bereit?«, fragte sie.

»Bereit.«

»Schön festhalten.«

»Heilige Scheiße!«

Der Ledergürtel, der ihr um die Hüfte lag, war schwarz und hielt ihre khakifarbene Cargo-Hose mit den großen Taschen an den Oberschenkeln. In der einen Tasche befanden sich ein Tabakbeutel und höchstwahrscheinlich auch ein rotes Plastikfeuerzeug. In der anderen steckten ein Teppichmesser und ein paar lose Schrauben. Die Außenseite des Gürtels glänzte glatt. Die Innenseite war filzig und weich, wie gemacht dafür, Schweiß aufzusaugen. Die Sonne an jenem Juli-Nachmittag war schon weit über den Himmel gewandert und hatte den Zaun und den Weg unten bereits in Schatten getaucht. Die Gürtelschließe war aus Silber, aber sehen konnte ich sie in jenem Augenblick nicht. Mit beiden Händen fasste ich von hinten ihren Gürtel, während Mary sich von der Küchentheke aus mit dem ganzen Oberkörper nach außen lehnte. Meine eigene Gürtelschnalle bohrte sich mir in die weiche Haut unterm Bauchnabel, als ich mich gegen den Kirschholzunterschrank stemmte, den wir in der vergangenen Woche eingebaut hatten. Ich spürte Marys Gewicht, das in dem Leder in meinen Händen lag. Meine Arme waren nach vorn ausgestreckt wie die von Superman im Flug. Allerdings war das Frei-in-der-Luft-Hängen das Letzte, woran ich jetzt denken wollte.

Zwischen Marys Hose und Rücken hätten zwei Fäuste gepasst, aber außer den Beinen war alles von ihr außerhalb des Fensters verschwunden, während sie sich an der Außenwand verbog und verdrehte. Als ein Stück Dichtungsmasse abging, ruckte ihr Körper mit dem plötzlichen Spannungsabfall und mir sackte das Herz in die Hose. In meinen Armen fing es an zu brennen, wie eine sich ausbreitende Entzündung, eine unter der Last ihres Körpers stärker werdende Hitze, die sich anfühlte wie winzige, unter meiner Haut aufleuchtende, immer heller werdende Glühbirnchen. Was, wenn sie einfach aus ihrer Hose fällt? Was, wenn das Leder reißt? Was, wenn mein Hirn verrücktspielt und ich einfach loslasse?

»Alles gut bei dir da drinnen?«

»Ja«, bekam ich heraus. »Aber beeil dich, bitte.«

Sie wird wegen mir sterben. Ich fing an, mir vorzustellen, was ich zu Emily sagen würde. *»Ich habe deine Frau aus dem Fenster fallen lassen. Es tut mir so leid.«*

Mit meinem ganzen Gewicht lehnte ich mich zurück und konzentrierte mich auf eine langsame Atmung. Jedes Molekül in meinem Körper konnte fühlen, wie es wäre, wenn Mary mir aus den Fingern gleiten würde. Ich würde rückwärts fliegen und auf dem Boden landen, und sie würde fallen, ich würde das widerwärtige Geräusch von Fleisch und Knochen auf Ziegelstein hören, und es würde klingen wie ein Sack Metzgerei-abfälle. Ich konnte mir nicht vorstellen, dass Mary schreien würde. Ich glaubte, sie würde still fallen. Ich sah mich vom Boden aufspringen und aus dem Fenster beugen, ich sah Marys zerschmetterten Körper unten liegen.

Als ich Alice hinter mir hörte, wandte ich den Kopf.

»Was ist denn hier los?«, fragte sie.

»Das Fenster«, keuchte ich. Ich wusste, ich hatte vor Anstrengung ein knallrotes Gesicht.

»Soll ich dich festhalten?« Sie kam auf mich zu und streckte die Hände aus, um wiederum mich am Gürtel zu fassen. Aber ich schüttelte den Kopf. »Etwas Dämlicheres habe ich ja noch nie gesehen«, sagte Alice, hob die Hände und tat mit latentem Entsetzen im Gesicht einen Schritt zurück. »Ich kann gar nicht hinsehen.«

»Fast fertig«, rief Mary so, als gösse sie gerade Pflanzen oder staubte ein Regal ab.

»Ich will dich nicht fallen lassen!« Viel länger würde ich sie nicht halten können.

Endlich kam Mary wieder durchs Fenster hereingeklettert. »Emily würde mich umbringen«, sagte sie, setzte sich auf die Küchentheke und rückte sich grinsend den Hosenbund zurecht.

Meine Hände zitterten, und ich beugte und streckte die vom Halten ganz steif gewordenen Finger.

»Was Höhen anbelangt, war ich früher sehr viel mutiger«, sagte Mary. »Als ich so alt war wie du, hätte ich mich hier aus dem Fenster gehängt, ohne mich festhalten zu lassen.«

Alice tauchte wieder auf und stellte sich mit in die Hüfte gestemmten Händen in die Tür. »Da habe ich also eine Stunt-frau als Schreinerin.« Anders als Bettina, die ihre imposante Erscheinung kleiner zu machen versuchte, plusterte Alice sich auf wie eine zornige Eule. Sie warf sich in die Brust und die Schultern zurück. Ihr bohrender Blick verlieh ihr eine Präsenz, die hinwegtäuschte über ihre knapp eins sechzig. »Ich will an diesem Punkt sehr deutlich sein: Ich möchte wirklich nur nichts anderes als eine neue Küche. Und ich möchte nicht, dass Menschen aus meinen Fenstern fallen.«

Mary lachte.

»Du denkst wohl, ich meine das nicht ernst.«

»Aber da ist doch nichts dabei«, sagte Mary.

Auch ich schüttelte den Kopf, um Alice zu signalisieren, dass so was wirklich keine große Sache sei, dass Mary und ich ein gutes Gespann waren.

»Du kannst froh sein, dass du so gut gegürtet bist«, sagte Alice. Ich hob die Arme und spannte in einer schalkhaften Geste die Bizepse an.

»Aber ich würde das auch lieber nicht noch mal machen«, meinte ich dann zu Mary.

»Schon gut, schon gut. Keine Abenteuer vor Fenstern mehr.« Sie sah hinaus und nach unten. »Den Fall könnte man allerdings auch gut überleben.«

»Um den zu überleben, bräuchte man Flügel«, kam es von Alice.

In der wohlbekannten Sage haben Dädalus und sein todgeweihter Sohn Ikarus Flügel. Dädalus, ein Kunsthandwerker und Erfinder, fertigte sie aus Federn und Wachs. Er warnte den jungen Ikarus: Flieg nicht zu tief, sonst macht das Wasser der Wellen deine Flügel zu schwer. Aber flieg auch nicht zu hoch, sonst lässt die Sonne das Wachs schmelzen. Unterläuft dir einer dieser Fehler, stürzt du ab. Richtig ist nur der Mittelweg. Vater und Sohn springen also von einer Klippe ab und fliegen wie die Möwen. Vom Flug berauscht, fliegt Ikarus höher und immer höher. Aber ganz wie sein ihn Vater gewarnt hat, schmilzt das Wachs in der Hitze der Sonne, die Federn fallen ab und Ikarus fällt mit ihnen. Er stürzt ins Meer und ertrinkt.

Die weniger bekannte Vorgeschichte zum Flug von Dädalus und Ikarus dreht sich ebenfalls um einen abstürzenden jungen Mann. Dädalus nimmt seinen jungen Neffen Perdix als Lehrling bei sich auf und merkt sehr schnell, dass der Junge ein Genie ist. Plinius der Ältere schreibt in seiner *Naturgeschichte* Dädalus die Erfindung des Tischlerhandwerks zu. Aber eigentlich war es Perdix, der die Säge erfand. Bei Ovid steht, dass Perdix, als er eines Tages zusammen mit Dädalus am Strand ist, das gebleichte, zackenförmige Skelett eines Fisches auf dem Sand entdeckt. Der Junge fasst die Knochen an, drückt sich die spitzen Enden in die Finger und wirft das Skelett dann wieder weg, damit die Möwen daran herumpicken und es schließlich selbst zu Sand werden kann. Aber seit dieser Begegnung mit der Natur hat er eine Vision: Als er an jenem Tag in die Werkstatt zurückkommt, überträgt er die Form des Skeletts auf ein eisernes Schwert. Er feilt Zähne hinein, die noch schärfer und spitzer sind als die Fischknochen, und seit diesem Tag haben wir die Säge, ein so wichtiges Werkzeug für eben jenes Handwerk, an dessen Entstehung Dädalus so zentral beteiligt war.

Dädalus aber war eifersüchtig auf die Begabung des Jungen und ertrug es nicht, von ihm in den Schatten gestellt zu werden. War nicht *er* es, der hier der Meister und Mentor zu sein hatte, und nicht dieser Junge? Von Neid getrieben, stößt Dädalus seinen Neffen von einer hohen Mauer der Akropolis. Ohne wächserne Flügel zum Segeln (und ohne jemanden, der ihn am Gürtel hält) stürzt Perdix hinunter.

Allerdings nicht in den Tod. Die Göttin Athene mit ihrer

Vorliebe für Handwerk und Köpfchen hat Perdix' Genie längst erkannt, fängt den Jungen im Fall auf und verwandelt ihn in ein Rebhuhn. Dieser untersetzte Vogel baut sein Nest in niedrigem Gesträuch und bleibt auch im Flug nah am Boden, denn, so schreibt Ovid, »er fürchtet die Höhe, des früheren Sturzes gedenkend«.

Zurück auf festem Boden, brauchten wir zwei Tage, um die Oberschränke von Alices neuer Küche anzubringen. Es waren sehr schöne Sonderanfertigungen aus strohfarbenem Ahornholz, ganz schmucklos und schlicht – im Shaker-Style –, und hatten schmale silberglänzende Tür- und Schubladengriffe als modernes Element. Ich dachte früher immer, Küchenschränke einzubauen wäre nicht besonders schwer – man musste die Dinger doch einfach nur schön nebeneinander an die Wand schrauben. Und genau darum geht es auch, aber einfach ist trotzdem etwas anderes.

Was ihre Ansprüche beim Kücheneinbau anbelangte, war Mary kompromisslos. Während Tagen in Küchen waren zwei hölzerne Schraubzwingen, die Wasserwaage, der Bohrer und ein paar Holzkeile das Werkzeug unserer Wahl.

Die Holzkeile sind etwa zwanzig Zentimeter lang, bis zu vier Zentimeter dick, und üblicherweise aus Zedernholz. Stabil sind sie nicht gerade – ich kann sie mit den Händen zerbrechen. Aber wenn man Küchenschränke an schiefen Wänden oder Böden ausrichten will, kommt man um sie nicht herum. Man schiebt sie unter bzw. hinter die Einbauschränke, um sie waagrecht bzw. ins Lot zu bringen.

Ich hielt und rückte, während Mary jeden Korpus gerade und lückenlos an seinen Nachbarn brachte.

»Höher«, sagte Mary.

Ich drückte den Schrank nach oben.

»Noch ein My mehr.«

Ein bisschen mit Schulter und Hand nachgeschoben.

»Noch ein winziges Stückchen.«

Und noch mal. »Zu viel. Zu viel. Niedriger.«

Und so weiter, bis endlich alles saß und Mary zwei Korpusse mit den Zwingen zusammenklammerte, manchmal mit der Wasserwaage nachmaß, meistens aber einfach nur mit den Fingerspitzen über den Übergang fuhr, um zu prüfen, ob doch noch irgendeine Unebenheit zu spüren war. Benachbarte Schränke sollten sich wie ein Ding aus einem Guss darstellen und anfühlen. Wenn alles passte, schraubten wir erst den einen, dann den anderen Schrank ins Ständerwerk hinter der Wand.

Diese Genauigkeit, dieses millimeterweise Rücken und Stemmen war überaus zeitintensiv, und ich wurde ungeduldig. »Es sieht doch jetzt wirklich *gut* aus. Niemand wird jemals merken, dass es nicht hundertprozentig sitzt.«

»Ich schon«, sagte Mary. »Und du wirst es irgendwann auch merken. Ich kann nicht damit leben. Tut mir leid.«

Wir hatten die Hälfte geschafft, als in Marys Tasche ihr Telefon klingelte. Meine Arme waren froh über die Pause.

»Ist das wirklich schon vier Jahre her?«, hörte ich Mary sagen. Um mir zu signalisieren, dass ihr nicht ganz klar war, warum der Betreffende sie anrief, hob sie die Schultern. Es klärte sich schnell auf.

»Was für gesundheitliche Probleme?«, fragte sie. »Ach, Kev«, sagte sie, und ihr Gesichtsausdruck änderte sich. Sie sprach jetzt leiser. »Oh, Kev, das klingt nicht gut.« Sie lachte kurz und beantwortete eine Frage nach ihrer Tochter. »Sie ist jetzt schon ein Teenager, kannst du dir das vorstellen? Und sie benimmt sich auch so – was das Unheimliche daran ist.« Noch ein Lachen. Dann: »Ja, so kann man das machen. So kann man's definitiv machen.«

Nach noch einem kurzen Wortwechsel legte sie auf und ging ohne ein Wort hinaus auf die Veranda und rauchte eine. Ich stand da und betrachtete die Fliesen, sah das Sägemehl, das ich später aus den Fugen würde fegen müssen. Die glatte, von grauen und schwarzen Linien wie von Nerven durchzuckte weiß-marmorne Küchenplatte sah aus, als müsste sie sich kalt anfühlen. Unter dem Fenster stand das Rührgerät, in dessen metallener Schüssel sich das Sonnenlicht brach.

»Ich glaube, er hat mich angerufen, um sich zu verabschieden«, sagte Mary, als sie zurück in die Küche kam. Kev sei ein etwas älterer Typ, mit dem sie jahrelang unter ihrem alten Chef zusammengearbeitet habe. Er wohne mittlerweile in Pittsburgh. Und jetzt Krebs, Tumoren überall.

»Nicht gut«, sagte sie.

Er habe ihr erzählt, dass Särge viertausend Dollar kosteten. Aber Schreiner kennen andere Schreiner. Er habe gesagt: »Ein Kumpel von mir macht mir einen aus Sperrholz und Kanthölzern. Für maximal zweihundert.«

Die Wochen gingen ins Land, und von Tag zu Tag wurde der Raum wieder mehr zu einer Küche. Was mir schon bei anderen, kleineren Jobs aufgefallen war, trat hier besonders deutlich zutage: Während der Arbeit an einer Wohnung wurde die Wohnung irgendwie zu unserer. Sobald wir ankamen, unser Werkzeug aufbauten und mit dem begannen, wofür wir angeheuert worden waren, fühlte es sich an, als würde die Wohnung auch uns gehören. In seiner Kurzgeschichte »Der Schwimmer« schreibt John Cheever über einen Liebhaber, der sich fühlt, als besäße er das Anwesen seiner Geliebten: »..., und er schritt durch das Tor in der Mauer, die ihren Swimmingpool umgab, mit absolutem Selbstvertrauen. Irgendwie schien der Pool ihm zu gehören, da ja der Liebhaber, insbesondere der heimliche Liebhaber, über den Besitz einer Geliebten mit einer Autorität verfügt, die dem heiligen Ehestand fremd ist.«

Man ersetze den Swimmingpool durch *Küche*, den heiligen Ehestand durch *Hauseigentümerschaft* und den heimlichen Liebhaber durch eine relativ unerfahrene Schreinerin, und schon hat man dieses Gefühl einer vollkommen legitimen Verfügungsgewalt, das ich in den Wohnungen hatte, in denen wir arbeiteten. Mit absolutem Selbstvertrauen wurden eine Küche zu *unserer* Küche, eine Diele zu *unserer* Diele und eine Veranda zu *unserer* Veranda. Während der Zeit, die der jeweilige Job in Anspruch nahm, war die eigentliche Eigentümerin bzw. der eigentliche Eigentümer auf eine Art getrennt von seinem Haus.

Bei Alice wohnten die Sägen auf der Veranda zum Garten raus. Die Leitern lehnten im Esszimmer. Die Flure waren mit Papier und Malerkrepp abgeklebt, um die Böden vor Staub und Schmutz zu schützen. Und wenn Alice in die Küche kam, um sich ein Brot zu schmieren oder sich ein paar Klöße zu dämpfen, dachte ich bei mir: *Verdünnisieren Sie sich, gute Frau! Das hier ist jetzt unser Reich!*

Wir waren etwas mehr als einen Monat dort, als Alice anfing, die Küche wieder für sich zu reklamieren. Die Leitungen waren verlegt und die Klempner zu ihrem nächsten Job weitergezogen. Wir hatten auf dem Boden diese herrlichen grauen Fliesen aus Italien verlegt und die größeren Küchengeräte an Ort und Stelle gewuchtet. Wir hatten die riesenhafte Dunstabzugshaube über den Herd gehängt, damit Alice auch im Haus Fleisch grillen konnte. Mary hatte sich um die perfekte Platzierung der Küchenschränke gekümmert, sowohl der hängenden wie der stehenden. Selbst der Vorratsraum war fertig, mit Schiebetüren an den Einbauschränken.

Als wir eines Morgens eintrafen, hatte Alice Konserven auf die Regale in der Vorratskammer gestellt. Am nächsten Tag standen Kochbücher auf den Regalböden an der linken Wand. In einer Schublade war Besteck, in einer anderen lagen Pfannenheber, Küchenreiben und lange silberne Grillspieße. Auf dem Herd tauchte ein Teekessel auf, und auf der Küchentheke ein Korb mit Äpfeln. Der Raum war wieder eine funktionstüchtige Küche, wir waren so gut wie fertig.

Als einen der letzten Arbeitsschritte mussten wir noch ein Monster von einer Außentür einhängen, durch die man von der Veranda in den Vorratsraum trat.

»Diese Tür ist ein Biest«, warnte Mary mich vor. Türen einzuhängen kann echte Schinderei bedeuten. Es braucht absolute Präzision, sonst dreht sich die Tür nicht in ihren Scharnieren – oder sie schließt nicht richtig, schrammt gegen den Türpfosten, bleibt im Rahmen hängen, muss mit Gewalt aufgezogen oder mit einem harten Schlag geschlossen werden.

Ich hockte draußen auf der Veranda unten an der grünen Tür. Mary befand sich auf der anderen Türseite, drinnen im Vorratsraum. Sehen konnten wir uns nicht, nur hören. Auf der Seite mit den Scharnieren musste die Tür auf Höhe der Schwelle angehoben werden. Ich versuchte, gleichzeitig zu heben und zu drücken. Mary wartete auf der anderen Seite mit Keilen, die sie unter die Tür schieben wollte, damit die Tür auf der richtigen Höhe blieb, während sie an den Rahmen geschraubt wurde. Ich bekam die Tür nicht dazu, sich auch nur einen Millimeter zu bewegen. Mehr als einen halben Zentimeter hätte ich sie aber auch nicht hochkriegen müssen. Leise fluchend gab ich alles, bekam sie aber einfach nicht richtig zu fassen.

Mit vor Anstrengung purpurrotem Gesicht stemmte ich – und die Tür blieb exakt da, wo sie war. *Ich werde dieses Ding nicht gehoben kriegen*, dachte ich.

Ich probierte es noch mal mit einer anderen Position, atmete ein und stemmte erneut. Nichts.

Mir riss der Geduldsfaden.

Frustriert und verzweifelt entschied ich mich für rohe Gewalt. Ich gab alles, setzte jeden mir zur Verfügung stehenden Muskel ein – ich war ganz high vor Enttäuschung und Wut. Es war eine einzige Aufwallung von Anstrengung und Stärke. Und siehe da – die Tür hob sich! Sie stand schwankend in der Luft! Ein Wunder! Ich hatte es geschafft!

Von der anderen Seite der Tür kam: »Fuck! Fuck! Fuck!«

Weil ich die Tür zu schnell und zu heftig gestemmt hatte, hatte ich Mary übel den Daumen gequetscht.

Mary hatte sich dutzende Male vor meinen Augen angestoßen. Im Normalfall fluchte sie dann einmal und machte eine flapsige Bemerkung dazu. Die Nachricht, dass sie blutete, wurde mit derselben Nonchalance übermittelt wie die Ankündigung, dass wir mehr verzinkte Nägel brauchten – sie war nichts weiter als ein schlichter Tatsachenbericht. Irgendwann hatte ich sie gefragt, ob sie schon mal bei einem Job geheult hätte. Sie hatte mich mit einem Blick bedacht, bei dem ich mir gewünscht hatte, nicht gefragt zu haben, und »Nein!« gesagt.

Sie weinte auch jetzt nicht, aber sie fluchte, und zwar heftig. »Fuck!«, kam es wieder. Dann kam sie schweigend raus auf die Veranda und fing an, sich eine Zigarette zu drehen.

Ich entschuldigte mich und legte mir die Hände vors Gesicht. Sie betrachtete ihren Daumen, wedelte mit der Hand, pustete.

»Diesmal hast du mich böse erwischt.« Ich entschuldigte mich noch einmal. »Den werde ich sicher einbüßen«, sagte sie, an ihren Daumennagel gewandt. Sie zuckte mit den Schultern. »Dann wächst ein neuer.«

Als sie sich erholt hatte und wir uns wieder mit der Tür abmühten, sagte sie von der anderen Seite. »Okay, alles klar, aber jetzt bitte mit Fingerspitzengefühl, Freundin. Anheben, und zwar *langsam*.«

Ich hob, sie zog, und es war geschafft. Die Tür bewegte sich richtig in ihren Scharnieren, fuhr sauber über die Schwelle und schloss mit einem befriedigenden *Tschu-wopp*.

Als mir Mary zwei Tage später einen Hammer gab, war ihr Daumen tiefschwarz, als ob ihr jemand Tinte unter den Nagel gespritzt hätte.

»Ach du Scheiße, Mary. Es tut mir so leid.«

»Er ist ziemlich weich«, sagte sie, »aber ablösen wird er sich, glaube ich, doch nicht.«

Ich brauchte viel Zeit, bis ich gelernt hatte, dass nicht jedes Problem, das sich uns bei der Arbeit stellte, mit roher Gewalt bezwungen werden konnte. Eigentlich sogar nur sehr wenige. Immer, wenn sich ein Stück Verkleidung nicht vom Fensterrahmen lösen oder ein Küchenschrank einfach nicht gerade stehen wollte, wenn irgendwas festzustecken, festzuhängen, zu fest angeleimt, zu massiv gekittet, unmöglich in den rechten Winkel zu bekommen oder sonst wie nicht kooperativ zu sein schien, war mein erster Impuls, es mit Muskeln anstatt mit Vernunft zu versuchen und das, was zu erledigen war, mit vereinter Körper- und Willenskraft hinzubiegen. Mein Vorrat an Geduld war klein und immer schnell aufgebraucht. Wenn etwas nicht nach Plan lief, drehte mein Verstand heiß und hohl, und genauso reagierte auch mein Körper: schnell und unbedacht.

Auf diese Art und Weise machte ich viel kaputt. Bohreinsätze brachen mir ab, und genauso splitterten Leistenstücke und

Glasscheiben. Ich verursachte Kerben und Löcher in Wänden und Böden und bei einem unglücklichen Ausrutscher auch in der Innenfläche meiner Hand, wo ich bis heute eine Narbe habe.

»Immer schön mit Fingerspitzengefühl.« Das sagte Mary oft. Was so viel hieß wie: Sei behutsam, mach langsam, reiß und zerr nicht nach Leibeskräften an irgendetwas herum. Lass dir vom Material vorgeben, wie es irgendwas haben will. Benutze deinen Verstand und hör gut hin. Lass Physik, Werkzeug und Geduld den Job für dich erledigen.

»Es geht eigentlich nur darum, die Dinge richtig hinzudrehen«, meinte Mary. »Zu wissen, wo man Druck aufbauen muss.«

In den letzten Tagen eines Jobs wird verräumt und verladen, werden letzte Punkte von der To-do-Liste gestrichen und saubergemacht. Dann verlassen wir den Ort des Geschehens und überlassen den Bewohnern neue, veränderte Räumlichkeiten, in die sie dann ihr Leben häufen können. Üblicherweise gehen wir noch ein, zwei, drei Mal durch die jeweilige Wohnung, um sicherzugehen, dass kein Staub mehr in den Fliesenfugen hängt, dass der Farbklecks neben dem Lichtschalter entfernt und das kleine Loch in der Treppe gekittet und schwarz übermalt worden ist. Auch am letzten Tag bei Alice gingen wir noch mal unsere Liste durch, nagelten ein paar letzte Dekorleisten fest und schoben die riesige Gefriertruhe in die Nische, die wir im Vorratsraum für sie gebaut hatten. Wir fegten, staubten ab, saugten Staub, wischten. Abgehakt. Und: abgehakt. Ich konnte nicht anders, als während des ganzen Tages immer wieder zu sagen, wie toll alles aussah. Ich lief herum und klopfte gegen die Türen der Küchenschränke. Mit der Hand fuhr ich über den glatten weißen Knauf an einer Schranktür in der Vorratskammer. Ich zog die Schubladen auf. (»Lass doch dieses Rumschnüffeln sein«, meinte Mary.) Ich war stolz und begeistert. Mary erging es ähnlich. Sie rannte zwar nicht durch die Gegend und salbaderte ohne Punkt und Komma, wie großartig alles war, aber dafür lächelte sie. Wir standen in der Küche genau in der Ecke, in der wir am allerersten Tag gestanden hatten, als der Raum völlig nackt und leer gewesen war, und betrachteten alles noch mal gründlich. Mary klopfte mir auf die Schulter. »Gut gemacht«, sagte sie.

Wie viel Arbeit wir in diese Küche gesteckt hatten. Wie viele Stunden, wie viel Schweiß und Mühe. Aber wir würden sie nie wieder betreten. Es war unsere Küche – und auch wieder nicht. Das Einzige, was noch zu tun blieb, war, eine Fliegengittertür, die noch im Vorratsraum stand, raus vor die Verandatür zu hängen. Sie war leicht wie ein Sommerkleid und alles andere als robust. Wir bastelten noch ein bisschen an ihr herum, bis sie fast geräuschlos, nur mit einem ganz sanften Anschlagen an den Türrahmen schloss. Perfekt.

Alice tauchte hinter uns auf und sagte: »Nein, ich will, dass sie mit einem lauten Knall zufällt. Das erinnert mich immer so an den Sommer früher.«

Wir passten die Feder entsprechend an. Danach standen Mary und ich im Vorratsraum und sahen uns an, wie die Tür zuging. Als sie so laut wie der Sommer früher ins Schloss knallte, kniffen wir beide die Augen zusammen.

Kapitel 6

WASSERWAAGE

Wie man ausrichtet, festhält und wieder neu ausrichtet

Nach dem Job in Alices Küche verbrachten wir fünf Wochen im zweiten Stock eines alten viktorianischen Hauses mit einem Ecktürmchen, in dem wir Wände versetzten und einen Nussbaum-Boden verlegten. Das extrem harte Holz des Hickory-Nussbaums führte einen verbissenen Kampf gegen das Blatt der Gehrungssäge und verströmte beim Zuschneiden einen widerlichen Geruch, der absolut nichts zu tun hatte mit über süßem Hickory-Rauch gegartem Grillfleisch, sondern der eher gallig war, mit stark sauren Unternoten, die wahrscheinlich von den Chemikalien kamen, mit denen die Holzoberfläche behandelt worden war. (Auf jedem Karton mit Dielenbrettern stand: *Beinhaltet Chemikalien, die nach Erkenntnissen des Bundesstaats Kalifornien krebserregend sind.*) Dann machten wir in der Nähe des Harvard Square in Cambridge einen Kücheneinbau, für ein Paar Ende fünfzig, Anfang sechzig, die zu meinen absoluten Lieblingsauftraggebern wurden: Sie stellten uns Zitronenplätzchen auf die Küchentheke und legten Zettel daneben, auf denen »Aufessen!« stand, sie schenkten uns Gläser mit selbstgemachter Himbeer- und Brombeermarmelade – die Früchte hatten sie bei ihrem Haus in Vermont geerntet – und machten mit uns gemeinsam Mittagspause. Der umgetopfte Pfennigbaum, den die Frau mir geschenkt hat, steht heute auf dem Fensterbrett in meinem Wohnzimmer. Ich mochte ihre Großzügigkeit. Aber auch die Art, wie sie einander zugetan waren, gefiel mir bei den beiden sehr. Es herrschte eine amüsierte Genervtheit zwischen ihnen, die Geduld und eine offensichtliche, zärtliche Nähe ausstrahlte. »Bitte, adoptiert uns«, sagte Mary zu ihnen.

Danach bauten wir flugs eine Veranda in Arlington, einem historischen Vorort an der Grenze zu Cambridge, wo Paul Revere 1775 auf seinem berühmten Mitternachtsritt durchgekommen war. Wir brauchten vier Tage dafür.

Es ergab sich eher so nebenbei, dass ich zur Kommunikatorin unseres Zweierteams wurde. Wenn Mary nicht gerade davon sprach, menschlicher Gesellschaft in Richtung Alaska entfliehen zu wollen, redete sie fließend Schreinersprache, vergaß aber hin und wieder, dass nicht alle diese Sprache beherrschten. Wenn sie einem Kunden einen Aspekt unserer Arbeit erläutern wollte, aber lediglich das langsame Kopfnicken des ungefähren Verstehens zurückbekam, übersetzte ich mit meinem Anfängerinnenwissen von Schreinergrammatik und -wortschatz.

Aus dem hier: »Wir doppeln den Ständer auf und machen die Wand zu. Der Kleber trocknet über Nacht, und morgen bauen wir die Korpusse.« Wurde das hier: »Also, wir werden an dieses Kantholz hier noch eins dranschrauben, damit die Wand noch mehr Halt bekommt. Dann machen wir das Loch in der Wand wieder zu. Mit *Kleber* meint sie die Spachtelmasse, mit der man Trockenbauwände verklebt und verfugt?« Ich formulierte das derart fragend, um mitschwingen zu lassen: *Vielleicht wissen Sie das ja. Vielleicht aber ist es auch nur eine komische Marotte von Mary, das Zeug Kleber zu nennen.* »Es kann gut einen Tag dauern, bis alles getrocknet ist. Und morgen bauen wir auch noch die Rahmen für die Bücherregale, also sozusagen die Außenkonstruktion davon.« Mit den Händen formte ich ein Rechteck.

Manchmal bedankte Mary sich bei mir.

»Ich denke einfach nur daran, was ich früher nicht kapiert hätte«, sagte ich. Nämlich alles. Ich bin mir auch sicher, dass ich den einen oder anderen Wohnungsbesitzer bzw. die eine oder andere Hauseigentümerin vor den Kopf gestoßen habe, indem ich eine Erklärung abgab für etwas, was er oder ihr klar war. *Ich weiß, was ›Balken‹ sind!*

Im Laufe der Wochen, die schnell zu Monaten wurden, bekam ich auch wieder kräftigere Muskeln. Vor dem Spiegel spannte ich die Oberarme an und freute mich, wie definiert sie hervortraten. Mary und ich fanden wieder in unseren Rhythmus.

Aus dem Sommer, den wir in Küchen und Dachgeschossen mit Ecktürmchen, auf Eingangsveranden und in mit Zedernholz ausgekleideten Wandschränken verbrachten, wurde Herbst. Mary fragte mich, ob ich Lust hätte, ihr bei einem Projekt in ihrem eigenen Haus zu helfen.

Ihr Haus war ständig im Umbau, es wurde einfach nie fertig. Die Tapete an der engen Wendeltreppe hinten war ausgeblichen und löste sich stellenweise von der Wand. Löcher im Putz zierten die Wände, als ob dort Schorf abgeknibbelt worden sei. Unter den Füßen knirschten Putzbrocken. In einem der Badezimmer waren die Zierleisten rund um die Türen abgenommen worden, in der Badewanne herrschte ein Chaos aus alten Malerpinseln und Katzenstreu, der Boden war aus ramponiertem Eichenholz, und aus Löchern in der Badezimmerwand hingen scharfkantige Latten. Im Wohnzimmer, wo vor zwei Jahren der rustikale Abrissguru und seine zwei Söhne den Kamin demontiert hatten, lag ein nicht ganz passendes Stück Sperrholz über dem Loch im Boden. An der Decke klebte da, wo wir beim Kaminabriss Plastikplanen aufgehängt hatten, um Staub und Ruß nicht in die Küche ziehen zu lassen, immer noch blauer Malerkrepp.

Überall im Haus gab es Halbfertiges, was ein scharfer Kontrast war zu der akkuraten Arbeitsweise, die Mary auf ihren Baustellen an den Tag legte. Das Haus war deswegen immer unfertig, weil ständig bezahlte Arbeit rief und die Zeit eben auch nicht stehen blieb. In der Küche war nur eine Wand verkleidet, was zunächst eigentlich nur für ein paar Wochen so sein sollte. Daraus wurden dann Monate, und plötzlich war ein Jahr vorüber, und da, wo Holzverschalung sein sollte, herrschte Leere. Möglicherweise war die Verkleidung einfach vergessen worden, die kahle Wand war in die vertraute Landschaft des Hauses eingegangen. Vielleicht aber bedachte Mary die Stellen, an denen noch Holz fehlte, jedes Mal, wenn sie die Küche betrat, eine Suppe aufsetzte oder einen Teller spülte, mit einem Blick und fühlte sich daran erinnert, dass auch das noch zu erledigen war.

Jetzt hatte Mary sich ein Zimmer im zweiten Stock vorgeknöpft, einen Raum mit Dachschräge, altem, dunklem Holz und kleinen Mansardenfenstern. Er sollte ihr Büro werden. Es war duster darin und sehr staubig. Auf dem Boden lagen Holzreste und Rollen mit Isolierwolle herum, außerdem stand ein sehr großer Mülleimer im Raum. Während wir uns vorsichtig durch dieses kleine, von Sägen und Werkzeugeimern zusätzlich verkleinerte Zimmer bewegten, stießen wir ständig gegeneinander.

Die Decke fiel im steilen Winkel des Dachs ab. Das Haus war 1886 erbaut worden, die Dachbalken waren breit und dunkel. Wir erstellten das Ständerwerk für einen sechzig Zentimeter hohen Kniestock, der die Dachsparren stützen sollte und seinen Namen von seiner ungefähren Höhe hatte. Wir zogen Stromkabel hoch, um an der Decke Licht zu haben. Wir stopften pinkfarbene Dämmwolle zwischen die Dachbalken.

Als ich einen weiteren Streifen Iso-Material in eine dunkle

Höhlung drücken wollte, sagte Mary: »Hier nicht. Wir bauen noch ein Dachfenster ein.«

Das Holz, das quer über die Dachsparren verlegt war – zersplitterte, alte Latten –, sägten wir mit der Stichsäge weg, alte Nägel zogen wir heraus. Wir bauten einen groben Rahmen und schnitten dicke Brettstücke zu und spalteten sie so, dass sie im Längsschnitt an die alten Sparren passten. Mary schnitt durch Holz und Dach und stellte so eine Öffnung her. Zuerst war es nur ein kleiner Durchlass, aber trotzdem sah man gleich den Himmel, Licht fiel auf den Boden, als würde es hereingedrückt, und kühle Luft flutete in den Raum wie Wasser. Mary kletterte über die dünne Kante hinaus aufs Dach, um die Öffnung von außen noch größer zu machen, während kleine Dachziegelstücke in die Regenrinne rollten. Immer mehr Licht erreichte den Boden. Der Raum veränderte sich. Und mich bestürmte wieder derselbe Gedanke wie schon im Haus der Russin, wo Insekten den Rahmen des Mansardenfensters zernagt hatten: Was, wenn wir das nicht rechtzeitig zukriegen? Die Tage wurden doch schon wieder kürzer. Was, wenn es anfängt zu regnen? Aber diesmal wurden diese Fragen schnell wieder leiser. Wir hatten so etwas schon mal gemacht, und wir würden es, immer schön eins nach dem anderen, auch jetzt wieder schaffen.

Als Nächstes begab Mary sich daran, die Dachziegel abzunehmen. Um sie nicht zu zerbrechen, zog sie zuerst die breitköpfigen Dachnägel heraus und stemmte die Ziegel dann hoch. Ich schob dann das Fenster durch das Loch, in die Hände der auf dem Dach knienden Mary. Gemeinsam setzten wir es ein, rückten es in der Öffnung hin und her, vergewisserten uns, dass es mittig saß. Dann schlug Mary ein paar Nägel ein, damit es nicht gleich wieder verrutschte. Es war ein kalter, wolkenloser Novembertag. Mary hauchte auf ihre Hände und klatschte sie zusammen, damit sie in ihren Arbeitshandschuhen warm blieben. Dann installierte sie das Dichtungsblech und begann mit dem langwierigen Prozess, die Dachlatten wieder aufzusetzen.

»Dachdeckerin möchte ich echt nicht sein«, rief sie.

Während sie da draußen in der Kälte auf dem Dach war, nagelte ich Holzlatten in den bogenförmigen Raum zwischen den nun zwei Fenstern des Zimmers. Mary hämmerte von oben auf das Dach. Ich hämmerte von unten gegen die Decke. Wir hämmerten und hämmerten, nach oben, nach unten, und setzten das Zimmer so wieder zusammen, veränderten es und ließen es doch gleich. Ganz blass vor Kälte kam Mary schließlich durch das Fenster wieder hereingeklettert.

»Fertig?«

»Fertig.«

Die Sonne, die zu Beginn unserer Arbeit hinter Marys Rücken gestanden und ins Zimmer geschienen hatte, war über den Himmel gewandert und ging jetzt hinter der anderen Seite des Hauses unter. Der Himmel war weich und purpurfarben, und ein paar dünne Wolkenstreifen zogen wie Zigaretten nebeneinander am Horizont entlang.

»Es ist leicht schief, einen halben Zoll vielleicht«, meinte Mary. Ich schwieg und fragte mich, ob das bedeutete, dass wir es wieder herausnehmen und alles noch mal von vorn machen müssten. Es müsse ein Eckchen verrutscht sein, bevor sie es festgenagelt habe, erklärte sie. »Hätte ich besser mal kurz die Wasserwaage drangehalten. Sollen wir mal schauen gehen, ob man von unten was sieht?« Ich hatte Angst vorm Hinsehen.

»Ist es so denn undicht?«

»Nein, Quatsch«, sagte Mary. »Ich will's zumindest mal nicht hoffen. Ich hab nur Schiss, dass es vermurkst aussieht.«

Als wir zum Balkon im ersten Stock gingen, legte sie am

Holzofen eine kurze Pause ein, um sich die Hände zu wärmen. Dann sahen wir gemeinsam zum Dach und dem neuen Fenster hinauf. Und was für eine Erleichterung: Man konnte nicht sehen, dass es um einen halben Zoll schief stand. Das Fenster sah aus, wie es aussehen sollte.

Wieder oben, standen wir Seite an Seite am neuen Fenster und schauten hinaus: auf die Gärten und Veranden und auf die spitzgiebeligen Fenster der Nachbarhäuser, hinter denen gerade die ersten Lichter angeschaltet wurden und vor dem dunkel werdenden Himmel ein einladend weiches orange-goldenes Leuchten verbreiteten. Auf die Skyline von Boston, knapp sechs Kilometer entfernt, die blaurot verschwimmenden Gebäude, manche höher, manche niedriger, die sich über dem für uns nicht mehr sichtbaren Charles River und den ihn überspannenden Brücken türmten. Auf neue Wolken, lockere Wattebäuschchen, die stetig hoch oben über den Himmel zogen.

Rote Blätter hingen an dem großen Ahornbaum vor dem Fenster, Blätter, die in den nächsten Tagen abfallen würden, keine lange Zeit für diese Welt, woraufhin der Baum als Skelett vor dem Himmel stehen würde. Ich habe den November schon immer sehr gemocht, diese Jahreszeit, in der sich die Knochen zeigen.

Ich verfiel in meinen üblichen Überschwang – *Wie großartig, schau doch mal, absolut unglaublich!* – und war wieder einmal extrem begeistert über unsere Arbeit und die Macht, dadurch Dinge zu verändern. Das Zimmer war zwar immer noch unfertig, immer noch ein Durcheinander aus Drähten, Holz und Hausinnereien, die offen dalagen, dazu überall Staub und Dämmstoffdisteln in der Luft. Aber auch das würde noch erledigt werden. In Wochen oder Monaten. Eins nach dem anderen, langsam, würde schon alles werden. Das Zimmer hatte sich verändert. War es zuvor dunkel und vollgemüllt gewesen, wirkte es jetzt hell und einladend, war ein guter Ort, um dazusitzen und nachzudenken, während die Sonne ihre Wanderung über den Himmel vollzieht, Blätter von den Ästen fallen und erneut einen Herbst beenden und ein Baum einen weiteren Ring bekommt.

Mary nickte. »Das ist doch etwas ganz anderes jetzt.«

Die Ahornblätter fielen, die Temperaturen auch, und so rutschten wir in den Winter hinein. Im langsam auslaufenden Jahr wollte Mary, nachdem das Dachfenster gemacht war, die Arbeit an ihrem Büroraum im zweiten Stock ruhen lassen und lieber erst das Bad im Erdgeschoss renovieren, das mit den Farbklecksen in der Wanne und den bröckelnden Wänden.

Um mir meinen letzten noch ausstehenden Scheck abzuholen, schaute ich noch mal bei ihr vorbei, bevor wir in unsere alljährliche Winterpause gingen. Sie ging mit mir ihre Pläne fürs Badezimmer durch.

»Ruf mich einfach an, wenn du Hilfe brauchst«, sagte ich.

»Mal sehen, ob ich mir dich leisten kann. Ich hab sowieso schon Mordsschiss vor den Kosten für die Klempner.«

Mit einer Umarmung und den besten Wünschen für die Weihnachtstage gingen wir unserer Wege, wohl wissend, dass es vielleicht ein paar Monate dauern konnte, bevor wir wieder zusammenfinden würden. Ich hatte keine Angst vor der Entschleunigung. Ich wusste, irgendwann im nächsten Jahr würde es weitergehen.

Ungefähr zum selben Zeitpunkt kauften sich mein Vater und seine Freundin ein Haus im Südosten von Massachusetts, das am Ufer eines Tideflusses im Wald lag. Endlich holte mein Vater seine Sachen aus dem Container, wo sie sechs Jahre eingelagert gewesen waren. Ihn in seinem neuen Heim zu besuchen bedeutete, Gegenstände, die mir seit meiner Kindheit vertraut waren, endlich nicht mehr nur in dunklen Kisten in einem Lagerraum sehen zu können. Eine ganze Reihe Kisten packte er aber auch gar nicht erst aus, sondern stapelte sie im Keller. Auf den meisten stand davon BÜCHER.

Bei einem meiner ersten Besuche saßen wir – mein Vater, meine Brüder, ich und unsere jeweiligen Partner und Partnerinnen – am Kamin. Draußen vor dem Fenster herrschte Hochbetrieb am Vogelhäuschen. Kugelrunde Tauben, frohgemut hin und her witschende Kardinäle, die etwas dunkler waren als in ihrem sommerlich-roten Knallfarben-Federkleid, ein Kleiber, ein paar Meisen, ein Specht. Sie flatterten und fraßen, manche pickten Futter aus dem Häuschen, das oben auf einem Pfahl angebracht war, manche pickten Körner vom Boden auf, andere hingen an dem kleinen Kuhtalgknödel, der weiß wie Schnee an einem Ast baumelte. Mein Vater kannte jeden Vogel. Wenn von einem der umliegenden Äste ein neuer ins Blickfeld getaucht kam, prognostizierte er, zu welchem Futterort der kleine Vogel fliegen würde – ins Häuschen, auf den Boden oder an den Knödel. Er lag jedes Mal richtig. Er erzählte uns, wie man die Anwesenheit eines Habichts in der Nähe merke: Erst würden die Vögel ganz ruhig, dann stöben sie auseinander.

Die Dunkelheit brach herein, im Fenster zum Vogelhäuschen spiegelten sich die Lampen, der steinerne Kamin und unsere Gesichter. Nach der Vogelbeobachtung wandten wir unsere Aufmerksamkeit wieder nach innen, Richtung Kaminfeuer. Wir plauderten und lachten. Irgendwann wollten alle ins Bett. Mein Vater stand auf, sah mich an und zeigte dann mit den Händen auf die Wandflächen zu beiden Seiten des Kamins.

»Bücherregale«, sagte er in Richtung der großen, leeren Flächen. Sofort hatte ich ein Bild vor Augen.

»Gute Idee«, meinte ich.

»Ich fänd's toll, wenn du sie bauen würdest.«

Ich machte ein zerknirschtes Gesicht. Die entspannte Stimmung eines Abends voller Kamingelächter wich einem Ansturm des Zweifels. Ich sollte Regale bauen? Ganz allein? Nach den Jahren mit Mary durfte ich doch nicht laut sagen, dass ich mir alles andere als sicher war, ob ich das überhaupt konnte, dass ich stark an meiner Befähigung zweifelte, ganz allein Bücherregale zu bauen. Ich wollte nicht zugeben, dass mir schon der Gedanke daran Angst einjagte. Also log ich. Ich sagte ihm, ich sei nicht ganz sicher, wie und wann Mary mich in nächster Zeit brauchen würde. »Keine Ahnung, ob ich dafür Zeit habe.«

Als ich an jenem Abend ins Bett ging, dachte ich über die Regale nach. Meine Reaktion auf seine Bitte war postwendend gekommen – und hatte mich überrascht. *Kann ich das?* Dabei wusste ich doch, wie man's macht, oder? In Gedanken ging ich die einzelnen Schritte durch, jene Schritte, die ich von Mary gelernt hatte und die ich zusammen mit ihr schon so viele Male getan hatte. Im Geiste setzte ich die Bücherregale zusammen. Ich fing an mit dem Sockel, auf dem sie stehen würden, machte weiter bei den Korpussen, den Regalböden, den Zierleisten. Man sollte sie an die Höhe der Fenster anpassen, dachte ich, damit sich eine konsistente Linie rund um den Raum zieht. Eine Steckdose an der Wand hinten würde eine Aussparung in der Regalrückwand erforderlich machen. Das alles hatte ich schon mal gemacht – oder Mary machen sehen.

»Halt mich doch auf dem Laufenden, was die Regale anbelangt«, sagte mein Vater, als wir wieder abfuhren. »Ich würde gern bald die Bücher aus den Kisten holen.«

Zurück in Cambridge, dachte ich weiter über die Regale nach. In meinem Kopf hatten sie schon mehr Gestalt angenommen, waren bereits ins Reich des Machbaren getreten. Wahrscheinlich waren die Böden nicht eben, dachte ich mir und führte mir vor Augen, wie man Bodenunebenheiten ausgleicht. Ich würde auch die Fensterverkleidung abnehmen und neu aufsetzen müssen. Theoretisch wusste ich, was zu tun war.

Aber als mein Vater anrief, um nachzufragen, ob er für sein Vorhaben mit mir rechnen könne, zögerte ich erneut. In meinen Gedanken hatte das Projekt längst eine gewisse Form angenommen, aber ob ich tatsächlich das Werkzeug in die Hand nehmen und das, was ich wusste, auch ins Holz übertragen könnte? Würde ich ohne eine Mary, die das Heft in der Hand hielt, nicht feststellen müssen, dass ich eigentlich noch gar nichts gelernt hatte? Ein schrecklicher Gedanke, der in mir ein verkrampftes Unwohlsein auslöste, weil er mich mit der Möglichkeit konfrontierte, dass ich bis zu diesem Punkt eine Lüge gelebt hatte. Ich schaffte es vielleicht, mich anzuziehen wie eine Schreinerin, aber hieß das auch, dass ich den Job machen konnte?

Das Gefühl kam mir bekannt vor. Als ich angefangen hatte, bei der Zeitung zu arbeiten, und meine ersten Geschichten schrieb, war ich morgens in regelrechter Panik aufgewacht. Würde ich es schaffen? Würde ich pünktlich fertig werden? Was, wenn ich es nicht hinbekam, das hinzuschreiben, was ich sagen wollte? Es war eine ganz spezifische, sehr heftige Versagensangst, eine Angst davor, nicht in der Lage zu sein, mein Wissen auszudrücken. Beziehungsweise eine Ausdrucksform zu finden, die mich als die Hochstaplerin entlarvte, die ich war.

Meine Zweifel waren ein Echo der Skepsis, die ich schon beim journalistischen Arbeiten gehabt hatte. *Wie soll ich das*

schaffen? Was, wenn die Regale nicht halten? Wenn ich sie
nicht zum Stehen bringe? Was, wenn ich das, was ich weiß,
nicht ins Holz übersetzt kriege? Die Zweifel drängten sich in
meine Gedanken und verzögerten jeden nur möglichen Arbeitsbeginn. Anzufangen bedeutete schließlich auch, die Möglichkeit des Scheiterns zuzulassen.

Der Romanautor Gabriel García Márquez sagte gegenüber der
Paris Review einmal, dass »die Literatur letzten Endes nichts
anderes ist als Schreinerei ... Beides ist sehr harte Arbeit ... Bei
beidem bearbeitet man die Wirklichkeit, ein Material, das genauso hart ist wie Holz.«

Es stimmt, dass sowohl Schreiben als auch Schreinern Geduld und Übung erfordern und man bei beidem bestrebt ist,
etwas gut und richtig zu machen. Zu beiden Tätigkeiten gehört,
dass man es wieder und wieder nicht ganz hundertprozentig
hinkriegt und so lange bei der Stange bleibt, bis es schließlich
doch passt. Bei beiden ist der beste Weg zum Verstehen oft das
Auseinandernehmen. Bei beiden werden kleine Einzelteile zu
etwas Größerem, Vollständigem, Ganzem zusammengefügt. Bei
beiden fängt man bei null an und hat am Ende: etwas.

Aber was für mich den großen Reiz der Schreinerei ausmacht,
ist, dass sie so wenig mit Worten zu tun hat. Das Gehirnareal,
das beim Bau von Bücherregalen aktiviert wird, ist ein anderes
als das, das Sätze zusammenschraubt. Was für eine Erleichterung es sein kann, nicht über das treffende Wort grübeln zu
müssen oder sich wieder und wieder zu fragen, ob das so wirklich die beste Art ist, etwas auszudrücken. Die Fragen, die sich
beim Schreinern stellen, sind letztendlich dieselben: Ob es so
funktioniert? Ob es macht, was es soll, ob es so stimmig ist
und stabil? Aber die Antworten auf diese Fragen kommen aus
anderen Bereichen im Kopf, und es tut gut, die Wort-Sphäre zu

verlassen und in ein vorher kaum aufgesuchtes Reich einzutreten, in dem es um Räume, Zahlen, Werkzeuge und Materialien geht. Das Meiste, worauf es beim Schreinern ankommt, fällt mir nicht ganz leicht – Winkel, Abmessungen, basale Logik. Aber beim Schreinern habe ich eben auch Maßband, Säge, Bleistift und Holz. Konkrete Dinge, nachvollziehbar und von dieser Welt, jedes mit einer ganz spezifischen Bestimmung.

Etwas weiter hinten gibt García Márquez zu, dass er noch nie irgendetwas aus Holz selbst gebaut hat. Hätte er das, wüsste er, dass man ein Stück Holz nicht mit Worten vergleichen kann. Eine Wand ist real. Ein Stück Sockelleiste, das den Spalt zwischen Wand und Boden kaschiert, ist auch real. Beim Schreinern strebt man eine Vollkommenheit an, wie es sie beim Schreiben nicht gibt. Worte sind geisterhaft und wandelbar. Einmal abgemessen und zugeschnitten, einmal die Lungen voller Sägemehl gesogen und ein paar Mal mit dem Hammer draufgeklopft – und schon sitzt ein Stück Holz niet- und nagelfest. Es ist das Gegenteil von Abstraktion. Abmessen, abmessen, anzeichnen. Zuschneiden. Festnageln.

Als er sich in seinem Garten in Connecticut ein Schreibatelier baute, ging dem Journalisten und Buchautoren Michael Pollan auf, »wie viel Wirklichkeit uns durch das Netz unserer Worte schlüpft«. Wenn man ein Bücherregal baut, ist Sprache nicht so wichtig. In den besten Momenten findet sogar ein gewisses Kopfentleeren statt. Das meditative Ziel, sich über alle Begrifflichkeiten und emotionalen Sümpfe zu erheben und ausschließlich auf Werkzeug und Holz konzentriert zu sein, setzt die Auslagerung des Sprachlichen voraus. Was für eine Erleichterung es sein kann, wenn die Wörter keine Rolle mehr spielen. Das Regal ist real, und in dem Moment, in dem ich damit beschäftigt bin, es abzuschleifen, existiert nichts außer ihm. Schreiben bedeutet, im Innenraum des eigenen Schädels unterwegs zu sein. Ja, auch Schreiben bedeutet, etwas zu bauen – ganze Welten und Figuren, Stimmungen und Wahrheiten –, aber dieses Erschaffen hat doch mehr mit Heraufbeschwören zu tun. Man kann kein Weinglas auf einem Textabsatz abstellen, auch wenn dieser Absatz perfekt ist.

Mary hat mir vieles beigebracht, ohne dafür Wörter zu benötigen. Die klassische Regel fürs Schreiben eines gelungenen Textes lässt sich allerdings auch aufs Schreinern anwenden: *Zeigen, nicht erklären.* Zu beschreiben, wie man ein Kranzprofil installiert, ist nicht ganz einfach. Am einfachsten lernt man das, indem man es sich nicht erklären lässt, sondern zusieht, wie's gemacht wird – und es dann selber macht. Immer und immer wieder. Marys ausformulierte Lektionen – *Beim Fleisch blutig anfangen! Fingerspitzengefühl! Langsam machen! Schlauer sein als das Werkzeug!* – bekommen erst dadurch Substanz, dass sie ihre Arbeit macht, wie sie sie macht, dass sie sich bewegt, wie sie sich bewegt – und dass sie ihr Werkzeug zur Problemlösung einsetzt. Man kann massenhaft Bücher lesen darüber, wie man eine Wand baut oder einen Fliesenboden verlegt, man kann stundenlang jemandem zuhören, wie man einen Schreibtisch oder ein Bücherregal am besten baut. Überall könnten genau die richtigen Wörter zum Einsatz kommen, Wörter, die ein überaus enges Netz weben um das, worum es geht. Aber bevor man nicht den Hammerstiel mit den eigenen Händen fasst, bevor man nicht fühlt, wie sich zwei Stücke Holz glatt aneinanderdrücken lassen, bevor sie fixiert werden, bevor man nicht einen Schritt zurück macht von dem, was man gerade gebaut hat, und dann wieder hingeht, ihm einen Tritt versetzt oder etwas draufstellt, wird man nicht wissen, wie es geht. Alle Sprachen der Welt verhelfen einem Regal nicht zum

Sein. Dazu braucht es Zusehen und Tun und Scheitern, noch mal Tun und noch mal – so lange, bis es geschafft ist.

Ich verbrachte Stunden mit der Planung der Bücherregale, die mein Vater sich wünschte: Ich entwarf und skizzierte, ich addierte und subtrahierte. Ich rief Mary an und fragte sie, ob sie mir ein paar Werkzeuge leihen könnte.

»Du machst jetzt also alleine weiter.« Ich konnte das Lächeln in ihrer Stimme hören. »Schön für dich.«

»Ich habe noch nicht zugesagt.«

»Sag zu! Du weißt doch, was du tust. Aber denk dran: Es wird länger dauern, als du glaubst.«

»Ich bin bislang von vier Tagen ausgegangen.«

»Ich würde eher von acht ausgehen.«

»Scheiße.«

»Weißt du noch, als du kaum wusstest, wie man eine Bohrmaschine benutzt?«

In der darauffolgenden Nacht träumte ich von Bücherregalen. Auf einer im Sand stehenden Leiter baute ich ein Regal am Strand. Es war zum Meer hin ausgerichtet, und die Flut kam, die Wellen leckten bereits an den unteren Regalböden. Sie durchtränkten die Bücher, die schon dort standen, ließen die Seiten aufquellen und spülten einige Bücher vom Regal zurück ins Meer. Ich baute die Regale höher und immer höher – sie sollten über die höchsten Wellen hinausragen. Als ich mich umdrehte, sah ich, wie die Möwen sich im Flug auf die im Meer treibenden Bücher stürzten. Ständig verrutschte meine Leiter auf dem Sand. Panische Angst überfiel mich: Wie soll ich bloß durchs Wasser hindurch hämmern?

Am nächsten Morgen rief ich meinen Vater an und sagte ihm, ich sei bereit.

Es war der dritte Tag des ersten richtigen Kälteeinbruchs in diesem Winter, und die strenge, trockene Kälte ließ alles zerbrechlich wirken, Knochen wie Äste. Selbst der Highway, auf dem ich mit dem ins Auto geladenen Holz Richtung Süden unterwegs war, schien vor Kälte geradezu ausgebleicht. Der Himmel war fahl.

Spät am Nachmittag war ich endlich da und bog in den von dürren, hohen Bäumen mit schmalen Stämmen und blassgrünem Flechtenbewuchs eng bestandenen Waldweg ein. Mit seinen Holzöfen, Wolldecken und dem spitz zulaufenden Dach erinnerte das Haus an ein Blockhaus. In der Luft lag der süßlichmulchige Gestank von Holz und abgestorbenen Blättern, dazu kam ein leises Flüstern des Meeres. Mir, die ich gerade erst aus der Stadt kam, fiel vor allem die Ruhe auf. Nur ein paar Vögel, knackende Äste und das Rascheln trockener, herabgefallener Blätter waren zu hören. Es fehlte das ständige Rauschen der Stadt, hier gab es kein leises Brummen und Hupen des Verkehrs, keine Bewegung, keine Straßenlaternen, kein statisches Rauschen vom Fernseher in der Nachbarwohnung. Hier legten sich nachts Dunkelheit und Stille um das Haus wie eine Steppdecke.

Ich lud das Holz aus und stapelte es auf die schmale Veranda hinter dem Haus, hinter der nach nur einem Meter Wiese eine Wand aus moosigem Wald stand, und irgendwo noch ein Stück weiter kam der Fluss. Ich betrachtete den Bretterstapel und das Leistenbündel, und es schien mir unmöglich, dass daraus etwas Reales, Brauchbares werden sollte. Das Licht nahm ab, und ich starrte auf das Holz und führte mir vor Augen, wie jedes Brett und jede noch so schmale Dekorleiste zugeschnitten und zusammengeschraubt werden würden. Mit jedem Ausatmen stiegen rings um mein Gesicht großartige Dampfwolken auf.

Im letzten verbleibenden Licht des Tages bohrte ich Löcher in die Seitenteile des Korpus, wo dann Holzdübel hineinkommen würden, die später die Regalbretter halten sollten. Mit dem Bohrer in der Hand starrte ich noch eine ganze Zeit auf das Holz. Tief atmete ich ein und aus, wohl wissend, dass das erste Loch zugleich die erste Gelegenheit bot, einen Fehler zu machen. Wenn man nur hinsah und nichts weiter unternahm, blieb zumindest in der Vorstellung alles noch perfekt. Rückte man dem Holz aber mit dem Werkzeug zu Leibe, öffnete man sich gleichzeitig für Fehler und das Unvollkommene. Du weißt, wie's geht, sagte ich mir. Ich setzte den Bohrer auf und drückte den Einschaltknopf, und der Bohreinsatz fraß sich ins Holz. Im Kontrast zur Ruhe des Sumpfgebiets kam mir schon dieses Geräusch fast gewalttätig vor. Ich bohrte ein Loch nach dem anderen. Enten lärmten auf dem Fluss. Ich hatte zwei Seitenteile mit Löchern versehen, war also halb fertig, als es anfing zu schneien. Die Verandabeleuchtung tauchte das Holz in Licht. Und wenn ich den Atem über den Brettern anhielt, konnte ich den Schnee fallen hören, mit einem papierenen Flüstern.

Als ich mit den Dübellöchern fertig war, taten mir die Hände vor Kälte weh. Ich stapelte die Bretter wieder aufeinander, stellte die Sägeböcke zur Seite und verstaute die Bohrmaschine in ihrem Koffer. Innerlich zitterte ich ein bisschen. Ich würde jetzt hierbleiben, bis die Regale fertig waren. In Gedanken ging ich nicht nur die Konstruktion ein ums andere Mal durch, sondern landete auch immer wieder bei den unausweichlichen Kritikpunkten meines Vaters. Er ist ein Perfektionist und immer schnell dabei, Schwachstellen zu benennen. Ich sah vor mir, wie er in Khakihose, Lederschuhen und seinen in Schichten übereinander getragenen Hemden meine Arbeit in genauen Augenschein nahm und dabei mit der Zunge schnalzte. *Macht man das so?* Ich ging davon aus, dass ich ihn daran würde erinnern müssen, dass er mich mit dem Bau der Regale beauftragt hatte.

Um die Kälte abzuschütteln, stampfte ich im Wohnzimmer herum. Mein Vater kam herein und sagte, ich solle mich doch setzen. Sein gewichtiger Ton ließ in mir sofort jene Mauern in die Höhe wachsen, die einen vor Dingen schützen sollen, die man nicht hören will. Ich setzte mich und starrte auf meinen Schoß, tat so, als müsse ich mich darauf konzentrieren, meine Finger wieder aufgetaut zu kriegen.

»Du bist jetzt hier die Chefin«, sagte er, »und darfst mir ruhig gegen das Schienbein treten, falls ich anfangen sollte, mich wie ein Arschloch zu benehmen.«

Ich lachte. Das war nicht, was ich erwartet hatte.

Er sagte, es würde ihn glücklich machen, dass ich es sei, die ihm die Dinger baute und damit diesem neuen Haus in dieser neuen Lebensphase meinen Stempel aufdrückte. Er sprach von Stolz. Er sprach davon, wie viel ihm das alles bedeute. Wie soll ich das Unbehagen erklären, das in jenem Moment der großen Ernsthaftigkeit in mir aufstieg? Das war nicht die Art, wie wir in unserer Familie sonst miteinander sprachen. Normalerweise rissen wir Witze und stritten über Bücher, und in unserer Zuneigung füreinander wurden wir niemals explizit. Während mein Vater redete, probierte ich es mit Telepathie: *Hör auf, bitte, schon das ist zu viel.* Ich sah ihn an. *Oh nein, bitte nicht, sind das etwa Tränen in deinen Augen?* Ich wurde ganz verlegen und wäre am liebsten aus dem Zimmer gestürzt. Und so reagierte ich innerlich mit leisem Spott, tat die Situation mit einem Schulterzucken ab und sagte, aus der Sicherheit meiner Schutzwälle heraus: »Erst mal sehen, wie sie überhaupt werden.« Aber auch mir war die Bedeutung dieser Regale bewusst, meines Beitrags zu dem neuen Haus und der neuen Lebensphase meines Vaters: Immerhin baute ich seinen Büchern ein Zuhause. Zu gern hatte er früher den Titel eines Romans von Anthony Powell zitiert: »Books Do Furnish A Room« – *Bücher richten Zimmer ein.*

An diesem Tag gab es Suppe zum Abendessen, eher Eintopf, den er aus Wurst, Cayennepfeffer und weißen Bohnen gekocht hatte. Nebeneinander saßen wir an der Kücheninsel und aßen. Es war genau das Essen, auf das ich nach dem langen Stehen in der Kälte Appetit hatte. Mein Vater wärmte die Teller mit heißem Wasser vor, bevor er die Suppe auftat.

Er sah, wie ich in einem Saatgutkatalog blätterte, der auf der Küchentheke lag. Ich erinnerte mich, wie ich mir schon als Kind die ganzen bunten Bilder von Stiefmütterchen, Melonen und Zucchini angesehen hatte und wie dann genau diese Blumen – und noch einige mehr – im Sommer in unserem Garten aufgetaucht waren. »Auf der Südseite des Hauses wollen wir ein paar Bäume fällen und einen Garten anlegen«, sagte er.

Während des Essens sprach er über Köder. Er erzählte, dass er wieder eine Werkstatt hatte. Sein Werkzeug hatte er schon ausgepackt. Auf der Werkbank im Keller lag alles wild durcheinander: Zwingen und Wasserwaagen, Farbpinsel, noch nicht ganz fertig geschnitzte, noch nicht bemalte Küstenvögel, Treibgutstücke, Feilen, Stemmeisen und Raspeln, außerdem diese ganzen Werkzeuge mit Holzgriff, deren Namen ich noch immer nicht kannte, die sämtlich aus seinen Kisten befreit worden und einsatzbereit waren; endlich. Ich bin mir sicher, es tat ihm gut, die Hand um diese Werkzeuge zu schließen, die hölzernen Körper der Vögel zu fühlen, zu spüren, was möglich war, und wieder mit dem Schnitzen anzufangen.

»Bleib doch noch kurz hier«, sagte er, als wir mit der Suppe fertig waren, ging in den Keller hinunter und rumorte dort unten herum. »Toll, auf was für Sachen ich so stoße«, hörte ich ihn, als er wieder die Treppe hochkam. Als er die Küche betrat, hatte er ein Papprohr unter dem Arm, aus dem er eine zerknitterte Rolle teefleckig vergilbten, trocken-dünnen Transparentpapiers zog. Er entrollte sie, und die Bleistiftzeichnung eines großen Fischreihers mit S-förmigem Hals und Stelzenbeinen kam zum Vorschein – eine schöne, lebensgroße, an die einen Meter zwanzig hohe Skizze. Und ich hatte gedacht, er habe sein Versprechen, mir einen Fischreiher aus Holz zu schnitzen, längst vergessen. »Ziemlich cool, oder?«, meinte mein Vater. Ich meinte: »Extrem cool.« Und er: »Jetzt muss ich die Zeichnung nur noch aufs Holz übertragen. Stell dir das Ganze bloß mal dreidimensional vor.«

Mir wurde während der gesamten Nacht nicht wieder warm. Am nächsten Vormittag baute ich die Korpusse zusammen, also den äußeren Rahmen der Regale, und befestigte die Rückenteile. Dann schnitt ich die Regalböden zu, sechs Stück für jedes Regal, sowie die Zierleisten, um Böden und Korpusse zu verkleiden. Wieder und wieder hieß es: abmessen, anzeichnen, zuschneiden. Ich schnitt Streifen aus Pappelholz zu, zwei Zoll breit, einen Zoll dick, und brachte diese Leistenstücke an die Regalbretter an, so, dass sie oben bündig mit der Kante des bloßen Sperrholzes dahinter abschlossen.

Mein Vater setzte sich an den Computer, trank große Tassen Tee und arbeitete an einer Marketing-Strategie für ein Nonprofit-Unternehmen in Boston. Dazwischen sah er seinen Vögeln draußen am Vogelhäuschen zu. »Ein Specht ist da«, rief er aus dem Nebenzimmer, »und zwar wieder ein Dunenspecht!« Ich verbog mich so, dass ich aus dem Fenster schauen und das rote Köpfchen sowie die schwarzweiß getupften Flügel erkennen konnte. Das fröhliche Klopfen eines Schnabels gegen Holz schallte durch den Wald.

Für mich ging es weiter mit Schleifen, Grundieren und Lackieren, was mehrere Tage in Anspruch nahm. Für die letzten Etappen bekam ich Unterstützung von meinem Freund Jonah, und es war gut, seine Hilfe und Gesellschaft zu haben, dem immergleichen Trott zu entfliehen und schneller voranzukommen. Vor dem bald anstehenden Zusammenbau war ich nervös, denn dann würden sich alle Fehler zeigen, die mir eventuell unterlaufen waren. Ich hatte Mary einige panische SMS geschickt: *Was passiert, wenn xy ...? Geht xy so oder doch anders?* Und sie hatte immer umgehend geantwortet und mir einfache Tipps gegeben.

Die Böden waren uneben, sie hoben und senkten sich wie Wellen bei Niedrigwasser. Man musste sich mit Holzkeilen und Wasserwaage viel Zeit lassen, um die Sockel, auf denen die Korpusse stehen sollten, gerade auszurichten und so lange anzuheben oder abzusenken, bis die Blase in der Wasserwaage exakt zwischen die beiden Striche rutschte.

Wasserwaagen mit Röhrchen, die bis auf die darin hin- und hergleitende Luftblase mit einer gelben oder chemisch-grünen Flüssigkeit gefüllt sind, heißen auch Richt- oder Maurerwaagen. Die Wasserwaage anzulegen ist für eine Schreinerin bei jedem Arbeitsschritt immer der letzte Check. Bleibt die Blase in der Mitte stehen, hat sie perfekt gearbeitet. Also schnell die Zwingen dran, festschrauben und noch mal überprüfen. Immer noch alles waagerecht? Gut, fertig. Die Waage gegen den Türrahmen drücken und daran entlangfahren. Wenn alles ist, wie es sein soll, bleibt die Blase stets mittig.

Manchmal wünsche ich mir, es gäbe ein Werkzeug, das messen könnte, ob wir selbst im Lot sind – ob wir unser Leben richtig führen. Wie hilfreich wäre ein Instrument, das uns mit einem sanft hin und her gleitenden Bläschen anzeigen würde, ob wir uns nicht doch noch einen Tick weiter nach links neigen müssten, um alles ins Gleichgewicht zu bekommen. Aber so läuft es nun mal nicht im Leben. Es gibt keine Garantie dafür, dass das, was im einen Moment noch lotrecht zu sein scheint, auch im nächsten noch stimmig ist. Wir bewegen uns oder bleiben stehen, wir bessern nach, wir verändern uns mit dem – manchmal gar nicht so klar greifbaren – Ziel und der Hoffnung, dass die Blase ihre Mitte schon finden wird.

Mary hatte eine fast zwei Meter lange Wasserwaage, aber meistens benutzten wir die beiden anderen, die einen halben Meter und die fünfzehn Zentimeter lange. Letztere hatte drei Libellen, eine in der Mitte und eine an jedem Ende. Von den drei Libellen waren zwei dafür da, das Lot auch in der Senkrechten zu messen.

Die Wasserwaage ist ein leises Werkzeug. Zu sehen, wie das Bläschen zwischen den beiden Strichen zum Stehen kommt, verschafft Erleichterung und Befriedigung. Die Wasserwaage kann einem aber auch kurzzeitige Zweifel an der eigenen geistigen Gesundheit bescheren. Beim Aufstellen von Küchenschränken beispielsweise stimmen gern mal die Messwerte von links nach rechts, sobald ein dünner Keil unter die vordere Ecke geschoben ist. Dafür kippt das Ganze dann von vorne nach hinten. Also noch mehr Keile, noch mehr Nachjustieren, noch mehr Abstandhalter. Man verzettelt sich. Das Gefühl ist ähnlich wie beim Schreiben, wo man manchmal so nah am Text ist, dass man ihn plötzlich nicht mehr sieht: Der rote Faden ist weg, das ganze Ding verliert seine Konturen, verschwindet, ist zwar irgendwie da, dabei aber unsichtbar. Das Gleiche passiert manchmal beim Einmessen und Richten. Die Blase bewegt sich erst und steht dann still, weigert sich aber, das anzuzeigen, was sie zeigen soll. Keil rein und wieder raus, und noch mal, und nichts ist da, wo es sein sollte, jede Aktion bringt dich weiter weg von dem Punkt, an dem du sein willst. Es ist mir immer mal wieder passiert, dass ich eine Sache einfach ruhen lassen, mich einer anderen Aufgabe widmen, den Kopf leer kriegen und dann mit dem Ausrichten noch mal von vorn beginnen musste, also alle Keile wieder raus, auf einen Haufen legen, zurück auf Los.

Als ich bei den Bücherregalen für meinen Vater die Fußsockel in der Waagerechten hatte, mussten als Nächstes die Korpusse aufgesetzt und dann geprüft werden, ob sie gerade vor der Wand standen. Ich fürchtete mich vor diesem Augenblick. Hatte Angst, dass sich jetzt meine Fehlberechnungen zeigen würden. Aber das erste Regal, rechts neben dem Kamin, passte und saß, einfach so. Es war allerdings auch das einfachere, weil es nicht an einen Fensterrahmen stieß. Aber ich war zufrieden mit dem Abstand zwischen Lichtschalter und Regal und dass es – exakt, wie es sollte – seitlich bis an die Steine des Kamins reichte. Dann stemmte ich das andere an seinen Platz. Die Aussparung, die ich mit der Stichsäge hineingeschnitten hatte, rutschte so über die Steckdose, dass sie genau mittig darin saß. Die linke Regalseite stieß bündig an die Fensterverkleidung, die ich vorher hatte abnehmen und etwas verschmälern müssen, damit das Regal überhaupt passte. Tja, die Kante saß perfekt! Ich bewunderte alles. Dieser Moment ist immer der, der sich am besten anfühlt: kurz bevor alles komplett fertig ist, bevor das letzte Teil eingepasst wird und es ans Putzen und Aufbrechen geht. Es ist der Moment, wenn man es zum ersten Mal so richtig sehen kann.

Mein Vater unterbrach seine Arbeit und kam ins Wohnzimmer, als ich gerade einen Schritt zurückgetreten war und mit den Händen auf den Hüften die Regale betrachtete. Sein Lächeln war breit und echt. »Da schau mal einer an«, sagte er. Und schlug mit mir ein. Auch er sah es.

Als ich später an jenem Nachmittag meine Werkzeuge und Farbeimer verstaute und vor Erleichterung darüber, dass die Regale passten, regelrecht summte, kam mein Vater ins Zimmer, und man sah ihm an, dass es schlechte Nachrichten gab. Er hatte gerade eine E-Mail von meinem jüngeren Bruder bekommen, in der er schrieb, dass der Vater seiner Freundin im Sterben lag und dass alles sehr schnell ginge. In den Jahren, die mein Bruder jetzt mit seiner Freundin zusammen war, war sie für uns alle eine gute Freundin geworden. Ihr lautes Lachen hob in jedem Raum, in dem sie sich befand, das Stimmungsbarometer. Ihren Vater hatte ich noch nicht kennengelernt, wusste aber, dass er Journalist war, so wie sie auch. Nachdem mein Vater die Nachricht überbracht hatte, verfielen wir beide in Schweigen. Dieses Schweigen schien Gefühle aufzufangen wie eine Schale: Trauer natürlich, dann diesen Zusammenprall von Fakten und Unglauben, den Schmerz über das Wissen, dass ein lieber Mensch durch den Tod eines anderen bald einer veränderten Welt ins Gesicht zu blicken hatte, aber auch das klare Bewusstsein davon, wie viel Glück ich hatte, dass ich und mein Vater hier und jetzt noch beieinander sein konnten.

Er ging dann wieder in sein Büro, und ich packte mein Werkzeug fertig zusammen. Dann zog ich den Mantel an, um einen Spaziergang zu machen. Ich lief hinter meinem Vater vorbei, der an seinem Schreibtisch saß, aus dem Fenster sah und seine Vögel beobachtete. Hin und wieder bröckelt der ganze Alltagsmist ab, und die gesammelte Wut, der Schmerz und die Verwirrung lassen den Funken einer anderen Wahrheit erkennen. Und ich sah, dass mein Vater – wie wir alle anderen auch – nur sein Bestes gab, dass er sich mit Feuereifer abmühte, seine Leidenschaft für Vögel, Fische und Bücher mitzuteilen, dass er dafür Sonnenblumenkerne ins Vogelhäuschen legte und verzweifelt versuchte, für sich und seine derart umgelenkte Liebe Aufmerksamkeit zu bekommen. Ich wurde von einer Welle erdrückender Zuneigung überrollt. Der Vater unserer Freundin würde bald tot sein. Mein Vater hatte glücklich gewirkt, als er die Regale an Ort und Stelle sah.

»Tschüss, Dad«, rief ich, als ich die Tür öffnete, um meinen Spaziergang zu machen. Fast wäre mir die Stimme weggebrochen.

Zum Schluss montierte ich noch letzte Zierleistenstücke, füllte Nagellöcher und besserte mit Farbe einige Stellen aus – und fertig waren die Regale. Ich schnappte mir einen Besen und kehrte. Ich kratzte ein paar Farbkleckse vom Boden. Ich verstaute das Werkzeug. Dann wurde der Teppich wieder ausgerollt und der große Lehnsessel vor den Kamin geschoben. Die Lampe kam wieder auf ihren angestammten Platz neben dem Fenster, Müll und Holzreste sammelte ich in einem Behälter draußen neben dem Seiteneingang. Schließlich nahm ich mir ein Bier und setzte mich auf die Fensterbank direkt gegenüber der Regale.

Ganz benommen von einem langen Tag und einem schnellen Bier dachte ich wieder über die Verwandlung nach, die sich hier gerade vollzogen hatte. Erst war da Erde gewesen und ein Samen, dann ein großer, lebendiger Baum mit knorriger Rinde, ein Sägewerk, ein Brett, aneinandergefügte, glatt gehobelte Holzstücke und schließlich dieses Ding, das echt und wahrhaftig in der Welt stand. Erst das eine, dann etwas anderes. Dankend nickte ich den Bäumen zu, die ihr Leben für diese Bretter gegeben hatten, genauso wie mein Vater, der, wenn er einen Fisch gefangen hatte, immer eine Art Dankgebet gesprochen hatte – jedoch nicht an Gott, als Dank für den Fang, sondern aus Dankbarkeit gegenüber dem Fisch, der sein Leben gelassen hatte. Mich durchspülte eine Welle der Dankbarkeit den Bäumen gegenüber. »Danke, ihr Bäume«, sagte ich laut. Erst das eine, dann etwas anderes. Ich bin nicht besonders bewandert in Sachen Wandel, ich leide unter Veränderungen, so wie die meisten. Ich glaube, das liegt daran, dass sie uns auf subtile Art an die allerletzte Transformation gemahnen.

Mein Vater war mit seiner Freundin in der Küche. Ich rief sie herein. Jonah kam auch noch dazu. Zu viert saßen wir auf der Fensterbank, die eigentlich zu schmal war für uns, aber wir quetschten uns alle darauf, und es gab ein großes Hallo, es wurde angestoßen und gratuliert. Meinem Vater gefiel der Schattenwurf der oberen Zierleiste, und seiner Freundin fiel auf, dass die Oberkante des einen Regals auf gleicher Höhe war mit dem dicken hölzernen Kaminsims (totaler Zufall; Mary hätte gesagt: »ein glücklicher Unfall«). Mir gefiel, wie sauber Regalwand und Fensterverkleidung aneinanderlagen. Wir stießen an und betrachteten die Regale, und die Regale schienen zurückzustrahlen.

»Auf Bücher und Bücherregale, auf Kreativität, harte Arbeit und auf die Familie«, sagte mein Vater und hob das Glas.

Am nächsten Morgen beluden wir das Auto und verabschiedeten uns von den Vögeln. Von meinem Bruder Sam kam eine Nachricht: »Hab gehört, dass du gerade für Dad Regale gebaut hast. Würdest du für mich einen Esstisch machen? Zum Geburtstag?« Sehr gern, schrieb ich zurück. Ich machte ein Foto von den Regalen und schickte es Mary.

Als wir zur Tür gingen, sah ich, dass ich die Wasserwaage unter dem großen Sessel vergessen hatte. Ich legte sie auf einen Regalboden und sah, wie sich die Blase von links nach rechts bewegte und schließlich stehenblieb. Nicht exakt in der Mitte. Aber man konnte damit leben. Runterfallen würden die Bücher von diesem Regal nicht. Ich winkte und hupte, und wir fuhren los, nach Hause. Ich war froh zu wissen, dass ich wiederkommen würde, um die Regale voller Bücher zu sehen und noch mal vor diesen beiden den Kamin flankierenden Bücherregalen zu sitzen, die ich gebaut hatte.

Zurück in Cambridge, rief ich Mary an und fragte, wann ich ihr das geliehene Werkzeug zurückbringen könne.

»Die Gartentür ist nicht abgeschlossen«, sagte sie. »Komm einfach hoch.«

Ich fuhr rüber nach Somerville und öffnete das Tor. Als Schutz vor dem Schnee hatte Mary eine Plane über den Sperrmüllhaufen gezogen. Es hatte sich wieder ein erheblicher Berg aufgetürmt, und ich wunderte mich, wie schnell wir es schafften, so viel Abfall zu produzieren, und wie viel man auseinandernehmen musste, um es wieder neu zusammensetzen zu können. Ich bemerkte einige scharfkantige Badewannenstücke, die letzthin noch nicht da gewesen waren, große und kleine Brocken, an einem, dem die Aufgabe zukam, die Plane zu beschweren, hing sogar noch ein intakter Löwenfuß.

Ich stieg die Treppe zum Hintereingang hinauf und betrat das Haus durch die Küche.

»Ist das eure Badewanne da draußen?«, fragte ich.

»Komm mal gucken.«

Ich folgte Mary ins Badezimmer. »Ich musste ungefähr fünfzig Mal mit dem Vorschlaghammer draufhauen, bis sich mal ein erster Riss gezeigt hat. Das Ding war echt ein Biest.«

»Mary, das sieht ja toll aus«, sagte ich. Auf den ersten Blick dachte man zwar an offen daliegende Eingeweide, aber man konnte dem Raum bereits ansehen, welche endgültige Form er mal annehmen würde. Mary hatte den alten Eichenholzboden rausgenommen, die Wände eingerissen und Waschbecken, Wanne und Toilette entfernt. Wattige Bäusche aus Dämmmaterial kugelten über den Boden. Das Zimmer bestand nur noch aus Ständerwerk, ein paar Querbalken und Rohrleitungen. »Schau mal hier«, sagte sie. Ich trat ein, und sie zeigte mir, wie sie die Rahmenkonstruktion für eine in der Wand verschwindende Schiebetür gebaut hatte, mit einem Regalboden als Abschluss oben drüber, »vielleicht kommen da Pflanzen hin, weiß ich noch nicht. Die neue Wanne kommt auf jeden Fall hier hin.« Sie zeigte auf die Ecke unter den Fenstern. »Die Toilette dahin. Und heute bin ich mit der Basis für die Dusche fertig geworden.«

Sie erklärte, sie habe angefangen, neue Balken in den Unterboden einzuziehen, um den Bereich zu unterstützen, wo die Badewanne – also einiges an zusätzlichem Gewicht – bald stehen würde. Zwei neue, dicke Bohlen waren eng mit dem alten, dunklen Holz der Fußbodenunterkonstruktion vernagelt worden.

»Und dann? Weiße U-Bahn-Fliesen?«

»Ach, ich hab genügend U-Bahn-Fliesen in Badezimmern verlegt. Hier bin ich irgendwie nicht damit klargekommen.« Sie nahm eine quadratische cremefarbene Zehn-auf-zehn-Zentimeter-Fliese zur Hand. »Die hier kommen an die Wände«, sagte sie. »Ach, gut, dass du mich daran erinnerst.«

Sie ging in den Flur, ich hinterher, und beugte sich über zwei Kartons mit großen Dreißig-auf-dreißig-Zentimeter-Fliesen. Aus jedem nahm sie ein paar heraus und legte sie auf den Boden. »Welche gefallen dir besser?«

Die einen waren eisgrau, dabei matt und leblos-kalt. Sie luden einen nicht dazu ein, nach dem Baden barfuß auf ihnen herumzulaufen. Die anderen wirkten sehr viel wärmer. Sie waren von einem sandfarbenen Braunton, wie die in dem Badezimmer der Architektin an meinem allerersten Arbeitstag damals, dazu weiß geädert und dunkel getupft, keine Fliese war gleich.

»Definitiv die hier.«

»Ja, ich tendiere auch zu denen.«

»Emily ist sicher ganz begeistert, oder?«, fragte ich, weil ich wusste, dass sie schon seit Jahren um dieses neue Badezimmer bat.

»Sie darf's noch nicht sehen.« Ich wusste, was sie meinte. Emily würde im jetzigen Zustand nur Chaos und Dreck sehen, zersplittertes Holz, keine Wände und keine Böden, dafür Rohrleitungen und Kabel. Es war nicht so leicht, ein Bild davon zu haben, wie aus alldem wieder ein Bad werden sollte. Ich schaffte es, ich sah vor mir, was es mal sein würde, in einem Augenblick, in dem es das noch nicht war. Ich konnte mir genau vorstellen, wie es mal aussehen würde, ich ging im Geist schnell alle noch anstehenden Arbeitsschritte durch, Schicht um Schicht, bis es wieder aussah wie ein Badezimmer.

Ich bedankte mich bei Mary für das geliehene Werkzeug und ihren telefonischen Bereitschaftsdienst. Sie winkte ab. »Ist doch klar.«

»Danke, Mary, wirklich.« Ich hoffte, dass sie begriff, dass ich mich nicht nur für das Werkzeug bedankte.

»Wenn du mal die Chefin von uns beiden sein willst, dann sag das bloß – und mach's einfach.«

Als Jonah zum Haus meines Vaters gekommen war, um mir mit den Regalen zu helfen, hatte ich ihm die Ansagen gemacht. Ich hatte ihm gezeigt, wie man die Nagelpistole benutzt, wie man eine Fensterverkleidung herausstemmt und wie die Wasserwaage funktioniert. Er lernte schnell, wir waren ein gutes, effizientes Team. Die Erkenntnis, dass es uns gelang, auf diese Art zusammenzuarbeiten, war eine willkommene Überraschung gewesen. Und erst, als ich es jemandem beibrachte, begriff ich, dass ich mein Handwerk wirklich beherrschte. Aber Mary zu sagen, was sie tun sollte? Ein unmöglicher Gedanke.

»Ruf mich an, wenn du Hilfe brauchst beim Fliesenlegen«, sagte ich.

Auf dem Weg nach draußen lief ich im Flur Emily über den Weg.

Sie trat nah an mich heran und sagte leise: »Es hat ihr so viel Freude gemacht, dir bei diesen Regalen zu helfen.«

Ich wurde rot.

»Nein, wirklich. Es hat ihr richtig, richtig viel Freude gemacht. Jedes Mal, wenn du eine Frage hattest, war sie geradezu glücklich.«

Der Kloß in meinem Hals und das Brennen im Gesicht überraschten mich. Ich versuchte, es runterzuschlucken, ich wollte nicht vor ihr in Tränen ausbrechen. Ich bedankte mich und sagte, wie sehr ich mich über Marys Hilfe gefreut und dass ich es ohne sie sicher nicht geschafft hätte.

Sie kam noch näher und flüsterte: »Sie hat heute Geburtstag.«

Ich ging zurück zum Badezimmer und schob meinen Kopf durch den Türspalt. Mary saß auf der Kante einer Sperrholz-

platte, ihre Beine baumelten in dem Hohlraum unter dem Fußboden. Mit ihrer Wollmütze sah sie aus wie ein kleines Kind.

»Alles Gute zum Geburtstag«, flüsterte ich.

Sei drehte sich um, lächelte und schüttelte den Kopf.

»Hat sie's dir verraten?«

Ich nickte.

»Mach, dass du rauskommst, ich muss hier fertig werden,
damit wir am Abend essen gehen können.«

Wir lächelten uns an, und ich ging allein zur Tür. Der blaue
Malerkrepp klebte immer noch an der Decke des Wohnzimmers.
Das Loch an der Stelle, wo der Kamin gewesen war, war immer
noch notdürftig mit einem Stück Sperrholzplatte verkleidet. Ich
ging die Gartentreppe hinunter, und Putzbrocken knirschten
unter meinen Füßen. Der Müllberg draußen hatte mit seinem
Holz, Metall, Dreck und den ganzen zerbrochenen Fliesen, mit
seinen Bäuschen von Dämmmaterial, den Türangeln und Sägespänen, alles unter einer großen blauen Plane zusammmenge-
halten von Bruchstücken einer alten gusseisernen Badewanne,
etwas geradezu Tröstliches. Ich sah schon die Jungs von der
Abrissfirma im Frühjahr wiederkommen, alles hinten auf ihren
großen LKW laden und sich bei Mary darüber beschweren, dass
einige der Tüten mit Regenwasser vollgelaufen waren. Und sobald sie davongebraust waren, um den ganzen Berg in irgend-
einem Müllgrab zu versenken, würde er gleich wieder anfangen
zu wachsen, immer schön ein Sack und ein Brett nach dem
anderen.

Ein Job folgt auf den nächsten. Wir gehen in die Wohnungen
anderer Leute rein und wieder raus. Ein Zimmer wird zu einem
anderen Zimmer, es wandelt sich, obwohl an seinem Wesenskern einiges unangetastet bleibt. Lose Fliesen werden zu einem Fußboden. Aus Brettern werden Regale. Holz wird zu einer

Wand. Orte verändern sich. Häuser verändern sich. Das Wetter ändert sich. Wir verändern uns.

Wie entscheiden wir, was richtig ist für unser Leben? Eine Antwort auf diese Frage zu finden wird nie einfacher. Wenn wir Glück haben und aufmerksam mit uns umgehen, passen irgendwann ein paar Stücke an dieser oder jener Stelle zusammen. Teilchen rücken an den richtigen Ort, fühlen sich beim Betasten an, als würden sie sauber sitzen, als passten sie. Für einen kurzen Moment wandert die Blase genau zwischen die beiden Striche, alles scheint im Lot, man fühlt sich wohl mit dem, was man ist, was man geworden ist und was man noch sein wird.

In Marys Einfahrt stehend, sah ich seitlich am Haus hoch zum Badezimmerfenster im ersten Stock. Das Licht ging an und kurz darauf schallten Hammerschläge heraus, Mary war oben mit dem Boden zugange und setzte neue Knochen an ein altes Skelett.

Als ich ins Auto stieg, konnte ich die Schläge immer noch hören. Obwohl es kalt war, kurbelte ich das Fenster herunter, um sie auch beim Wegfahren zu hören. An der Ecke mit der großen Backsteinkirche hielt ich an. Das Geräusch bewegte sich durch die Abendluft, sein Echo kam näher und zog sich wieder zurück. Noch drei Schläge. *Bäng, bäng, bäng.* Nagel durch Holz. Die Ampel sprang auf Grün, ich bog ab, nach Hause. Ich konnte noch einen Schlag ausmachen, bevor außer dem Dröhnen eines Busses nichts mehr zu vernehmen war. Das Echo der Hammerschläge aber hallte trotzdem noch in mir wider. Und zwar auf dem gesamten Heimweg.

EPILOG

Es ist wieder Frühling in Cambridge. Vergangene Woche haben Mary und ich unser fünftes gemeinsames Jahr begonnen. Wir haben in dem winzigen Arbeitszimmer eines emeritierten Soziologieprofessors einen neuen Eichenboden verlegt. Wie jedes Jahr war es auch diesmal gut, endlich wieder diese Arbeit zu tun. Nachdem ich mich einige Monate mit dem Buch hier abgequält hatte, fühlte es sich diesmal besonders großartig an, den Innenraum meiner Wohnung und meines Schädels zu verlassen und Eichendielen auf eine Bodenkonstruktion zu nageln, das Gewicht der Gehrungssäge zu spüren, als ich sie in Marys Transporter lud, und mich wieder vertraut zu machen mit der erheblichen Kraft des Brecheisens. Beim Aufwachen konnte ich morgens das Getane in den Schultern und hinten in den Oberschenkeln spüren. Hungrig und müde ging ich zu Fuß von der Arbeit nach Hause und freute mich über die farbenfrohen Krokus-Raketen, die sich im nachlassenden Licht des frühen Abends aus dem Mulch drückten.

Während der Winterpause hatte ich ein paar Tische gebaut, große und kleinere. Mit jedem wurde ich besser. (Beim Gedanken an meinen ersten, den, den mein Bruder von mir zum Geburtstag bekam, winde ich mich innerlich ein bisschen: Er stand zwar, war aber schon noch grob zusammengezimmert.) Mit jedem Tisch lernte ich etwas dazu, was ich vorher noch nicht gewusst hatte. Aber mehr noch als die Befriedigung des Besser-Werdens erfuhr ich beim Bau dieser Tische, wie viel es überhaupt zu lernen gibt. Wenig anderes lässt einen Menschen die Zeit – auch die verbleibende Zeit – bewusster spüren, als bei einem neuen Projekt mit all dem konfrontiert zu sein, was man noch nicht weiß oder kann. Die Tische stehen. Sie sind schön anzusehen und tun ihren Job so, wie Tische es sollen. Aber trotzdem ist da noch so viel, was ich nicht weiß.

Nach fünf Jahren mit Mary kommt mir die Arbeit immer noch neu und unbekannt vor. Ich vermute, das hat in Teilen genau damit zu tun: dass es noch so viel zu lernen gibt. Von dem Dichter Jon Cotner habe ich den Hinweis auf dieses koreanische Sprichwort bekommt: »Wer den Weg kennt, hört auf hinzusehen.« Was kein Argument dafür ist, sich absichtlich zu verlaufen, denke ich, aber es ist ein kleiner Anstupser, um aufmerksam und konzentriert zu bleiben und die Wahrnehmungskanäle wieder zu öffnen, wenn Zeit und Erfahrung sie eingelullt haben. Das Aufregende entsteht durch Nicht-Wissen, durch fortgesetztes Hinsehen, durch den Versuch, irgendwie durchzublicken. Der Gedanke, wie viel man grundsätzlich wissen könnte, ist gleichermaßen einschüchternd und motivierend. Für den Augenblick bin ich zufrieden damit, weiterhin viel falsch zu machen, es erneut und immer wieder zu versuchen, es besser hinzukriegen, und es irgendwann mal richtig zu machen.

Mit jedem Tisch, mit jeder Wand und jedem Fußboden, mit jedem gebauten und mit Büchern vollgestellten Regal erhärtet sich das Wissen darum, dass eines Tages all das auch wieder auseinanderfallen wird. Noch im Laufe unseres Lebens – oder erst später – werden diese Wände, Fußböden und Regale ihren Job nicht mehr tun. Das Holz wird splittern und faulen, möglicherweise wird es verfeuert, vielleicht als Musterstück gehandelt oder als Reststück oder Sägemehl auf der Müllkippe landen. Das ist sein Schicksal, wenn Abnutzung und Zeit an ihm nagen – so wie es auch unser Schicksal ist. Und manchmal schweife ich ab, lege die Hand auf eine glatt geschliffene Bohle aus Walnussholz und fühle dieses Vibrieren, sehe die Maserung wie einen Spiralnebel und denke an den Baum, der einst aufrecht stand, um dieses Stück Holz zu erschaffen, einen Baum, dessen Wurzeln tief in den dunkelwarmen Boden reichten. Ich denke an seine langen Äste, seine fedrig geformten Blätter, die im Wind flattern und dann wieder ruhig hängen. Und jetzt liegt dieser Baum hier unter meiner Hand, zerschnitten und wieder zusammengefügt, verleimt, geklemmt und kurz davor, ein Tisch zu werden. *Keine Erscheinung behält die Gestalt.*

Ovid schreibt auch: »Was früher gewesen, ist nicht mehr, / Was nicht gewesen, entsteht; es erneuern sich alle Momente.« Im Grunde genommen sind wir alle immer unfertig.

Nächste Woche fangen Mary und ich mit einem Kücheneinbau an, es geht also direkt wieder von null auf hundert. Es wird harte Arbeit. Als wir am Freitagnachmittag auseinandergingen, ordnete Mary an: »Mach am Wochenende ein paar Liegestütze.« Das tat ich.

DANKSAGUNG

Bei Matt Weiland, dem Lektor dieses Buches, hört sich *Du musst noch eine Menge dran tun* an wie *Du schaffst das schon*. Was für eine großartige Fähigkeit! Ich bin sehr dankbar, dass ich mit einem derart geduldigen, lustigen und beschlagenen Menschen zusammenarbeiten durfte. Ohne ihn gäbe es weder dieses Buch, noch wäre es, was es jetzt ist. Meine neugierige, temperamentvolle und begeisterungsfähige Agentin Gillian MacKenzie war von Anfang an eine offene und ehrliche Quelle für Rat und Unterstützung, und ich empfinde es als ein riesiges Glück, mit ihr zu arbeiten. Großes Lob geht an Nancy Greens scharfsinniges und einfühlsames Redigat, und ich bedanke mich bei allen Mitarbeiterinnen und Mitarbeitern bei Norton für die Mühe und die vielen Stunden, die in die Entstehung dieses Buches geflossen sind. Ein Dank geht auch an den Künstler Joe McVetty, der die eleganten Zeichnungen der Werkzeuge verfertigt hat. Unaussprechlich dankbar bin ich meinen Eltern. Meiner Mutter danke ich für die vielen Schals, Decken und Handschuhe, für die Pulswärmer, Mützen und Schlauchschals, kurz gesagt: für die ganze Wärme. Meinem Vater danke ich für seine hohen Ansprüche. Besonders dankbar bin ich meinen beiden Brüdern, den Menschen, mit denen ich am besten lachen kann: Will ist der beste mir bekannte Geschichtenerzähler und Sam ein zuverlässiger Verbündeter, an den ich mich bei diesem Buchprojekt mehr als an jeden anderen wegen Hilfe und Feedback wenden konnte. Die Großzügigkeit, Aufmerksamkeit und Bereitschaft von Pamela Murray, jede sich bietende Gelegenheit, ob klein oder groß, zu feiern, war für mich ein Quell der Stärkung und Wärme. Goody-Goody danke ich für die Schulung, Jenny White für ihre Freundlichkeit und Fürsorge, ihre aufmunternden Worte und die mir immer wieder aufgezeigte Perspektive. Eine bessere Zuhörerin werde ich niemals finden. Dann danke ich Alicia Simoni, deren tiefe Einsicht und umfängliches Verständnis mir bei diesem Buch und bei noch sehr viel mehr geholfen haben. Ich schätze mich glücklich, mit Joe und Laila Fontela zusammen gegessen und gelacht zu haben. Dem Creative-Writing-Zentrum Grub Street bin ich dankbar dafür, dass ich überhaupt einen Anfang gefunden habe, und beim *Boston Phoenix* bedanke ich mich dafür, dass ich zwischen meinem zwanzigsten und meinem dreißigsten Lebensjahr eine tolle Zeit hatte. Ein Dank geht außerdem an Richard Baker und Leona Cottrell, an Philip Connors – und natürlich an Mary. Und allen voran an Jonah James Fontela, für den das Wort »Liebe« unzureichend ist.

QUELLEN

Ovid, *Metamorphosen*, Reclam, Stuttgart 1971/2015.

Vitruv, *Baukunst*, Artemis, Zürich und München 1987.

Epikur, *Wege zum Glück*, Herausgegeben und übersetzt von Rainer Nickel. Artemis & Winkler, Düsseldorf/Zürich 2005.

Anton Tschechow, »Der Student«. In: *Meistererzählungen*, Rütten & Loening, Berlin 1971.

Roland Barthes, »Spielsachen«. In: *Mythen des Alltags*, Suhrkamp, Berlin 2010.

Cajus Plinius Secundus, *Naturgeschichte*, Verlag in der J.B. Metzler'schen Buchhandlung, Stuttgart 1843.

William Shakespeare, *Macbeth*, Reclam, Stuttgart 1974.

Virginia Woolf, *Ein Zimmer für sich allein*, S. Fischer, Frankfurt am Main 1999.

Joseph Conrad, »Der geheime Teilhaber«. In: *Erzählungen*, Edition Maritim, Hamburg 2006.

Joan Didion, *Wir erzählen uns Geschichten, um zu leben*, Ullstein/claassen, Berlin 2008.

John Cheever, »Der Schwimmer«. In: *Der Schwimmer. Stories*, Rowohlt, Reinbek 1995.